रचना का पक्ष

वाणी प्रकाशन

नयी दिल्ली-110002

रचना का पक्ष

नंदकिशोर नवल

ISBN : 978-93-5072-053-0

वाणी प्रकाशन
21-ए, दरियागंज, नयी दिल्ली-110002
द्वारा प्रकाशित

प्रथम संस्करण : 2000

मूल्य : 175.00

क्वालिटी प्रिण्टर्स, दिल्ली-110093
द्वारा लेज़र कम्पोज़

शुभम ऑफसेट, दिल्ली-110032
में मुद्रित

RACHNA KA PAKSH
by Nand Kishore Nawal

बंधुवर डा. मैनेजर पाण्डेय के लिए

भूमिका

'रचना का पक्ष' मेरे स्फुट लेखों का छठा संग्रह है। यह नाम इसलिए कि मेरी दृष्टि में आलोचना में यही प्राथमिक है और बाकी बातें बाद में आने वाली।

पुस्तक दो खंडों में विभाजित है। पहले खंड में कविता से संबंधित लेख हैं और दूसरे खंड में गद्य-विधाओं से संबंधित। परिशिष्ट में आधुनिक हिंदी कविता के इतिहास का एक प्रारूप दिया गया है।

सारे लेख पिछले कुछ वर्षों में लिखे गए हैं। सिर्फ पहला लेख थोड़ा पहले का है, जो 'आलोचना' के अक्तूबर-दिसंबर, 1981 के अंक में प्रकाशित हुआ था। उपयोगी समझकर उसे यहाँ संकलित किया जा रहा है। लेख के शीर्षक से स्पष्ट है कि उसमें कविता में प्रतिबिंबित निराला की वैचारिक यात्रा को रेखांकित किया गया है। कहीं यह यात्रा अत्यंत स्पष्ट है और कहीं अस्पष्ट। कोशिश की गई है कि कवि की भाव-धारा के पीछे स्थित विचार-पद्धति का भी संकेत किया जा सके। बड़े कवि की किसी उक्ति का ठीक अर्थ तभी समझ में आता है, जबकि हम उसे उसकी कविता के विकास-क्रम में देखते हैं। इस दृष्टि से निराला की इस प्रसिद्ध उक्ति का कि 'बाहर मैं कर दिया गया हूँ।/भीतर, पर, भर दिया गया हूँ', अर्थ प्रचलित अर्थ से बिलकुल भिन्न है। आम तौर पर ये पंक्तियाँ अलगाव अथवा निर्वासन की भावना को अभिव्यक्ति करनेवाली मानी जाती हैं, जबकि वास्तविकता यह है कि इनका संबंध निराला की वैचारिक यात्रा की उस मंजिल से है, जब वे अध्यात्मवाद से विमुख होकर भौतिकवाद की ओर प्रवृत्त थे। इसी तरह उनकी और भी कविताएँ हैं, जिनका सही अर्थ उनकी विचार-यात्रा के साथ चलते हुए समझ में आता है। पहले लेख में ऐसी कई कविताओं के अर्थ की ओर संकेत किया गया है।

निराला की कविता 'हिंदी के सुमनों के प्रति पत्र' और मुक्तिबोध की कविता 'भूल-गलती' हिंदी में चर्चित रही हैं। कई लेखकों ने इन कविताओं की व्याख्या की है। उस व्याख्या से आंशिक असहमति रखते हुए इस पुस्तक के पहले खंड के दो

लेखों में, कविताओं पर केंद्रित करके, उनकी एक और व्याख्या की गई है। पाठक उसे उपयुक्त पाएँगे, तो मुझे प्रसन्नता होगी। दिनकर और केदारनाथ अग्रवाल पर जो दो लेख हैं, वे वस्तुतः व्याख्यानों के लिखित रूप हैं। ये व्याख्यान जवाहरलाल नेहरू विश्वविद्यालय, दिल्ली द्वारा आयोजित 'पुनर्नवा' कार्यक्रम के अंतर्गत देश-भर से आए हिंदी के व्याख्याताओं के बीच दिए गए थे। उपयोगी समझकर उन्हें भी पुस्तक में संकलित किया जा रहा है।

दूसरे खंड में एक लेख शिवपूजन सहाय की गद्य-कला पर है और एक राहुलजी की अर्थवत्ता पर। ये दोनों लेख वस्तुतः आलेख हैं, जो साहित्य अकादेमी द्वारा आयोजित संगोष्ठियों में प्रस्तुत करने के लिए ठीक एक वर्ष के अंतर से लिखे गए हैं। शिवपूजन बाबू हिंदी के विशिष्ट गद्यकार हैं। उनके गद्य पर मैं बहुत दिनों से लिखना चाहता था, लेकिन उसके लिए उपयुक्त अवसर न मिलता था। इसी तरह राहुलजी ने जनता को शिक्षित करने के लिए जो लेखन किया था, उसमें भी मेरी विशेष रुचि थी और मैं उसकी भी छान-बीन करना चाहता था। दोनों विभूतियों के जन्म-शताब्दी-वर्ष में उन पर संगोष्ठियाँ आयोजित कर अकादेमी ने मुझे भी उन पर आलेख प्रस्तुत करने के लिए आमंत्रित किया, इसके लिए मैं उसका आभारी हूँ।

'मैं पढ़ा जा चुका पत्र न्यस्त' 'प्रेमचंद : पत्र-प्रसंग' नामक पुस्तक की, जिसमें मुख्यतः प्रेमचंद से संबंधित शिवपूजन बाबू को लिखे गए पत्र संकलित किए गए हैं, किंचित् विस्तृत समीक्षा है। इधर हिंदी में समीक्षा की स्थिति दिन-ब-दिन खराब होती जा रही है। कहानी, लघुकथा, गीत और ग़ज़ल की तरह पुस्तक-समीक्षा ने भी व्यावसायिक रूप ग्रहण कर लिया है। खास तौर से दैनिक पत्रों में जो समीक्षाएँ निकलती हैं, वे समीक्षक की विवशता सूचित करती हैं। समीक्षक के पास पूरी पुस्तक पढ़ने का न समय होता है, न धैर्य, फिर भी पुस्तकें बटोरने और अर्थ-प्राप्ति के लिए, कभी-कभी मित्र-लाभ और शत्रु-हानि के लिए भी, उसे समीक्षा लिखनी पड़ती है। इसमें तब दिलचस्प दृश्य उपस्थित हो जाता है, जब हम पाते हैं कि समीक्षक को पुस्तक में वही बात दिखलाई नहीं पड़ती, जो उसका मुख्य प्रतिपाद्य होता है और वह उससे उसी की माँग करता है, या फिर लेखक की स्थापनाओं को वह बिलकुल उलट रूप में रखता है। समीक्षा आलोचना का एक महत्त्वपूर्ण प्रकार है, जिसका लेखक, पाठक और जिस पत्रिका में वह छपती है, उस पत्रिका के प्रति गंभीर दायित्व है। आलोचना के क्षेत्र में योजना-बद्ध रूप से काम शुरू करने पर समीक्षा लिखना स्वाभाविक रूप से कम हो जाता है, लेकिन इसका मतलब यह नहीं कि उसके प्रति किसी प्रकार का उपेक्षाभाव होना चाहिए। 'प्रेमचंद : पत्र-प्रसंग' की समीक्षा लिखते हुए मैंने कतई ऐसा महसूस नहीं किया कि यह अपेक्षाकृत कम गंभीर कार्य है। यह समीक्षा 'हंस' के सितंबर, 1992 के अंक में प्रकाशित हुई थी।

कहानी मेरे लिए 'छोड़ा हुआ रास्ता' है, लेकिन एक संपादक की प्रेरणा से

मैं प्रेमचंद की कहानी 'बड़े भाई साहब' पर विचार करने बैठा, तो मुझे उस सृजनात्मकता का साक्षात्कार हुआ, जो समकालीन कहानी में दुर्लभ है। यह लेख पुस्तक में 'प्रक्रिया और परिणति' शीर्षक से संकलित है।

पिछले वर्षों मैंने एक शृंखला में तीन लेख लिखे—'आलोचना के प्रतिमान', 'मार्क्सवादी आलोचना का संकट' और 'रचना और आलोचना का संबंध'। ये तीनों ही लेख स्पष्टतः आलोचना से संबंधित हैं और आलोचना को लेकर फिलहाल मेरे मन में जो तर्क-वितर्क चल रहा है, उसके सूचक हैं। पहला लेख मेरे पिछले लेख-संग्रह 'यथाप्रसंग' में संकलित हो चुका है। बाकी दो लेख, जो कुछ बाद के हैं, इस पुस्तक में दिए जा रहे हैं। इन लेखों के अलावा जो लेख इस पुस्तक में हैं, उनमें भी किसी न किसी रूप में मेरी उधेड़बुनवाली मनोदशा अभिव्यंजित हुई है। मुझे अपने उन मित्रों से रश्क होता है, जो अपने लिए पूर्वनिर्धारित मार्ग पर निर्विघ्न बढ़ते चले जाने का सुख उठा रहे हैं। उनके लिए किसी लेखक की उलझन उसकी ईमानदारी से कोई संबंध नहीं रखती। वह उसका अवसरवाद है, या फिर उसका भटकाव। यहाँ मुझे डा. नामवर सिंह का एक वाक्य याद आ रहा है, जो उन्होंने मुझे अपने एक पत्र में लिखा था : " 'अवसरवाद' और 'भटकाव' जैसे पदों के लिए साहित्य की आलोचना में जगह नहीं है, मार्क्सवादी साहित्य-समालोचना में भी नहीं।"

इस पुस्तक की विशिष्ट सामग्री वह है, जो इसके परिशिष्ट में दी गई है। 1992 में एक योजना के अंतर्गत पटना आकाशवाणी से आधुनिक हिंदी कविता पर मेरी बारह वार्ताएँ प्रसारित हुई थीं। ये वार्ताएँ वस्तुतः आधुनिक हिंदी कविता के इतिहास का, जिसे प्रस्तुत करना मेरी भावी योजनाओं में से एक है, प्रारूप हैं। इन्हें लिखते समय मेरे सामने यह तथ्य स्पष्टता से उभरकर आया कि आधुनिक हिंदी कविता का विकास सरल न होकर अत्यंत जटिल है, क्योंकि एक काल के कवि दूसरे काल की कविता को पूर्वाशित ही नहीं करते, कभी-कभी उस काल के प्रतिनिधि कवि के रूप में स्वीकृत हो जाते हैं। यही नहीं, एक काल के सामान्य कवि दूसरे काल के विशिष्ट कवि बन जाते हैं, बल्कि एक काल के विशिष्ट कवि की उपलब्धि दूसरे काल में सामने आती है और उसके संपूर्ण परिदृश्य को बदल देती है। इसके अलावा कविता की धाराएँ कभी-कभी एक-दूसरे के समानांतर और कभी एक-दूसरे को काटती हुई भी प्रवाहित होती हैं। इतिहास के संबंध में, वह किसी काल का क्यों न हो, अनेकानेक धारणाएँ रूढ़ होकर बद्धमूल हो गई हैं। जब कविता का साक्षात्कार किया जाता है, तो भिन्न प्रकार के तथ्य सामने आते हैं और वे दूसरी ही कहानी कहने लगते हैं।

इन वार्ताओं में काफी कुछ ऐसा है, जो पाठकों को नया अथवा ऊटपटाँग लग सकता है, लेकिन मैंने प्रयास किया है कि उसे यथासंभव युक्तियुक्त बनाकर ही रखूँ। ऐसा नहीं है कि रूढ़िबद्ध चिंतन से अलग सही तथ्यों की तरफ पहले कभी

संकेत नहीं किया गया है। दृष्टिसंपन्न इतिहासकारों और आलोचकों द्वारा वह छिटपुट रूप में पहले भी किया जाता रहा है। मैं अनेक स्थलों पर उस संकेत को पकड़ कर आगे चला हूँ और उसी के बल पर कुछ नए निष्कर्ष सामने रखने का भी साहस कर सका हूँ। मेरा ध्यान आधुनिक हिंदी कविता की धाराओं और अंतर्धाराओं को स्पष्ट करने पर रहा है, फिर भी प्रत्येक धारा अथवा पीढ़ी के मुख्य कवियों पर भी यथास्थान टिप्पणी की गई है। वह टिप्पणी कभी संक्षिप्त है, कभी किंचित् विस्तृत। इस संक्षेप या विस्तार से कवियों का महत्त्व न आँका जाए, ऐसा अनुरोध है, क्योंकि उसका संबंध प्रसंग को स्पष्ट करने से है। जो स्पष्ट है, उस पर ज्यादा शब्द व्यय नहीं किए गए। वैसा तो वहाँ किया गया है, जहाँ बात स्पष्ट करनी है, या उसे जमाना है।

आधुनिक हिंदी कविता के पर्यवेक्षण से मैं इस निष्कर्ष पर पहुँचा हूँ कि यह जितनी समृद्ध है, उतनी ही वैविध्यपूर्ण भी। इसका विकास सरलता से जटिलता, मिथक से यथार्थ और बंधन से मुक्तता की ओर हुआ है। किसी भी हिंदीप्रेमी को आधुनिक हिंदी कविता पर वैसे ही गर्व होगा, जैसे उसे भक्तिकालीन कविता पर है।

इस पुस्तक के अन्य कई लेख भी पत्र-पत्रिकाओं में प्रकाशित हो चुके हैं। परिशिष्ट की सामग्री भी पुस्तिका के रूप में एक स्थानीय प्रकाशक ने छापी थी। पत्र-पत्रिकाओं के संपादक और उक्त प्रकाशक मेरे धन्यवाद के पात्र हैं।

अंतिम बात यह कि इस पुस्तक के लेखों में भी यत्र-तत्र कुछ पुनरावृत्ति मिल सकती है। इसका कारण यह है कि पुस्तक के दोनों खंडों के लेख और आधुनिक हिंदी कवितासंबंधी वार्ताएँ स्वतंत्र रूप से लिखे गए हैं और मेरी कुछ धारणाएँ घूम-फिरकर मेरे लेखन में आ जाती हैं। इस पुनरावृत्ति के लिए मैं पाठकों से क्षमा चाहता हूँ और अपनी तरफ से उन्हें आश्वासन देता हूँ कि भविष्य में मैं उससे बचने का प्रयास करूँगा।

लखनचंद कोठी, गुलबीघाट
महेंद्रू, पटना-800 006
9 जनवरी, 1999

नंदकिशोर नवल

अनुक्रम

1

2

1

1

कवि निराला : वैचारिक यात्रा

निराला के काव्य में दार्शनिकता का निरूपण करते हुए पं. नंददुलारे वाजपेयी ने लिखा है : ''यह (अद्वैतवाद) उनके पूर्ववर्ती काव्य का केंद्रीय दार्शनिक पक्ष है।'' आचार्य रामचंद्र शुक्ल ने भी अपने 'इतिहास' में संकेत किया था कि ''अद्वैतवाद के वेदांती स्वरूप को ग्रहण करने के कारण इनकी रहस्यात्मक रचनाओं में भारतीय दार्शनिक निरूपणों की झलक जगह-जगह मिलती है।'' डा. रामविलास शर्मा ने भी इसी तरह की बात लिखी है : '' 'परिमल' की अनेक कविताओं में, 'गीतिका' के अनेक गीतों में निरालाजी ने इस अद्वैतवाद की प्रतिष्ठा की है।'' निराला ने स्वयं 'समन्वय' में प्रकाशित अनेक निबंधों में अद्वैतवाद की व्याख्या करते हुए उसमें अपनी आस्था प्रकट की है। पं. महावीरप्रसाद द्विवेदी के नाम 11 जनवरी, 1921 को महिषादल से लिखे गये एक पत्र में उन्होंने लिखा था : ''जीवन का लक्ष्य निरे बाल्यकाल से है परम पदलाभ।'' 'समन्वय' (वर्ष 2, अंक 5, सौर ज्येष्ठ, सं. 1980) की 'ज्ञान और भक्ति पर गोस्वामी तुलसीदास' शीर्षक टिप्पणी में निराला ने लिखा है कि ''सिद्ध वही होता है या वही कहलाता है जिसने मनुष्य जीवन के वेद-सिद्धांत को अपनी साधना और प्रत्यक्ष अनुभव द्वारा प्राप्त कर लिया है।'' 'मतवाला' के छठे वर्ष के अंकों में (मार्च और अप्रैल, '29) उनका एक लंबा लेख प्रकाशित हुआ था, 'दो महाकवि', जिसमें उन्होंने दार्शनिक दृष्टि से तुलसीदास और रवींद्रनाथ का तुलनात्मक अध्ययन प्रस्तुत किया था। उस लेख में उन्होंने कविता में दर्शन को शुद्ध रूप में रखने की बात पर जोर दिया है। उन्होंने कहा है : ''उमरखैयाम, कांट, ब्लेक, स्पेंसर आदि जितने कवियों और दार्शनिकों ने अनादि तत्त्व में हाथ लगाया है, उन्हें सच्ची सफलता वहीं मिली है, जहाँ उन्होंने सच्चा अनुवाद या तदनुकूल ही लिखा है।'' इसी लेख में उन्होंने आगे लिखा है : ''कुछ लोग जो कहते हैं कि वेदांत-सूत्र में कविता नहीं, वह तो शुष्क शब्दबंध मात्र है; जहाँ कविता रहती है, वहाँ राग-विराग और विरह-मिलन की वर्णना अलंकारों से सजकर रसों के उच्छ्वास तथा आवर्तों से अनंत

की ओर अग्रसर होती है—जैसे कोई अभिसारिका, कविता का यथार्थ आनंद तभी मिलता है; मेरे विचार से पाठक स्वयं अभिसारिका के दर्शनों का प्यासा रहता है, इसलिए उसकी दृष्टि कविता में नायिका और अभिसारिका को ही खोज़ती है।'' निराला पर वैष्णव मतवाद का भी प्रभाव था, पर इस लेख में उन्होंने अद्वैतवाद का विरोध करनेवाली रवींद्रनाथ की इस दार्शनिक दृष्टि का कि 'तारण-मंत्र' ज्योत्स्ना, सूर्य की चमकीली किरणों और फूलों के विकास में है, खंडन सशक्त शब्दों में किया है : ''ज्योत्स्ना, सूर्यरश्मि तथा पुष्पों को देखकर जो आनंद होता है वह संसार की सीमा के अंदर ही बँधा हुआ है, उस समय टाइम और स्पेस (काल और सीमा) का ज्ञान रहता है और जब तक यह ज्ञान है तब तक मुक्ति कैसी ?...यदि यह सब तत्त्व है तो पता नहीं प्रमाद और किसे कहते हैं।'' 'समन्वय' (वर्ष 1, अंक 10, सौर कार्तिक, सं. 1909) में प्रकाशित एक अन्य लेख 'बाहर और भीतर' में निराला ने भीतरी शांति के मूल स्रोत का अनुसंधान करते हुए लिखा था : ''हमारे सारे शास्त्र भीतर की इसी शांति या स्वतंत्रता के पथ-प्रदर्शक हैं। हमारा भ्रम ही उनमें भिन्नता और विरोध दिखाता है। हम अपने को पूर्ण ज्ञानी और सच्चा विचारक समझते हुए महर्षियों की उक्ति के लक्ष्य पर ध्यान नहीं देते। किंतु उस उक्ति पर तर्क की तलवार रख देते हैं, इससे अधिक भ्रम और क्या होगा ?'' इससे यह पता चलता है कि अपनी काव्य-रचना के आरंभ-काल में अद्वैत-दर्शन में निराला की अखंड आस्था थी। उसे लेकर उनके मन में कोई दुविधा नहीं थी और वे उसे तर्क की वस्तु नहीं समझते थे।

पूर्ववर्ती काल (1920-1938) की निराला की मुख्य दार्शनिक कविताएँ हैं : 'अधिवास', 'पंचवटी-प्रसंग', 'तुम और मैं', 'प्रकाश', 'जग का एक देखा तार' और 'पास ही रे, हीरे की खान'।

अपनी 'अधिवास' ('परिमल' : 1929 ई.) शीर्षक कविता में निराला ने यह कहते हुए कि ''भला इस गति का शेष/संभव है क्या/करुण स्वर का जब तक मुझमें रहता है आवेश ?'', विवेकानंद के नववेदांतवाद का प्रतिपादन किया है। यहाँ उनके शब्दों को विवेकानंद के इस कथन से मिलाकर देखा जा सकता है : ''हमारे देश में तो प्राचीन पद्धति यह है कि हम एक गुफा में बैठ जाएँ, वहीं ध्यान करें और बस वहीं मर जाएँ, परंतु मुक्तिलाभ के लिए यह गलत सिद्धांत है कि हम दूसरों से आगे ही बढ़ते चले जाएँ। आगे या पीछे साधक को यह समझ लेना चाहिए कि यदि वह अपने अन्य भाइयों की मुक्ति के लिए भी यत्न नहीं करता है, तो उसे मुक्ति नहीं प्राप्त हो सकती।'' 'पंचवटी-प्रसंग' ('परिमल' में संकलित) शीर्षक कविता निराला की दार्शनिक कविता के रूप में प्रायः उद्धृत की जाती है। यह कविता कथोपकथन की शैली में लिखी गई है, तथापि यह पता लगाना कठिन नहीं है कि इसके चौथे खंड में निराला ने राम के मुँह से जिस दर्शन का आख्यान कराया है,

वह उनके अपने विचारों से समर्थित है। इसमें राम ने पहले वेदांत के अनुसार प्रलय का वर्णन किया है, फिर भक्ति का महत्त्व बतलाया है। प्रलय का वर्णन करने के प्रसंग में वे कहते हैं :

व्यष्टि और समष्टि में नहीं है भेद,
भेद उपजाता भ्रम—
माया जिसे कहते हैं।
जिस प्रकाश के बल से
सौर ब्रह्मांड को उद्भासमान देखते हो
उससे नहीं वंचित है एक भी मनुष्य भाई।
व्यष्टि और समष्टि में समाया वही एक रूप,
चिद्घनआनंद-कंद।

विवेकानंद का भी कहना है कि "यह माया ही तुममें और हममें, पशुओं और मनुष्यों में, देवताओं में और मनुष्यों में भेदभाव पैदा करती है" और "जो समग्र जगत् के भीतर विद्यमान है, वही मनुष्यों की आत्मा में भी विराजमान है।"

भक्ति का महत्त्व निराला ने इन शब्दों में प्रतिपादित किया है :

भक्ति-योग-कर्म-ज्ञान एक ही है
यद्यपि अधिकारियों के निकट भिन्न दीखते हैं।
एक ही है, दूसरा नहीं है कुछ—
द्वैतभाव ही है भ्रम।
तो भी प्रिये,
भ्रम के ही भीतर से
भ्रम के पार जाना है।
मुनियों ने मनुष्यों के मन की गति
सोच ली थी पहले ही।
इसीलिए द्वैतभाव-भावुकों में
भक्ति की महिमा भरी।

'वेदांत-दर्शन' के तीसरे अध्याय के चौथे पाद के चौंतीसवें सूत्र में कहा गया है : "सर्वथापि त एवोभयलिंगात्", अर्थात् "किसी कारण से कठिनता प्राप्त होने पर भी वे भक्ति संबंधी कर्म या भागवतधर्म तो सब प्रकार से ही आचरण में लाने योग्य हैं; क्योंकि श्रुति और स्मृति दोनों के निश्चयात्मक वर्णन रूप लिंग (लक्षण) से यही सिद्ध होता है।" 'वेदांत-दर्शन' में 'अपि च स्मर्यते' कहकर जिन स्मृतियों की तरफ संकेत किया गया है, उनमें सर्वश्रेष्ठ श्रीमद्भगवद्गीता में कृष्ण ने कहा है : "मेरी प्राप्ति में वेदाध्ययन, यज्ञानुष्ठान, दान तथा नाना प्रकार की क्रिया और उग्र तप हेतु नहीं है, केवलमात्र अनन्य भक्ति से ही मैं जाना, देखा और प्राप्त किया

जा सकता हूँ।" 'वेदांत-दर्शन' में ही आगे कहा गया है : "अतस्त्वितरज्यायो लिंगाच्च," अर्थात् "ऊपर बतलाए हुए इन सभी कारणों से (यह सिद्ध हुआ कि) अन्य सब धर्मों की अपेक्षा भगवान की भक्तिविषयक धर्म श्रेष्ठ है; इसके सिवा लक्षणों से (स्मृति-प्रमाण से) भी (यही सिद्ध होता है)।" 'वेदांत-दर्शन' के अनुसार परमात्मा निर्गुण और सगुण दोनों लक्षणोंवाला (उभयलिंग) है। इसके चौथे अध्याय के पहले पाद में प्रतीकोपासना को भी विहित कहा गया है।

विभिन्न मार्गों की एकता के संबंध में विवेकानंद ने भी लिखा है : "वेदांत धर्म का सबसे उदात्त तथ्य यह है कि हम एक ही लक्ष्य पर भिन्न-भिन्न मार्गों से पहुँच सकते हैं। मैंने इन मार्गों को साधारण रूप से चार वर्गों में विभाजित किया है और वे हैं—कर्ममार्ग, भक्तिमार्ग, योगमार्ग और ज्ञानमार्ग।...अंत में ये सब मार्ग एक ही लक्ष्य में जाकर एक हो जाते हैं। सारे धर्म तथा कर्म और उपासना की सारी साधन-प्रणालियाँ हमें उसी एक लक्ष्य की ओर ले जाती हैं।" भक्ति के संबंध में उनका कहना है कि "हमें तो उस (भक्ति) को अपना सर्वोच्च आदर्श बनाना ही चाहिए और अपनी समस्त इंद्रियों को उस सर्वोच्च आदर्श की ओर ही उन्मुख कर देना चाहिए। इससे यदि हमें अपने साध्य की प्राप्ति न भी होगी, तो कम-से-कम हम उसके अधिक निकट तो अवश्य पहुँच जाएँगे। संसार और इंद्रियों में से ही धीरे-धीरे अपना रास्ता बनाते हुए हमें ईश्वर तक पहुँचना है।" विवेकानंद ने प्रतीकोपासना की उपयोगिता भी बतलाई है : "उस अवस्था में पहुँचने के लिए, जिसमें हम ईश्वर का अनुभव कर सकेंगे, हमें साकार वस्तु के माध्यम से जाना होगा—ठीक उसी तरह, जैसे कि बच्चे प्रथम साकार वस्तुओं का अभ्यास करके तदुपरांत क्रमशः भाववाचक की ओर जाते हैं।"

'तुम और मैं' ('परिमल' में संकलित) में निराला ने वेदांत के अनुसार ही ब्रह्म और जीव के स्वरूप का वर्णन किया है।

'वेदांत-दर्शन' में कहा गया है : "अंशोनानाव्यपदेशादन्यथा चापि दाशकितवादित्वमधीयत एके", अर्थात् "श्रुति में जीवों को बहुत और अलग-अलग बताया गया है, इसलिए तथा दूसरे प्रकार से भी (यही सिद्ध होता है कि) जीव ईश्वर का अंश है, क्योंकि एक शाखावाले ब्रह्म को दाशकितव आदि रूप कहकर अध्ययन करते हैं।" "किंतु जिस प्रकार साकार वस्तु के टुकड़ों को उसका अंश कहा जाता है, वैसे जीवों को ईश्वर का अंश नहीं कहा जा सकता; क्योंकि अवयवरहित अखंड परमेश्वर के खंड नहीं हो सकते। अतएव कार्यकारणभाव से ही जीवों को परमेश्वर का अंश मानना उचित है तथा वह कार्य-कारण भाव भी इसी रूप में है कि प्रलयकाल में अव्यक्त रूप से परब्रह्म परमेश्वर में विलीन रहनेवाले नित्य और चेतन जीव, सृष्टिकाल में उसी परमेश्वर से प्रकट हो जाते हैं और पुनः संहार के समय उन्हीं में उन जीवों का लय होता है तथा उनके शरीरों की उत्पत्ति भी उस ब्रह्म से ही होती है।

"यह बात 'श्रीमद्भगवद्गीता' में इस प्रकार स्पष्ट की गई है :

ममयोनिर्महद्ब्रह्म तस्मिन्गर्भ दधाम्यहम्।
संभवः सर्वभूतानां ततो भवति भारत।।
सर्वयोनिषु कौन्तेय मूर्तयः संभवन्ति याः।
तासां ब्रह्म महद्योनिरहं बीजप्रदः पिता।।

"हे अर्जुन ! मेरी महत् ब्रह्मरूप प्रकृति अर्थात् त्रिगुणमयी माया संपूर्ण भूतों की योनि है अर्थात् गर्भाधान का स्थान है और मैं उस योनि में चेतनरूप बीज को स्थापित करता हूँ, उस जड़-चेतन के संयोग से सब भूतों की उत्पत्ति होती है। तथा हे अर्जुन ! नाना प्रकार की सब योनियों में जितनी मूर्तियाँ अर्थात् शरीर उत्पन्न होते हैं, उन सबकी त्रिगुणमयी मेरी प्रकृति तो गर्भ को धारण करनेवाली माता है और मैं बीज को स्थापित करनेवाला पिता हूँ।

"इसलिए पिता और संतान की भाँति जीवों को ईश्वर का अंश मानना ही शास्त्र के अनुसार ठीक मालूम होता है और ऐसा होने से जीव तथा ब्रह्म को अभेद कहनेवाली श्रुतियों की भी सार्थकता हो जाती है।"

'तुम और मैं' शीर्षक पूरी कविता इसी दर्शन को छंदोबद्ध रूप में उपस्थित करती है। निम्नलिखित पंक्तियों में ब्रह्म और जीव के बीच कार्य-कारण संबंध का अत्यंत स्पष्ट रूप में वर्णन है :

तुम तुंग-हिमालय-शृंग
  और मैं चंचल-गति सुर-सरिता।
तुम विमल हृदय उच्छ्वास
  और मैं कांत-कामिनी-कविता।

अपनी 'प्रकाश' शीर्षक कविता (रचना-काल : 6 जून, 1923; 'अनामिका' (1939 ई.) में संकलित) में निराला ने इस विचार को स्पष्ट किया है कि सभी प्राणियों में एक ही आत्मा व्याप्त है और द्वैतभाव भ्रम है, इसलिए इस संसार में सभी समान हैं, कोई दास और कोई स्वामी नहीं है। इस अभेद-ज्ञान को प्राप्त करके ही ईश्वरीय प्रकाश को समझा जा सकता है। यह कविता 'अधिवास' शीर्षक कविता की पूरक है। इसमें निराला ने कहा है :

और लगाना गले उन्हें—
जो धूलि-धूसरित खड़े हुए हैं—
कब से प्रियतम, है भ्रम ?
हुई दुई में अगर कहीं पहचान
तो रस भी क्या—
अपने ही हित का गया न जब अनुमान ?
है चेतन का आभास

जिसे, देखा भी उसने कभी किसी को दास ?
नहीं चाहिए ज्ञान
जिसे, वह समझा कभी प्रकाश ?

यह विवेकानंद का नववेदांतवाद है, जो वेदांत से भिन्न नहीं, बल्कि उसकी नई व्याख्या पर आधारित है। वेदांत के अनुसार ब्रह्म जगत् का निमित्त कारण भी है और उपादान कारण भी। वह संपूर्ण जगत् में पूर्णरूप से अनुगत (व्याप्त) है। "अपनी अपरा और परा दोनों शक्तियों से संपन्न वह परब्रह्म परमात्मा ही नाना रूपों में प्रकट हो रहा है।" इसके अतिरिक्त वेदांत में कर्म का भी विधान है : "अतोऽन्यापि ह्येकेषामुभयोः", अर्थात् "इन (आश्रम के लिए विहित कर्मों) से भिन्न क्रिया भी ज्ञानी और साधक दोनों के लिए ही किसी एक शाखावालों के मत में विहित है।" "ज्ञानी लोक-संग्रह के लिए प्रत्येक शुभ कर्म का अनुष्ठान कर्तापन के अहंकार से रहित तथा कर्मासक्ति और फलासक्ति से सर्वथा अतीत हुआ कर सकता है; क्योंकि ज्ञानोत्तरकाल में किए जानेवाले किसी भी कर्म से उसका लोप नहीं होता। (गीता 4/22, 18/17)।" ऐसी स्थिति में वेदांतवादी निराला के कर्म और लोक-विमुख होने का प्रश्न नहीं उठता।

'गीतिका' (1936 ई.) के दो गीत 'जग का एक देखा तार' तथा 'पास ही रे, हीरे की खान' निराला के दार्शनिक गीत हैं। पहले गीत में उन्होंने वेदांत-दर्शन के अनुसार भेद में अभेद का प्रतिपादन किया है, जैसे "जग का एक देखा तार।/कंठ अगणित, देह सप्तक,/मधुर स्वर-झंकार" और दूसरे गीत में उन्होंने हृदय-रूप गुहा में आत्मा के साथ स्थित परमात्मा की ओर संकेत किया है (गुहां प्रविष्टावात्मानौ हि तद्दर्शनात्) : "पास ही रे, हीरे की खान,/खोजता कहाँ और नादान ?" इसमें निराला ने परमात्मा को उपलब्ध करने के लिए योग, कर्म आदि सबों का महत्त्व इस प्रकार सूचित किया है :

चक्र के सूक्ष्म छिद्र के पार,
बेधना तुझे मीन शर मार,
चित्त के जल में चित्र निहार,
कर्म का कार्मुक कर में धार,
मिलेगी कृष्णा, सिद्धि महान्,
खोजता कहाँ उसे नादान ?

अपने 'दो महाकवि' शीर्षक निबंध में, जिसका हवाला ऊपर दिया गया है, निराला ने रवींद्रनाथ की चर्चा करते हुए कहा है : "इसमें संदेह नहीं, वे शुद्ध साहित्य के जितने अच्छे कवि हैं, दर्शनमिश्रित साहित्य के उतने अच्छे नहीं।" बाद में उन्होंने इस दृष्टि से तुलसीदास को श्रेष्ठ बतलाते हुए उनके बारे में लिखा है : "दर्शन लिखते समय उन्होंने साहित्य को प्रधान भी नहीं किया।" इससे यह पता चलता है कि निराला

साहित्य और दर्शन में एक अलगाव बनाकर रखना चाहते थे। यदि वे इन दोनों को मिलाना भी चाहते थे, तो इस सावधानी के साथ कि कवि की मौलिकता और निजी अनुभूति से दर्शन का स्वरूप विकृत न हो। दार्शनिक प्रसंग में रवींद्रनाथ की मौलिकता की आलोचना करते हुए उन्होंने लिखा है : "यहाँ उनकी मौलिकता स्वयं तो धोखा खाती ही है, किंतु दूसरों को भी धोखा देती है।" निराला ने स्वयं जो थोड़ी-सी दार्शनिक कविताएँ लिखी हैं, उनमें व्यक्त दर्शन अविकृत है।

निराला ने लिखा है कि "रहस्यवाद का उत्थान शुद्ध वेदांतवाद से हुआ है।" वेदांत-दर्शन इतना व्यापक है कि इसमें ज्ञान-भक्ति, सगुण-निर्गुण, प्रतीकोपासना आदि तमाम बातों का समावेश है। निराला की रहस्यात्मक एवं भक्तिमूलक कविताओं के मूल में यही दर्शन स्थित है। इस दर्शन का प्रभाव उन पर सीधे भी पड़ा था और रामकृष्ण एवं विवेकानंद के माध्यम से भी। उन्होंने लिखा है : "श्रीरामकृष्ण...युगावतार थे, लोक कल्याण के लिए, अनेक धर्मों की एकता-स्थापन के लिए आए हुए थे" और "स्वामी विवेकानंद ने सब धर्मों की एकता तथा वेदांत की सार्वभौमिकता का प्रचार किया।" डा. रामविलास शर्मा ने लिखा है कि "निरालाजी की रचनाओं में एक ओर रवींद्रनाथ ठाकुर की रहस्यवादी रचनाओं का प्रभाव दिखाई पड़ता है, तो दूसरी ओर तुलसीदास की भक्ति का।" निराला पर इन दोनों कवियों की कविताओं से पहले वेदांत का प्रभाव है।

निराला की रहस्यात्मक एवं भक्तिमूलक कविताओं का ही वेदांत से संबंध नहीं है, बल्कि उनकी राष्ट्रीयतापरक कविताओं का भी वेदांत से गहरा संबंध है। विवेकानंद ने वेदांत की नई व्याख्या करके उसका संबंध देश और उसकी तत्कालीन परिस्थितियों से जोड़ा था। उन्होंने क़हा था : "अपना सारा ध्यान इसी एक ईश्वर पर लगाओ, हमारा देश ही हमारा जाग्रत देवता है। सर्वत्र उसके हाथ हैं, सर्वत्र उसके पैर हैं और सर्वत्र उसके कान हैं। समझ लो कि दूसरे देवी-देवता सो रहे हैं। जिन व्यर्थ के देवी-देवताओं को हम देख नहीं पाते, उनके पीछे तो हम बेकार दौड़ें और जिस विराट् देवता को हम अपने चारों ओर देख रहे हैं, उसकी पूजा ही न करें ? जब हम इस प्रत्यक्ष देवता की पूजा कर लेंगे, तभी हम दूसरे देव-देवियों की पूजा करने योग्य होंगे, अन्यथा नहीं।" राष्ट्र के लिए व्यक्तिगत मुक्ति के विचार को उन्होंने त्याज्य बतलाया था : "वर्तमान समय में ऐसे अनेक मनुष्य हैं, जिन्होंने अपनी ही मुक्ति के लिए संसार का त्याग किया है। तुम सबकुछ दूर फेंको—यहाँ तक कि अपनी मुक्ति का भी विचार दूर रखो—जाओ, दूसरों की सहायता करो। तुम सदा बड़ी-बड़ी साहसिक बातें करते हो, परंतु अब तुम्हारे सामने यह व्यावहारिक वेदांत रखा गया है। तुम अपने इस तुच्छ जीवन की बलि देने के लिए तैयार हो जाओ। यदि ये राष्ट्र बचे रहे, तो तुम्हारे और हमारे जैसे हजारों आदमियों के भूखों मरने से भी क्या हानि होगी ? यह राष्ट्र डूब रहा है।" राजनीतिक दृष्टि से भारत का स्वतंत्र होना उनकी

दृष्टि में महत्त्वपूर्ण था। उन्होंने भारतीय जनता को स्वतंत्रता का संदेश दिया था : "गुलाम बनना छोड़ो", क्योंकि गुलाम राष्ट्र कभी उठकर खड़ा नहीं हो सकता। सामाजिक पुनर्निर्माण और स्वाधीनता-आंदोलन के लिए देशवासियों का अपनी शक्ति से परिचित होना आवश्यक था। यह शक्ति अद्वैतवाद से प्राप्त होती थी। विवेकानंद ने कहा था : "अद्वैतवाद की साधना से लाभ क्या है ? उससे शक्ति प्राप्त होती है।" दूसरी ओर वे आध्यात्मिक साधना को आवश्यक मानते थे और व्यक्तिगत आध्यात्मिक मुक्ति में ही राष्ट्रीय मुक्ति का दर्शन करते थे। उनका यह विश्वास था कि जीवात्मा की मुक्ति के बाद उसके सम्मुख लौकिक बंधन टिक नहीं सकते। 'समन्वय' (वर्ष 2, अंक 11, सौर अग्रहायण, सं. 1980) में प्रकाशित 'शक्ति-परिचय' शीर्षक निबंध में निराला आध्यात्मिक मुक्ति से राष्ट्रीय मुक्ति को जोड़ते हुए कहते हैं : "देश की समष्टिगत स्वाधीनता की तो इस प्रसंग में आप मीमांसा हो जाती है। क्योंकि व्यक्तिगत स्वाधीनता ही समष्टिगत स्वाधीनता की जननी है।" 'समन्वय' (वर्ष 1, अंक 12, सौर पौष, सं. 1909) में ही प्रकाशित 'प्रवाह' शीर्षक निबंध में उन्होंने लिखा है : "आत्मवाद या मुक्ति ही भारत के जातीय जीवन का लक्ष्य है। मुक्ति प्रवाह या माया के अधिकारों से अलग है। बिना मुक्त हुए जीव स्वतंत्र नहीं हो सकता।" विवेकानंद के अनुसार आध्यात्मिक मुक्ति प्राप्त करना अपने भीतर प्रचंड शक्ति को जन्म देना है। भारतवर्ष आदिकाल से ही मुक्ति की साधना करता रहा है। यहाँ के लोगों ने मुक्ति का स्वाद प्राप्त किया है। निराला अपनी निम्नलिखित पंक्तियों में भारतीय जनों को इसी बात की याद दिलाते हैं :

तुम हो महान्, तुम सदा हो महान्,
है नश्वर यह दीन भाव,
कायरता, कामपरता,
ब्रह्म हो तुम,
पद-रज भर भी है नहीं पूरा यह विश्व-भार—
जागो फिर एक बार।

('जागो फिर एक बार' (2), 'परिमल' में संकलित)

अपनी 'जागरण' शीर्षक कविता ('परिमल' में संकलित) में उन्होंने भारतवर्ष के मुँह से यह कहलवाया है : "स्थित मैं आनंद में चिरकाल/जाल-मुक्त।"

रामकृष्ण मिशन की तरफ से लोकसेवा का कार्यक्रम चलाया गया था। जैसा कि अपनी 'सेवा-प्रारंभ' शीर्षक कविता ('अनामिका' में संकलित) के साथ दी गई टिप्पणी में निराला ने लिखा है, यह स्वामी अखंडानंदजी द्वारा प्रारंभ किया गया था। विवेकानंद को उन्हीं से इसकी प्रेरणा मिली थी। निराला की कविताओं में दीन जनों के प्रति जो करुणा एवं सहानुभूति का भाव देखने को मिलता है, उसके पीछे रामकृष्ण मिशन की सेवा-भावना का प्रभाव भी है। 'पंचवटी-प्रसंग' में भक्ति के साथ सेवा

की भी चर्चा है :

प्रेम के पिपासुओं को
सेवाजन्य प्रेम का
जो अति ही पवित्र है,
उपदेश दिया।
सेवा से चित्तशुद्धि होती है।
शुद्ध चित्तात्मा में उगता है प्रेमांकुर।
चित्त यदि निर्मल नहीं
तो वह प्रेम व्यर्थ है–
पशुता की ओर है वह खींचता मनुष्यों को।

अपनी काव्य-रचना के पूर्ववर्ती काल में निराला अपने विचारों में विवेकानंद से पूरी तरह प्रभावित रहे। इस काल में न केवल उनके आध्यात्मिक विचार, बल्कि उनके सामाजिक और राष्ट्रीय विचार भी विवेकानंद के नववेदांतवाद की बुनियाद पर टिके थे। 1939-40 ई. से विवेकानंद का दर्शन उन्हें अपर्याप्त लगने लगता है और वे अपनी कविताओं में ऐसा संकेत देते हैं, जिससे यह पता चलता है कि अब उनके चिंतन के पीछे एक दूसरी विचार-पद्धति स्थित है। अध्यात्म की चेतना उनमें अपने परवर्ती काव्य-काल में भी वर्तमान रही, पर अब वे अध्यात्म के बदले समाज पर बल देने लगे थे। अब तक जैसे उनकी काव्य-रचना का प्रमुख प्रेरक तत्त्व विवेकानंद का नववेदांतवाद था, अब वह नया समाजशास्त्रीय चिंतन हो गया। विवेकानंद शूद्रों के उद्धार, दैन्य-निवारण और सेवा-भावना पर बहुत जोर देते थे। निराला की अनेक कविताओं में दीनों और दलितों का चित्रण किया गया है। थोड़ा नजदीक से देखने पर यह बात स्पष्ट हुए बिना नहीं रहती कि वे वर्णाश्रम-व्यवस्था में आस्था रखते हुए शूद्रों का कल्याण चाहते हैं। वे उन्हें नए भारत की नई शक्ति मानने को भी तैयार हैं, पर उनकी दशा के लिए गलत अर्थ-व्यवस्था को दोषी ठहराकर वे उसमें आमूल परिवर्तन लाना नहीं चाहते हैं। इसीलिए उनके प्रति उनके मन में करुणा और सहानुभूति का भाव है, एक गलत अर्थ-व्यवस्था में उनके न्याय और अधिकारवंचित होने की समाजशास्त्रीय चेतना नहीं। ऐसा इसलिए था कि अब तक निराला समाज और राष्ट्र की कठोर वास्तविकताओं के सामने नहीं आए थे। सारा राष्ट्र जिस प्रकार पुनर्जागरण और स्वाधीनता-संग्राम-काल के कुछ बड़े-बड़े आदर्शवादी स्वप्नों में खोया था, वे भी खोए थे। सभी मनुष्यों में एक ही आत्मा है, भारत विश्व को नया आध्यात्मिक संदेश देगा, यह देश एक नए प्रकार की शक्ति के रूप में उभरेगा आदि स्वप्न ही थे, जो कि वर्तमान शताब्दी के चौथे दशक के अंत और पाँचवें दशक के आरंभ-काल में भारतीय प्रदेशों में कांग्रेस के शासन से त्यागपत्र देकर अलग हो जाने, द्वितीय विश्वयुद्ध के आरंभ, भारत छोड़ो आंदोलन, बंगाल के अकाल आदि राष्ट्रीय-अंतर्राष्ट्रीय

घटनाओं से ध्वस्त हो गए। इससे छायावादी कवि के सामने आदर्शवादी अमूर्त कल्पनाओं की जगह ठोस सवाल आ गए। स्वतंत्रता-आंदोलन में इस देश की निम्न तथा निम्न-मध्यवर्गीय जनता अब तक उपेक्षित थी। इसी काल में लोगों का ध्यान उसकी तरफ गया और स्वतंत्रता-प्राप्ति के बाद देश के आर्थिक पुनस्संयोजन का सवाल प्रमुख हो उठा। 1936 ई. के अप्रैल में लखनऊ में प्रगतिशील लेखक संघ का पहला सम्मेलन हो चुका था, जिसके घोषणा-पत्र में यह कहा गया था कि "हम चाहते हैं, कि भारत का नया साहित्य जीवन की बुनियादी समस्याओं को अपना विषय बनाए।" यह भारतीय समाज में प्रवाहित उन अंतर्धाराओं की ओर ध्यान ले जाने का आग्रह था, जो निम्न और निम्न-मध्यवर्ग दोनों को आर्थिक दृष्टि से अत्यंत विपन्न एवं दैन्यग्रस्त करती जा रही थीं। 1937 ई. में रचित अपनी 'तोड़ती पत्थर' शीर्षक कविता में एक पत्थर तोड़ती मजदूरिनी को देखकर निराला ने कहा : "सुनी मैंने वह नहीं जो थी सुनी झंकार।" यह इस बात का सूचक है कि निराला ने यहाँ आकर समाज-कल्याण की मध्ययुगीन भावना त्यागकर उसके लिए एक ऐसी विचार-पद्धति अपनाने की आवश्यकता महसूस की, जो पूर्णतः आधुनिक हो। कहने की आवश्यकता नहीं कि वह विचार-पद्धति मार्क्सवाद था।

1938-39 ई. में निराला ने 'कुल्ली भाट' की रचना की थी, जिसमें उन्होंने अछूत बच्चों को देखकर लिखा था : "मैं ईश्वर, सौंदर्य, वैभव और विलास का कवि हूँ !—फिर क्रांतिकारी।" उन्हें देखकर उन्होंने महसूस किया : "जो कुछ पढ़ा है, कुछ नहीं, जो कुछ किया है, व्यर्थ है; जो कुछ सोचा है, स्वप्न।" इस काल से चार-पाँच साल पहले रचित कहानी 'देवी' में उन्होंने लिखा है कि "उसे देखकर मुझे बार-बार महाशक्ति की याद आने लगी।...राम, श्याम और संसार के बड़े-बड़े लोगों का स्वप्न सब इस प्रभात की किरणों में दूर हो गया।...उसके बच्चे में भारत का सच्चा रूप देखा।" यह इस बात से तुलनीय है कि अपनी काव्य-रचना के आरंभ-काल में उन्होंने पर्वत उठाए हनुमान में भारत के नक्शे का दर्शन किया था। निराला की यह अनुभूति विवेकानंद के इन कथनों से कि "सब मिथ्या देवी-देवताओं को भुला दो" और "यह हमारी जाति ही एकमात्र ईश्वर है", मेल रखती हुई लग सकती है, पर असलियत यह है कि निराला की अनुभूति के पीछे का तर्क बदल गया है : अब वे वेदांत की चक्करदार गलियों से उबरकर समाज की ठोस और दृश्यमान भूमि पर आ गए हैं और वर्णाश्रम-व्यवस्था पर से उनकी आस्था उठ गई है। सिद्धांतरूप में उन्होंने विवेकानंद से अपना अलगाव न भी सूचित किया हो, पर उनकी परवर्ती कविताओं से यह अलगाव प्रमाणित है।

विवेकानंद अंततः अध्यात्मवादी थे : लोकसंग्रह उनके लिए साध्य नहीं, साधन था। निराला के प्रसंग में भी पहले यही बात सही थी, पर परवर्ती काल में उन्होंने अध्यात्म और लोकसंग्रह का क्रम उलट दिया। अब उनके लिए भौतिकता साध्य

हो गई और अध्यात्म साधन। 9 सितंबर, 1945 के 'देशदूत' में कवि 'अंचल' पर एक लेख लिखते हुए उन्होंने कहा था : "हमारे राजनीति के विद्वान् कवियों ने देखा, देश में जैसे रहने की जगह नहीं; तरह-तरह के वाद—जैसे साम्राज्यवाद, पूँजीवाद आदि समाज को निगले जा रहे हैं, सुख के तराने सूखे जा रहे हैं; भजन व्यर्थ है, भोजन नहीं मिलता; मिहनत करने पर भी पेट नहीं भरता, विपन्नता बढ़ती जा रही है, भाषा में बड़ा सिंगार है, शृंगार करवट बदलना चाहता है; ललकार दूसरी ऐंठ लाना चाहती है; कवियों ने ठाट बदला।" इसी निबंध में उन्होंने 'अंचल' के प्रसंग में आगे कहा है कि "विचार आज की सामाजिकता है", अर्थात् उनकी कविताओं में पाए जानेवाले विचार तत्कालीन समाजशास्त्रीय चिंतन से संबद्ध थे। निराला की परवर्ती कविताओं में तत्कालीन 'सामाजिकता' का दर्शन प्रचुरता से होता है। यहाँ तक आते-आते निराला का कवि उनके दार्शनिक से अलग हो जाता है। डा. प्रभाकर माचवे ने जिसे उनके कवि का उनके आलोचक से अलग होना कहा है, वह यही है।

'कुकुरमुत्ता' की रचना 3 अप्रैल, 1941 को समाप्त हुई थी। 1943 ई. में पहली बार उसका पुस्तकरूप में प्रकाशन हुआ। पुस्तक में 'कुकुरमुत्ता' के अतिरिक्त छः और कविताएँ थीं। उनमें से 'प्रेम-संगीत', 'रानी और कानी', 'गर्म पकौड़ी' और 'मास्को डायलाग्ज' ये कविताएँ, जो 'कुकुरमुत्ता' से पहले रची जा चुकी थीं, एक दृष्टि से महत्त्वपूर्ण हैं। ये विचारात्मक कविताएँ नहीं हैं, पर इनके पीछे स्थित किसी विचार-दर्शन की कल्पना की जाए तो वह वर्ण और धर्म के भेद को मिटाकर साधारण जन की भूमि पर स्थित विचार-दर्शन होगा । 'प्रेम-संगीत' में निराला ने कहा है कि "बम्हन का लड़का/मैं प्यार उसे करता हूँ।" इसी प्रकार उन्होंने 'गर्म पकौड़ी' में कहा है कि "तेरे लिए छोड़ी बम्हन की पकाई/मैंने घी की कचौड़ी।" ये दोनों बातें जिस तरह कही गई हैं, उससे यह पता चलता है कि वे ब्राह्मण वर्ण का उपहास कर रहे हैं और प्राचीन और जर्जर वर्ण-व्यवस्था में अब उनका विश्वास नहीं रहा। 'रानी और कानी' कविता से यह सूचित होता है कि समाज के उपेक्षित और दलित वर्ग के प्रति उनके मन से करुणा और सहानुभूति समाप्त हो गई है और अब वे उसके साथ गहरी आत्मीयता में बँध गए हैं। अब वे उससे अलग न होकर उसी के अंग हैं। यह कविता चूँकि दुःख के चरम बिंदु पर पहुँचकर लिखी गई है, इसलिए इसमें स्थिति के प्रति एक वैसी तटस्थता है, जैसी इसके पूर्व उनकी कविताओं में नहीं दिखलाई पड़ी थी। उपहास का भाव इसी का परिणाम है। उनकी 'मास्को डायलाग्ज' शीर्षक कविता इस बात का प्रमाण है कि वे नकली मार्क्सवादियों से परिचित थे। उनकी 'कुकुरमुत्ता' शीर्षक कविता उनके सामाजिक चिंतन का घोषणा-पत्र है, यद्यपि यह भी विचारात्मक की अपेक्षा चित्रात्मक कविता ही है। इसके संबंध में कही जानेवाली यह बात सही है कि इसके "व्यंग्य की तलवार में धार ही धार है, मूठ नहीं।" प्रगतिशील आलोचकों ने इसे प्रायः प्रगतिवादी कविता समझा था, लेकिन

यह उस अर्थ में प्रगतिवादी कविता नहीं है। इसमें निराला ने एक ओर अभिजात वर्ग के प्रतीक गुलाब पर आक्रमण किया है और दूसरी ओर 'सर्वहारा के प्रतीक' कुकुरमुत्ते पर। यदि 'कुकुरमुत्ता' का महत्त्व है, तो इस बात को लेकर नहीं कि इसमें आकर निराला पूर्णतः 'प्रगतिवादी' कवि हो जाते हैं, बल्कि इस बात को लेकर कि इसका रचयिता इस कृति में आकर काव्य-रचना की सामाजिक भूमि को, जो इस कारण सही मानी में आधुनिक है कि यह एक ओर विवेकानंद की मध्ययुगीन दृष्टि से मुक्त है और दूसरी ओर प्रगतिशील आंदोलन की संकीर्णता से, पूर्णतः स्वीकार कर लेता है। नई सामाजिकता के कारण ही निराला ने अपनी 'खजोहरा' शीर्षक कविता में रवींद्रनाथ की 'विजयिनी' की हास्यानुकृति प्रस्तुत की है। यह सही मानी में ध्वंस की कविता है। इसी काल में निराला अपनी 'स्फटिक-शिला' शीर्षक कविता में 'रामजी के राज' और 'जानकी के दर्शन' दोनों पर व्यंग्य करते हैं। इसके पहले उन्होंने धर्म-भावना को कभी ऐसी चोट नहीं दी थी।

'अणिमा' (प्रकाशन-काल : 1943 ई.) में संकलित अपनी 'अज्ञता' शीर्षक कविता में निराला ने कहा है : "मन के तिनके/ नहीं जले अब तक भी जिनके/ ...मिले तार/उनके औरों से नहीं, नहीं बजती बहार।" अपने मन का तार साधारण जन के मन से मिलाने के बाद उन्हें जो स्वर सुनाई पड़ा है, वह है :

चूँकि यहाँ दाना है
  इसीलिए दीन है, दीवाना है।
  लोग हैं, महफिल है
  नग्मे हैं, साज है, दिलदार है और दिल है,
  शम्मा है, परवाना है,
चूँकि यहाँ दाना है।

पेट के चलते ही यहाँ सबकुछ है, अर्थात् संसार में सर्वाधिक प्रमुख वस्तु है पेट की समस्या, यह निराला का नया तत्त्वज्ञान है। रामकृष्ण ने अधिक-से-अधिक इतना कहा था कि "धर्म खाली पेट लोगों के लिए नहीं है।" निराला उनसे सर्वथा भिन्न दिशा में जाकर धर्म को पूरी तरह से झुठलाते हुए पेट को ही सत्य कहते हैं।

'कुकुरमुत्ता' और 'अणिमा' की नई कविताओं की परंपरा 'नए पत्ते' (प्रकाशन-काल : 1946 ई.) की कविताओं में विकसित हुई। इसमें संकलित 'थोड़ों के पेटे में बहुतों को आना पड़ा' शीर्षक कविता में निराला ने प्रागैतिहासिक काल से लेकर आधुनिक काल तक के मानव-इतिहास की व्याख्या की है, जिस पर मार्क्सवाद के ऐतिहासिक भौतिकवाद का प्रभाव एकदम स्पष्ट है। यूरोप में औद्योगिक क्रांति के बाद विकसित पूँजीवाद की ओर संकेत करते हुए वे कहते हैं :

बानिज के राज ने लछमी को हर लिया।
टापू में ले चलकर रखा और कैद किया।

एक का डंका बजा,
बहुतों की आँख झपी।
लहलही धरती पर रेतिस्तान-जैसा तपा।

'राजे ने अपनी रखवाली की' शीर्षक कविता पर भी इतिहास की मार्क्सवादी व्याख्या का प्रभाव दिखलाई पड़ता है। इसमें कहा गया है कि राजा अब तक अपनी ही रक्षा में लगे रहे हैं। जनता के कल्याण से उन्हें कोई मतलब नहीं रहा है। धर्म और युद्ध इन दोनों का इस्तेमाल उन्होंने अपने हित में ही किया है, अपनी स्थिति सुदृढ़ करने के लिए : "धर्म का बढ़ावा रहा धोखे से भरा हुआ/लोहा बजा धर्म पर, सभ्यता के नाम पर।" 'कुत्ता भौंकने लगा', 'झींगुर डटकर बोला', 'छलाँग मारता चला गया', 'डिप्टी साहब आए' और 'महगू महगा रहा' आदि कविताओं की रचना के पीछे वर्ग-संघर्ष की चेतना है। 'झींगुर डटकर बोला' शीर्षक कविता में जमींदार और अंग्रेजी सरकार की दुरभिसंधि का पर्दाफाश ("चूँकि हम किसान-सभा के,/भाईजी के मददगार/जमींदार ने गोली चलवाई") है, 'छलाँग मारता चला गया' में भारतीय जनता की अध्यात्म-भावना पर व्यंग्य है ("राक्षस विशालकाय/आध्यात्मिक नसों का/खून चूसता हुआ"), 'डिप्टी साहब आए' में किसानों के संगठन से उत्पन्न ताकत का आभास दिया गया है और 'महगू महगा रहा' में निराला ने कांग्रेस के रेशे उधेड़ते हुए महगू नामक एक किसान से कम्युनिस्टों की ओर संकेत करते हुए कहलवाया है : "हमारे अपने हैं यहाँ बहुत छिपे हुए लोग"। 'महगू महगा रहा' शीर्षक कविता में मिल-मालिक और मजदूर-संघर्ष का भी हवाला है, जिसमें किरिया नामक मजदूर पुलिस की गोली से मारा गया था। "कंपू में किरिया के/गोली जो लगी थी,/उसका कारण पंडितजी (कांग्रेसी नेता) का शागिर्द है" और "अखबार व्यापारियों की ही संपत्ति है" ये बातें निराला के उस चिंतन का संकेत देती हैं, जो मार्क्सवादी पद्धति पर चल रहा था। इसी के सहारे वे तत्कालीन सामाजिक और राजनीतिक स्थिति को समझ रहे थे और उसका विश्लेषण कर रहे थे। इसी के सहारे उन्होंने संपूर्ण राज्य और अर्थ-व्यवस्था की गुत्थियों में प्रवेश कर सर्वहाराविरोधी व्यापक पूँजीवादी षड्यंत्र को जाना था। इसमें उनका प्राचीन वेदांतवादी ज्ञान सहायक नहीं हुआ था।

'बेला' (प्रकाशन-काल : 1946 ई.) निराला के 'नए पत्ते' काल की ही रचना है, जिसमें उनकी गीत-शैली का विकास हुआ है। जैसा कि 'नए पत्ते' की रचनाओं से स्पष्ट होता है, इस काल में वे अध्यात्म के भीतरी जगत् से निकलकर भौतिकता के बाहरी जगत् में आ गए थे। इस बात को वे स्वयं भी महसूस करते थे, पर इसके लिए उन्हें अफसोस नहीं था। एक रचना में उन्होंने कहा है :

बाहर मैं कर दिया गया हूँ।
भीतर, पर, भर दिया गया हूँ।

बाहर और भीतर को वे एक-दूसरे से कटा हुआ नहीं समझते थे। बाहर उनकी

दृष्टि में भीतर की समृद्धि का कारण था, बल्कि अब वे बाहर को ही असली जीवन मानने लगे थे। एक गीत में उन्होंने भौतिक जीवन के महत्त्व की ओर संकेत करते हुए ही यह कहा है :

मिट्टी की माया छोड़ चुके
जो, वे अपना घट फोड़ चुके।

यही भाव 'बेला' की रचनाओं का केंद्रीय भाव है।

जैसा कि 'नए पत्ते' की रचनाओं से पता चलता है, इस काल का निराला का सामाजिक चिंतन मार्क्सवाद से प्रभावित है। वे देश में मार्क्सवादी पद्धति पर आयोजित संघर्ष को देखते हैं और वे ऐसा विश्वास करते हैं कि उसी पद्धति पर देश के भविष्य का सही ढंग से निर्माण हो सकता है। निराला पूँजी के केंद्रीकरण के विरोधी थे; वे उत्पादन के साधनों पर समाज का अधिकार चाहते थे और समाज में उत्पादन के समान वितरण के सिद्धांत में उनकी आस्था थी। सामाजिक क्रांति के लिए वे मार्क्सवादी तरीके को अपनाने के लिए भी तैयार थे। 'बेला' की निम्नलिखित रचना में उन्होंने स्पष्ट शब्दों में कहा है :

जल्द-जल्द पैर बढ़ाओ, आओ, आओ।

आज अमीरों की हवेली
किसानों की होगी पाठशाला,
धोबी, पासी, चमार, तेली
खोलेंगे अँधेरे का ताला,
एक पाठ पढ़ेंगे, टाट बिछाओ।

यहाँ जहाँ सेठ जी बैठे थे,
बनिए की आँख दिखाते हुए,
उनके ऐंठाए ऐंठे थे
धोखे पर धोखा खाते हुए,
बैंक किसानों का खुलाओ।

सारी संपत्ति देश की हो,
सारी आपत्ति देश की बने,
जनता जातीय वेश की हो,
वाद से विवाद यह ठने,
काँटा काँटे से बढ़ाओ।

इस रचना की बलयुक्त पंक्तियाँ मार्क्सवादी चिंतन का सूत्र उपस्थित करती

हैं। 'वाद से विवाद ठने' का तात्पर्य वर्ग-संघर्ष को तीव्र करना है। कम्युनिस्ट सर्वहारा का शासन स्थापित करने के लिए अनिवार्य परिस्थितियों में हिंसा और युद्ध का सहारा लेना गलत नहीं समझते। ये दोनों पूँजीपतियों के बड़े अस्त्र हैं। कम्युनिस्ट उन अस्त्रों के आगे आत्म-समर्पण नहीं करते, बल्कि डटकर उनका मुकाबला करते हैं। इस रचना में निराला इन बातों को स्वीकार करते हुए कहते हैं : 'काँटा काँटे से कढ़ाओ।' यहाँ तक आते-आते उनका सामाजिक चिंतन विवेकानंद से बहुत आगे निकल जाता है। अब उनका आदर्श वर्णाश्रम-धर्म की पुनःस्थापना अथवा अमूर्त रूप से समाज-कल्याण न रहकर मार्क्सवाद के आधार पर पुनर्निर्मित समाज हो जाता है। एक रचना में उन्होंने द्वितीय राष्ट्रीय जागरण के बारे में लिखा है : "उठी निगह कि कहाँ से/कहाँ हुए हम भी,/दिखा कि ज्योति की छाया में/ह्रास बजता था।" इस समय तक उन्हें जैसे संपूर्ण आर्थिक दुरवस्था के कारण का पता चल जाता है : "खुला भेद विजयी कहाए हुए जो,/लहू दूसरे का पिए जा रहे हैं।" "भेद जो खुल जाय वह/सूरत हमारे दिल में है।/देश को मिल जाय जो/पूँजी तुम्हारी मिल में है" कविता भी ऐसी ही है। इसमें निराला ने शोषक-वर्ग को यह चेतावनी भी दी है कि सर्वहारा का आंदोलन उसके लिए खतरनाक है : "हाथ मत डालो, हटाओ/पैर, बिच्छू बिल में है।" इस रचना की अंतिम पंक्तियों में उन्होंने स्पष्टतः शोषण की अवस्था में दूसरों की तरह-तरह की सीख को बेकार कहा है : "सीख क्या होगी पराई/जब पिसाई सिल में है।" तात्पर्य यह कि जिस सिद्धांत और दर्शन का हमारी स्थिति से कोई संबंध नहीं, वह आज फालतू हो गया है। यहाँ निराला प्राचीन भारतीय धर्म और सामाजिक चिंतन को भी नकारते हैं। "राह पर बैठे, उन्हें आबाद तू जब तक न कर" ग़ज़ल में उन्होंने स्पष्ट कहा है : "बदल शिक्षा-क्रम, बना इतिहास सच्चा।"

पूँजीपतियों की प्रगति से सर्वहारा वर्ग की हालत बिगड़ती जाती है, इस बात को निराला ने एक ग़ज़ल में इस प्रकार कहा है : "वह चलने से तेरे छुटा जा रहा है।/इसी सोच से दम घुटा जा रहा है।" 'वेश-रूखे, अधर-सूखे, पेट-भूखे, आज आए' रचना में उन्होंने सर्वहारा और रूस की सर्वहारा क्रांति के बारे में लिखा है। सर्वहारा को संबोधित करते हुए वे कहते हैं : "तिमिर ने जब घेरकर/तुमको प्रकाश हरा तुम्हारा,/इस धरा के पार खोला द्वार/कृति ने, विश्व हारा।" सर्वहारा की शक्ति अपार है। उसके कृतित्व ने रूस में नई सभ्यता का आरंभ किया और सभी पूँजीवादी राष्ट्रों से मोर्चा लिया। निराला ने इस कविता में सर्वहारा की प्रशस्ति इन शब्दों में की है :

जग गई जनता, हुए लुंठित
  मुकुट, जीवन सुहाए।
प्यास पानी से बुझाने को
  बुझाई रक्त से जब,

आँख से आया लहू,
लोहा बजाया शक्त से जब,
रुंड मुंडों से भरे हैं खेत,
गोलों से बिछाए।

यह रक्त-क्रांति उस अमूर्त रक्त-क्रांति से भिन्न है, जिसकी आकांक्षा निराला ने 'परिमल' की अपनी 'आवाहन' शीर्षक कविता में व्यक्त की थी। यह सर्वहारा द्वारा अपने अधिकारों की प्राप्ति के लिए की गई विशुद्ध राजनीतिक क्रांति है।

इस काल में निराला ने पुराने सामाजिक चिंतन से अपने को इतना तोड़ लिया है कि एक ग़ज़ल में वे कहते हैं :

नजीरें क्या पुरानी दे रहा है, फैसला किसका ?
पुराने दाम रहने दे, पुराने नाम रहने दे।

अब वे न पुराने दृष्टांत सुनने को तैयार हैं, न शोषक-वर्ग के पुराने हितू लोगों का निर्णय। वे चीजों के पुराने मूल्यों अर्थात् उनके संबंध में पुराने खयालों और पुराने समय को एकदम झटक देना चाहते हैं। इसी ग़ज़ल में उन्होंने कहा है कि जो व्यक्ति समय से कटा हुआ है उसकी चर्चा व्यर्थ है : "जमाने से बिगड़कर चलता हो, वह नाम रहने दे।" अगली ग़ज़ल में उन्होंने सर्वहारा को दीनता छोड़कर क्रोध में आने का संदेश दिया है : "आँख के आँसू न शोले बन गए तो क्या हुआ ?" एक दूसरी गजल में भी उन्होंने यही बात कही है : "आँसू की धार बहाते रहे,/अच्छा ही किया;/धार के आँसू बहाकर/अपने पर छोड़ो।"

'बेला' में अनेक आध्यात्मिक गीत और ग़ज़लें संकलित हैं। 'क्या दुःख, दूर कर दे बंधन' गीत में निराला ने कहा है :

दीर्घता देहदेश की छोड़,
मिथ्या अपनापन, मुँह मरोड़,
केवल चेतन तू जहाँ, वहीं
मेरा-तेरा तन-मन-धन-जन।

यहाँ निराला के विचारों में विरोध प्रतीत होता है। इस विरोध का कारण विवेकानंद का दर्शन है, जिससे उनका पूर्ण संबंध-विच्छेद अंत-अंत तक नहीं हुआ। विवेकानंद इस भौतिक जगत् को 'अयथार्थ' मानते हुए भी 'असत्' नहीं मानते थे। दूसरे, निराला ने 'भीतर' और 'बाहर' में चूल बैठाने की भी कोशिश की थी। उन्होंने 'बेला' की ही एक रचना 'बाहर मैं कर दिया गया हूँ' में, जिससे ऊपर उद्धरण दिया गया है, कहा है कि बाहर और भीतर में कोई फर्क नहीं है और यह जान लेने से मुझे अनश्वर कर देनेवाला तत्त्व मिल गया है :

भीतर, बाहर, बाहर, भीतर;
देखा जबसे, हुआ अनश्वर।

इसका परिणाम यह हुआ कि उन्होंने कभी आध्यात्मिक जगत् को सत्य कहा है और कभी भौतिक जगत् को। जब उनकी चेतना पर भौतक जगत् का अधिक दबाव पड़ा है, उन्होंने सबको झटककर उसी का महत्त्व स्थापित किया है और जब वे वेदांत-दर्शन के प्रभाव में रहे हैं, उन्होंने भौतिक जगत् की उपेक्षा की है।

'अर्चना', 'आराधना' और 'गीत-गुंज' के गीतों में निराला के 'बेला' में संकलित गीतों का विकास देखने को मिलता है। इन तीनों संकलनों में वे पीछे की ओर लौटकर फिर से अध्यात्म और रहस्य की भावनाओं में नहीं डूब गए हैं, बल्कि इस बार मुख्यतः भक्ति के माध्यम से उन्होंने अपने उस बोध की अभिव्यक्ति की है, जिसमें उनके वैयक्तिक और सामाजिक अनुभव मिलकर एक हो गए थे। नंददुलारे वाजपेयी ने इस काल की उनकी रचनाओं के बारे में जो यह लिखा है कि "अपने चतुर्थ चरण में उन्होंने फिर से आध्यात्मिक दर्शन का पल्ला पकड़ा था", वह दो दृष्टियों से गलत है। एक इस दृष्टि से कि उन्होंने अध्यात्म को कभी छोड़ा नहीं था और दूसरे इस दृष्टि से कि अपने अंतिम चरण में उन्होंने जो रचनाएँ की थीं, उनमें आध्यात्मिकता तो है, पर 'आध्यात्मिक दर्शन' का पल्ला पकड़कर कविता की भूमि पर टिके रहने का भाव नहीं है। उनकी इन रचनाओं में 'दार्शनिकता' नहीं है : दर्शन उनका मुख्य लक्ष्य नहीं है। मुख्य लक्ष्य है, सामाजिक जीवन का वर्णन।

निराला के अंतिम तीनों संकलनों में मुश्किल से एकाध दार्शनिक गीत मिलता है। 'अर्चना' (प्रकाशन-काल : 1950 ई.) के एक गीत "रमण मन के, मान के तन !/तुम्हीं जग के जीव-जीवन !" को इस तरह का गीत कहा जा सकता है। उसमें निराला ने कहा है :

तुम्हीं में है महामाया,
जुड़ी छुटकर विश्वकाया;
कल्पतरु की कनक-छाया
तुम्हारे आनंद-कानन।

"तू दिगंबर, विश्व है घर/ज्ञान तेरा सहज वर कर" गीत अपेक्षया अधिक दार्शनिक है। 'मुँदे नयन, मिले प्राण' में निराला ने कहा है : "ज्ञान-सूत्र में मिलकर, स्वर्ग से चढ़े ऊपर", लेकिन 'अर्चना' में उनका मार्ग ज्ञान की अपेक्षा उपासनावाला है।

एक गीत में निराला ने कहा है :

कौन फिर तुझको बरेगा
तू न जब उस पथ मरेगा ?

निखिल के शर शत्रु हनकर,
क्षत भले कर क्षत्र बनकर,

तू चला जब तक न तनकर,—
धर्म का ध्वज कर न लेगा।

इन पंक्तियों का साक्ष्य देकर यह कहा जा सकता है कि अपने काव्य-विकास के अंतिम दौर में निराला ने यत्र-तत्र विचारों की भी अभिव्यक्ति की है और उनके ये विचार धर्म को सर्वोपरि तत्त्व के रूप में स्थापित करनेवाले हैं। इस संबंध में यह ज्ञातव्य है कि निराला के इस दौर की रचनाओं में स्वतंत्र रूप से विचारों की अभिव्यक्ति न के बराबर हुई है। इसके बाद भी यदि उनमें दर्शन और विचार ढूँढ़ लिए जा सकते हैं, तो महज इस कारण कि हर रचना का कोई-न-कोई वैचारिक आधार होता है और इस दृष्टि से हर रचना वैचारिक कृति होती है। दूसरी बात यह कि निराला की अंतिम चरण की रचनाओं में आध्यात्मिकता है, पर वह नए प्रकार की आध्यात्मिकता है। एक ओर वह भक्ति है, जिसका मतलब यह है कि अब निराला साधारण जन के साधारण यथार्थ के साथ उसकी साधारण धर्म-भावना से भी मिल गए हैं, और दूसरी ओर उसमें सामाजिक अनुभवों की बहुत ज्यादा मिलावट है, अर्थात् वह 'विशुद्ध' नहीं है। 'अर्चना' में पुराने ढंग की रहस्यात्मक कविताएँ बहुत कम हैं। ''मधुर स्वर तुमने बुलाया,/छद्म से जो मरण आया'', ''चलीं निशि में तुम, आईं प्रात;/नवल वीक्षण, नवकर संपात'' तथा ''गवना न करा।/खाली पैरों रास्ता न चला'', जैसी रहस्यात्मक रचनाओं पर 'भज भिखारी, विश्वभरणा', 'दुरित दूर करो नाथ', 'भवसागर से पार करो हे', 'प्रथम बंदूँ पद विनिर्मल', 'हरि का मन से गुणगान करो', 'भजन कर हरि के चरण मन', 'पतित हुआ है भव से तार' और 'माँ अपने आलोक निखारो'—जैसी भक्तिभावयुक्त रचनाओं की ही प्रधानता है।

'अर्चना' के गीत स्वतंत्रता-प्राप्ति के बाद के स्वप्नभंग और राष्ट्रीय चरित्र के विघटन के गीत हैं। निराला ने भारतवर्ष की आर्थिक गिरावट, परमुखापेक्षिता और राष्ट्रीय अपमान सबों का वर्णन किया है। देश के निचले स्तर के लोगों की स्थिति उनके सामने एकदम स्पष्ट थी। युद्ध के ज्वर से ग्रस्त संसार के चित्र भी उनमें मिलते हैं। नाना मायावी रूपों में अपना विस्तार कर पूँजीवादी अर्थतंत्र ने किस प्रकार विश्व के अधिकांश देशों को जकड़ रखा है, यह भी निराला से छिपा न था। इसमें 'अर्चना' की वैचारिक भूमि 'नए पत्ते' की वैचारिक भूमि से भिन्न नहीं प्रतीत होती। इसका एक प्रमाण यह भी है कि 'अर्चना' में निराला न केवल रहस्यवादी की अपेक्षा भक्तरूप में सामने आते हैं, बल्कि वे क्रमशः लोकजीवन और लोकसंस्कृति के भी निकटतर आते जाते हैं।

वैचारिकता की दृष्टि से 'आराधना' (प्रकाशन-काल : 1953 ई.) की स्थिति 'अर्चना' से भिन्न नहीं है। इसमें निराला का भक्तरूप और पुष्ट हुआ है। एक गीत में उन्होंने कहा है : 'सीधी राह मुझे चलने दो।' इसमें उनकी इस प्रकार की भक्ति की रचनाएँ देखने को मिलती हैं : 'कृष्ण-कृष्ण राम-राम,/जपे हैं हजार नाम', 'कामरूप,

हरो काम,/जपूँ नाम, राम, राम', 'राम के हुए तो बने काम', 'विपदा हरणहार हरि हे करो पार', 'अशरण-शरण राम,/काम के छवि-धाम', 'तुमसे लाग लगी जो मन की/जग की हुई वासना बासी', 'हरि-भजन करो भू-भार हरो' आदि। इस संकलन की रचनाओं में निराला ने समाज में व्याप्त असंगति और विषमता का भी चित्रण किया है, पूँजीवादी व्यवस्था की पोल भी खोली है और परिवर्तन की वह आकांक्षा भी प्रकट की है, जो शुरू से उनमें दिखलाई पड़ती है।

'आराधना' के बाद 'गीत-गुंज' (परिवर्धित संस्करण, 1959 ई.) के गीतों में निराला ग्राम्यजीवन और ग्राम्य प्रकृति से एकदम मिल गए हैं। इन दोनों का उनके गीतों में अनेक बार अविच्छिन्न रूप में चित्रण हुआ है। गीत-संख्या 31 में उन्होंने सबलों के लिए वैज्ञानिक साधन सुलभ होने की बात लिखी है। इससे निराला की वैचारिक बनावट का संकेत मिलता है। यह समझना एकदम गलत है कि निराला ने अंतिम दिनों में अपने परवर्ती काव्य-विकास से संबंध तोड़ लिया था। 'सांध्य काकली' (प्रकाशन-काल : 1969 ई.) के एक गीत (संख्या 40) में उन्होंने किसानों की पाले से बर्बाद फसल का अत्यंत करुण चित्र खींचा है। फिर एक बत्तीसवें गीत में उन्होंने कहा है : "उत्पादन के मार्ग लगा दो/साहित्यिक वैज्ञानिक के बल।" 'समन्वय' (वर्ष 7, अंक 9, सौर आश्विन, सं. 1985) में प्रकाशित अपने 'युगावतार भगवान श्रीरामकृष्ण' नामक निबंध में निराला ने विज्ञान-मात्र का विरोध करते हुए लिखा था : "आजकल के विभूतिवादवाले वैज्ञानिक युग के अंधविज्ञानवेत्ताओं से संसार का वास्तव में उपकार हो रहा है या अपकार, विगत महासमर से लेकर आज तक का सैनिक संगठन इसका उदाहरण है। साधारण ज्ञानवाले साम्यवादी, मजदूर दल आदि की जठर ज्वाला का कारण यह विज्ञान ही है—ये मशीनें, ये कल-कारखाने ही हैं जहाँ एक के पेट में करोड़ों मनुष्यों का अन्न चला जाता है और उस एक के ऐश्वर्य का ही इंद्रजाल उन पर अनेकों को मुग्ध और अंध करता जा रहा है, प्रतिद्वंद्विता में पड़कर वे उसी असुर उपाय का अवलंबन करना श्रेष्ठ समझ रहे हैं।" निराला ने अपना यह विज्ञान-विरोधी मत धीरे-धीरे छोड़ दिया था और जैसा कि ऊपर उद्धृत पंक्तियों से पता चलता है, वे विज्ञान के जनहित में उपयोग के पक्षपाती हो गए थे।

'सांध्य काकली' की एक रुबाई में निराला ने धार्मिक संकीर्णता की जगह रामकृष्ण की धार्मिक उदारता का प्रतिपादन किया है और एक गीत में इस भौतिक संसार की सत्यता पर जोर दिया है। रुबाई और गीत का उद्धरणीय अंश क्रमशः इस प्रकार है :

सभी लोगों में योग-ध्यान बने बैठे हैं,
ज्ञानी के ज्ञान हैं, अज्ञान बने बैठे हैं।
मिले हैं तुमसे द्विजोत्तम बनकर मंदिर में,

अभी मसजिद में मुसलमान बने बैठे हैं।

(संख्या : 27)

विश्व-संसार है तभी है माया,
धर्म-कर्मादि हैं गुण, रूप, काया;
नहीं तो किसी को दो क्या व लो क्या ?

(संख्या : 61)

निराला की दार्शनिकता अथवा वैचारिकता के संबंध में व्यवस्था का प्रश्न उठाया गया है। वाजपेयीजी ने लिखा है कि "निराला के तृतीय चरण में लौकिक जीवन का कुरूप पक्ष उनकी चेतना को बहुत दूर तक क्षुब्ध कर चुका था और वे जीवन-संबंधी कुरूप प्रतिक्रियाएँ व्यक्त करने लगे थे। हास्य और विनोद के माध्यम से उनका यह तृतीय दार्शनिक चरण अभिव्यक्त हुआ है। इसे हम निराला की विघटित दार्शनिकता का चरण कह सकते हैं। अपने चतुर्थ चरण में उन्होंने फिर से आध्यात्मिक दर्शन का पल्ला पकड़ा था।" 'कवि निराला' के 'काव्य-विकास' शीर्षक अध्याय में उन्होंने स्वयं जैसे निराला पर लगाए जानेवाले अव्यवस्था-संबंधी आरोप का उत्तर देते हुए यह निष्कर्ष प्रतिपादित किया है : "निराला के व्यक्तित्व में एक ऐसा तत्त्व है जो युग की समस्त जीवन-भूमिका पर एक समन्वय स्थापित कर सका है। यह विक्षेप पर प्रतिभा की विजय है। पहले वे आशा के स्वर को लेकर चले हैं तो पीछे आक्रोश के स्वर को, और अंत में परमात्मा के आह्वान के स्वर को। अपने व्यक्तित्व और वैयक्तिक साधना के बल पर उनके काव्य में एक सामंजस्य है। यह सामंजस्य की भूमिका मानवतावादी और वेदांती स्तर पर है, जीवन के प्रति आस्था पर निर्मित है।" वाजपेयीजी का यह कथन आंशिक रूप में ही सही है। आशा, आक्रोश और ईश्वराह्वान निराला में अमिश्र अथवा विशुद्ध रूप में कभी देखने को नहीं मिलते हैं, पर यह ठीक है कि एक मानवतावादी या और सटीक रूप में कहें तो मानववादी भावना उनके विविध और परस्पर-विरोधी काव्य-प्रयत्नों को एक संदर्भ में संगति प्रदान कर देती है। इसे न समझ पाने के कारण ही श्री सुमित्रानंदन पंत ने 'छायावाद : पुनर्मूल्यांकन' नामक पुस्तक में निराला पर अव्यवस्था-संबंधी आरोप लगाते हुए लिखा है : "निरालाजी के-से उद्दाम शक्ति वेग से मंथित व्यक्तित्व में इतना धैर्य, सूक्ष्म विश्लेषण-संश्लेषण की श्रमसाध्य प्रवृत्ति तथा व्यापक ऐतिहासिक अनुभूति की दृष्टि न होने के कारण वह युग-विकास के विभिन्न आयामों में तथा इस युग के बौद्धिक, भाविक तथा प्राणिशास्त्रीय अथवा जैव-मूल्यों के विस्तारों, विवरणों, विविधताओं तथा निगूढ़ताओं में अपनी अद्वैत दृष्टि से अंतःसंयोजन भर, अपने कृतित्व में नए मूल्य की सृजन-प्राण प्रतिष्ठा नहीं कर सके।" निराला में वैचारिक असंगतियाँ या अंतर्विरोध निश्चित रूप से हैं, पर उनका मानववाद कहीं कमजोर नहीं है। वह सर्वोपरि स्थित है। यही उनके काव्य में 'नए मूल्य की सृजन-प्राण प्रतिष्ठा' करता है, जिसके कारण

उनका काव्य बीसवीं शताब्दी का हिंदी का सर्वाधिक महत्त्वपूर्ण काव्य है। यही मानवतावाद निराला को विवेकानंद से आगे ले गया है। विवेकानंद वेदांतवादी थे, अतः मानवीय नियति में परिवर्तन की आकांक्षा रखते हुए भी उनकी मूल मान्यता यह थी : "हम इस संसार में सुख को नहीं बढ़ा सकते, और न दुख को ही। इस संसार में शुभ और अशुभ शक्तियों की समष्टि सदैव समान रहेगी। हम उसे सिर्फ यहाँ से वहाँ और वहाँ से यहाँ ढकेलते रहते हैं, परंतु यह निश्चित है कि वह सदैव समान रहेगी, क्योंकि वैसा रहना ही उसका स्वभाव है।" वे पूर्वजन्म और उसके कर्मों में विश्वास करते हुए सोचते थे कि "हम सब संसार में विभिन्न शक्तियाँ लेकर आते हैं, कोई बड़ा होकर आता है, कोई छोटा, और इस पूर्वजन्म से निर्धारित दशा का अतिक्रमण करने का कोई मार्ग नहीं है।" निराला की परवर्ती काल की अनेक रचनाएँ इसका प्रमाण हैं कि उन्होंने इस वेदांत का अतिक्रमण किया था और सामाजिक दुरवस्था को गलत अर्थ-व्यवस्था का परिणाम घोषित कर उसमें आमूल परिवर्तन चाहनेवाले सिद्धांत में अपनी आस्था आरोपित की थी। अंतर्विरोधों के बावजूद उनकी इसी विचारधारा का महत्त्व है, क्योंकि इसका संबंध दार्शनिक कल्पनाओं से न होकर जीवन के यथार्थ से है।

1968

हिंदी के सुमनों के प्रति पत्र : एक और व्याख्या

निराला की इस कविता के रचनागत संदर्भ की ओर डा. रामविलास शर्मा ने अपनी 'साहित्य-साधना' के प्रथम दो खंडों में यथास्थान संकेत किया है। बनारसीदास चतुर्वेदी ने निराला के विरुद्ध सुनियोजित ढंग से अभियान चलाया था। उसी परंपरा में 1936-37 में नई पीढ़ी के लेखकों द्वारा उन पर तीन तरफ से आक्रमण किए गए। 1936 के नवंबर की 'माधुरी' में भुवनेश्वर ने उन पर एक लेख लिखा, जिसमें उनकी बहुत ही तीखी आलोचना की गई थी, और 1937 के मार्च के 'विशाल भारत' में शिवदान सिंह चौहान ने भारत में प्रगतिशील साहित्य की आवश्यकता बतलाते हुए चारों श्रेष्ठ छायावादी कवियों पर बहुत ही भद्दा आक्षेप किया। जो सबसे बड़ा आक्रमण निराला पर किया गया, वह 'विश्वभारती क्वार्टरली' के अगस्त, 1937 के अंक में, जिसमें एस. एच. वात्स्यायन के नाम से अज्ञेय के एक लंबे आलेख का पूर्वार्ध प्रकाशित हुआ था। ये तीनों आक्रमण कितने अविचारित और भयानक थे, यह जानने के लिए संक्षेप में उनसे परिचित होना जरूरी है, क्योंकि विचारणीय कविता के मूल में वही हैं।

भुवनेश्वर ने 'श्री सूर्यकांत त्रिपाठी निराला' शीर्षक अपने संक्षिप्त लेख में निराला की प्रशंसा भी की, लेकिन उनका असली उद्देश्य उन्हें चोट पहुँचाना था। उन्होंने लिखा, निराला एक ऐसा कलाकार है, जो कलम हाथ में लेकर सोचता है और चमत्कार के लिए भाषा का सहारा खोजता है। वह पंद्रह वर्षों से साहित्य की अनेक विधाओं में लिख रहा है, पर प्रथम श्रेणी तक वह कवि, कथाकार, विचारक या समालोचक किसी भी हैसियत से नहीं पहुँचता। पंत को उसने बार-बार रवींद्रनाथ का रक्षित बतलाया है, पर सत्य यह है कि वह भी उन्हें पचा न सका। वह 'मैनरिज्म' का कवि है, वह उपमाओं और उत्प्रेक्षाओं का कवि है, वह अपने सर्वोत्तम रूप में भी एक चतुर शिल्पी है ! उसकी कविता में साधना है, अध्यवसाय है, कारीगरी है, कोमलता है, पौरुष है, पर वही नहीं है, जिसके बगैर वह न ब्राउनिंग है, न बर्न्स, केवल निराला

है। कथाकार की हैसियत से निराला गंभीर विवेचन का पात्र है, यह मैं नहीं मानता। शिवदान सिंह चौहान ने अपने विस्तृत लेख में छायावाद को रहस्यवाद मानते हुए अपना यह निष्कर्ष रखा कि फिर से रहस्यवाद का साहित्य में जन्म पूँजीवादी समाज की पतितावस्था का द्योतक है। भारत में साम्राज्यवाद के कारण चारों ओर नैराश्य व्याप्त हो गया। जो कवि वास्तविकता को नहीं देख सके, या उससे दूर भागना चाहते थे, या जिनकी कल्पनाशक्ति मुर्झा गई थी और जो नई शक्तियों के उत्थान को न समझ पाए, वे रहस्यवाद का दामन पकड़कर आँसू बहाने लगे। इन रहस्यवादी कवियों में प्रगति नहीं होती, वे प्रतिगामी शक्तियों के रक्षक और अग्रगामी नेता बन जाते हैं। ''रवींद्रनाथ ठाकुर के बाद यह धारा हिंदी में सर्वश्री जयशंकर प्रसाद, सूर्यकांत त्रिपाठी निराला, सुमित्रानंदन पंत, श्रीमती महादेवी वर्मा और अनेक छोटे-मोटे कवियों के मुख से निसृत हो उठी।'' अंत में उन्होंने अपना यह फैसला सुनाया : ''इस छायावाद की धारा ने हिंदी के साहित्य को जितना धक्का पहुँचाया, उतना शायद ही हिंदू-महासभा या मुस्लिम लीग ने भारत को पहुँचाया हो।''

अज्ञेय ने अपने 'माडर्न (पोस्ट-वार) हिंदी पोएट्री' शीर्षक आलेख के पूर्वार्ध में मैथिलीशरण, प्रसाद, सियारामशरण, सुभद्राकुमारी और पंत पर किंचित् विस्तार से विचार किया था और अंत में निराला को एक-डेढ़ अनुच्छेदों में निबटाते हुए उनके संबंध में वे तमाम बातें कही थीं, जो उन्हें विचलित करने के लिए काफी थीं। उन्होंने पंत को सौंदर्यवादी कहा था। तत्पश्चात् यह स्थिर किया कि पंत और सौंदर्यवादियों के मनोविज्ञान के बारे में सामान्य रूप में जो कहा गया है, वह आवश्यक फेर-बदल के साथ निराला के बारे में भी सही है, बल्कि तथ्य यह है कि सौंदर्यवाद के खतरे अधिक स्पष्टता से उन्हीं में दिखलाई पड़ते हैं। उनकी कलात्मक योग्यता उनके घृण्य अहंकार और जान-बूझकर मौलिक बनने के प्रयास के कारण सही रास्ते से भटक गई है। शुरू में उन्होंने प्रायः बहुत अच्छा लिखा था, लेकिन बाद में उन्होंने जिद पकड़ ली कि कविता की मुख्यधारा जड़ हो गई है। उन्होंने भी कठोर रूपवाद से कविता को मुक्त करने के लिए आवाज उठाई थी, इसके लिए उन्हें श्रेय देने के बाद और कुछ कहने की जरूरत नहीं। ''किसी भी तरह से विचार करें, निराला साहित्य में कोई शक्ति नहीं रहे, उस रूप में वे मृत हो चुके हैं।'' (...ऐज ए लिटररी फोर्स, ऐट एनी रेट, निराला इज ऑलरेडी डेड।)

'माधुरी' निराला की पहुँच के भीतर थी। उसमें बराबर उनकी रचनाएँ निकला करती थीं। उन्होंने भुवनेश्वर के लेख का उत्तर दिया, दो अन्य व्यक्तियों की भुवनेश्वर के संबंध में राय के साथ, जो कि उसके जनवरी, 1937 के अंक में 'श्री भुवनेश्वर की तारीफ', शीर्षक से प्रकाशित हुआ। निरालासहित बाकी दोनों व्यक्तियों ने भुवनेश्वर की योग्यता और विश्वसनीयता को अच्छी तरह से संदिग्ध बना दिया था। अंत में भुवनेश्वर का प्रत्युत्तर भी छापा गया था, जिसमें उन्होंने अपने फरेब के बारे में स्वीकार

किया कि मैं अपराधी हूँ, परिस्थितियाँ मनुष्य से जघन्य काम करा लेती हैं। प्रसंगवश उन्होंने अपना यह कथन भी उद्धृत किया कि "मैंने निरालाजी का परिमल श्रम से पढ़ा और जहाँ तक भाषा का सवाल है, सिर्फ भाषा का, निराला के यहाँ पिघला हुआ सोना है, पंतजी ने टीन झलमला दी है।" पूरे प्रत्युत्तर का स्वर आत्मरक्षात्मक था। इससे निराला को किसी हद तक परितोष हुआ, लेकिन वे भुवनेश्वर के प्रहार को भूले नहीं। शिवदान सिंह चौहान के लेख से भी वे बहुत विचलित हुए थे, लेकिन 'विशाल भारत' के माध्यम से वे उन्हें कोई उत्तर न दे सकते थे। जब अज्ञेय का आलेख प्रकाशित हुआ, तो उनका आक्रोश और दुःख अपनी सीमा पर पहुँच गया। जैसा कि डा. शर्मा ने लिखा है, भूसामंडी (लखनऊ) वाले घर में उसे पढ़ने के बाद उन्होंने कई बार दुहराया—'निराला इज ऑलरेडी डेड'। जाहिर है, यह उन पर सबसे बड़ा आघात था। मेरा खयाल है, इसी की तात्कालिक प्रतिक्रिया उनकी 'हिंदी के सुमनों के प्रति पत्र' कविता में हुई। वे चौहान द्वारा दिए गए आघात को भी भूले नहीं थे, लेकिन कविता उन्होंने अज्ञेय-जैसे नए रचनाकारों को 'सुमन' के रूप में अभिहित करते हुए रची, आलोचकों को बस कविता के अंत में 'बीज' कहकर याद किया। 1933 में अज्ञेय का कविता-संग्रह 'भग्नदूत' निकल चुका था। उसके बाद से वे लगातार कविताएँ लिख रहे थे, जो पत्र-पत्रिकाओं में छप रही थीं और जिनका मिजाज निश्चय ही छायावादी कविताओं से बहुत कुछ भिन्न था। स्वभावतः नकारात्मक रूप में ही सही, लेकिन निराला ने उन्हें एक नई पीढ़ी का कवि माना।

अपने आलेख में निराला पर की गई कुत्सित टिप्पणी के लिए अज्ञेय ने बाद में अफसोस जाहिर किया है। 'स्मृतिलेखा' में निराला पर उनका जो संस्मरण है, 'वसंत का अग्रदूत' शीर्षक से (दिलचस्प है कि यह शीर्षक 'समुनों के प्रति' कविता से ही लिया गया है!), उसमें वे आत्मस्वीकृति के स्वर में कहते हैं, " 'विश्वभारती' पत्रिका में मेरा एक लंबा लेख छपा था। आज यह मानने में भी मुझे कोई संकोच नहीं है कि उसमें निराला के साथ घोर अन्याय किया गया था। यह बात 1936 (?) की है जब 'विशाल भारत' में पंडित बनारसीदास चतुर्वेदी निराला के विरुद्ध अभियान चला रहे थे। यों चतुर्वेदीजी का आक्रोश निरालाजी के कुछ लेखों पर ही था, उनकी कविताओं पर उतना नहीं (कविता से तो वह बिलकुल अछूते थे), लेकिन उपहास और विडंबन का जो स्वर चतुर्वेदीजी की टिप्पणियों में मुखर था उसका प्रभाव निरालाजी के समग्र कृतित्व के मूल्यांकन पर पड़ता ही था और मेरी अपरिपक्व बुद्धि पर भी था ही।" सहसा विश्वास नहीं होता कि अंग्रेजी में वैसा आलेख लिखनेवाला लेखक निराला-जैसे कवि के बारे में कविता से दूर-दूर रहनेवाले एक संपादक के बहकावे में आ गया होगा और 1937 में वह ऐसी अपरिपक्व बुद्धि का था कि निराला की कविता उसकी समझ में न आती थी। लेकिन आत्मस्वीकृति के आगे चारा ही क्या है ? वह तो सामनेवाले को निरस्त्र करने के लिए ही होती है। आगे अज्ञेय

लिखते हैं, "इसके बाद की जिस भेंट (1951) का उल्लेख करना चाहता हूँ उससे पहले निरालाजी के काव्य के विषय में मेरा मन पूरी तरह बदल चुका था। वह परिवर्तन कुछ नाटकीय ढंग से ही हुआ। शायद कुछ पाठकों के लिए यह भी आश्चर्य की बात होगी कि वह उनकी 'जुही की कली' अथवा 'राम की शक्तिपूजा' पढ़कर नहीं हुआ, उनका 'तुलसीदास' पढ़कर हुआ।" पुनः, "उनके 'तुलसीदास' का पहला प्रकाशन 1938 में हुआ था और मैंने उनकी रचनाओं के बारे में अपनी धारणा के आमूल परिवर्तन की घोषणा रेडियो से जिस समीक्षा में की थी उसका प्रसारण शायद 1940 के आरंभ में हुआ था।" 'तुलसीदास' का प्रथम प्रकाशन 1938 में नहीं, 1935 में हुआ था, 'सुधा' के पाँच अंकों (फरवरी, मार्च, अप्रैल, मई और जुलाई) में, लेकिन अपनी सतर्कता और सन्नद्धता के लिए प्रसिद्ध अज्ञेय की दृष्टि इस महत्त्वपूर्ण कविता पर तब गई, जब वह 1938 नहीं, 1939 के आरंभ में पुस्तकाकार छपकर सामने आई ! संभव है, इस कविता को उन्होंने 'सुधा' के अंकों में ही पढ़ लिया होता, तो निराला के बारे में उनका खयाल उसी समय बदल गया होता। लेकिन तब अपने आलेख में साहित्यिक शक्ति के रूप में निराला को निश्चयात्मक रूप से मृत घोषित करने का अवसर उन्हें न मिलता। संस्मरण के अंत में अज्ञेय ने 'सुमनों के प्रति' कविता का उल्लेख किया है और कहा है कि 'सचमुच वसंतपंचमी के दिन जन्म लेनेवाले निराला हिंदी काव्य के वसंत के अग्रदूत थे।' उन्होंने अपनी भूल तहे दिल से महसूस की, अपने को सुधारा, लेकिन तब, जब उनका आघात अपना काम कर चुका था।

डा. शर्मा ने आहत निराला की आत्माभिव्यक्ति 'सुमनों के प्रति' कविता के साथ उनकी 'ठूँठ यह है आज', 'जला है जीवन यह' और 'कुछ न हुआ न हो' आदि कविताओं को भी गिना दिया है, लेकिन आत्माभिव्यक्तिमूलक होते हुए भी इन कविताओं में कवि की भिन्न मनोदशा का प्रकटीकरण हुआ है। एक और बात यह है कि निराला की कविताओं की अंतर्वस्तु के संबंध में वे कभी-कभी दो तरह की बातें कहते हैं। 'मित्र के प्रति' कविता के बारे में 'साहित्य-साधना' के प्रथम खंड में उन्होंने कहा था कि "उमाशंकर वाजपेयी ब्रजभाषा में कविताएँ लिखते थे; पुराने ढंग की चीजें उन्हें ज्यादा पसंद थीं। निराला ने उन्हें लक्ष्य करके कविता लिखी—'मित्र के प्रति'।" (पृ. 290) उक्त ग्रंथ के द्वितीय खंड में भी उन्होंने प्रायः यही बात दुहराई थी, "रीतिवादी परास्त हुए—'मित्र के प्रति' में यह विश्वास है।" (पृ. 287) लेकिन 'प्रगतिशील काव्यधारा और केदारनाथ अग्रवाल' नामक पुस्तक में उनका कहना है कि यह कविता निराला ने छायावादी कविता के समर्थकों के विरोध में लिखी थी : "इसी साल (1935) निराला ने छायावादी कविता के प्रेमियों को संबोधित करते हुए कहा था—'कहते हो, नीरस यह/बंद करो गान—/कहाँ छंद, कहाँ भाव/कहाँ यहाँ प्राण ?' " (पृ. 78) ऐसी स्थिति में क्या आश्चर्य, यदि

'साहित्य-साधना' के प्रथम खंड में यह कहने के बाद कि 'सुमनों के प्रति' कविता निराला ने नई पीढ़ी के लेखकों को संबोधित कर लिखी थी, वे उसके द्वितीय खंड में कहते हैं, " 'हिंदी के सुमनों के प्रति पत्र'...में संवाद की जगह निराला की उक्ति है। बोलनेवाले हैं अकेले निराला, सामने संबोधित हैं रीतिवादी मित्रों की जगह समकालीन छायावादी कवि।...छायावादी कवियों में वह श्रेष्ठ नहीं माने जाते—यह क्षोभ 'हिंदी के सुमनों के प्रति पत्र' में है।" (पृ. 287) डा. शर्मा से यह भूल असावधानी के कारण नहीं होती। प्रायः वे प्रसंग-विशेष में अपनी बात जमाने के लिए कविताओं के आशय को तोड़-मरोड़ देते हैं। उस समय वे यह भी नहीं देखते कि पहले वे उन कविताओं की एकदम भिन्न व्याख्या कर चुके हैं।

: 2 :

'सुमनों के प्रति' कविता का रचनाकाल 6 अगस्त, 1937 है। उसी वर्ष यह 'माधुरी' के नवंबर के अंक में प्रकाशित हुई, तत्पश्चात् 1939 के प्रारंभ में बाहर आनेवाली निराला की कविता-पुस्तक द्वितीय 'अनामिका' में संगृहीत। इसका मूल के सर्वाधिक निकट पाठ यह है :

मैं जीर्ण-साज बहु-छिद्र आज,
तुम सुदल सुरंग सुवास सुमन,
मैं हूँ केवल पदतल-आसन,
तुम सहज बिराजे महाराज।

ईर्ष्या कुछ नहीं मुझे, यद्यपि
मैं ही वसंत का अग्रदूत,
ब्राह्मण-समाज में ज्यों अछूत
मैं रहा आज यदि पार्श्वच्छबि।

तुम मध्य भाग के, महाभाग !—
तरु के उर के गौरव प्रशस्त (;)
मैं पढ़ा जा चुका पत्र, नयस्त,
तुम अलि के नव रस-रंग-राग।

देखो, पर, क्या पाते तुम 'फल'
देगा जो भिन्न स्वाद रस भर,
कर पार तुम्हारा भी अंतर

निकलेगा जो तरु का संबल।
फल सर्वश्रेष्ठ नायाब चीज
या तुम बाँधकर रँगा धागा;
फल के भी उर का कटु, त्यागा,
मेरा आलोचक एक बीज।

आक्रोश और दुःख ने इस कविता में निराला के स्वर को प्रचुर व्यंग्यात्मक बना दिया है। वे नई पीढ़ी के लेखकों और अपने को दो भिन्न, बल्कि विरोधी, रूपों में कल्पित करते हैं और उनसे कहते हैं कि तुम्हारा कहना सही है, तुम सुंदर पंखुड़ियों, सुंदर रंग और सुंदर गंधवाले सुमन हो और मैं आज छिद्रों से भरा पतझड़ का पीत और म्लान पत्र हूँ। उन्होंने स्पष्ट शब्दों में यहाँ अपने को 'पत्र' नहीं कहा, लेकिन कविता के तीसरे बंद में 'पत्र' शब्द के श्लिष्ट होने का फायदा उठाते हुए वे कहते हैं—'मैं पढ़ा जा चुका पत्र'। यह इससे भी सूचित है कि कविता के शीर्षक में 'पत्र' शब्द का प्रयोग हुआ है। इस दृष्टि से त्रिलोचन का यह कहना सही है कि इस शब्द का अर्थ 'चिट्ठी' न होकर 'पत्ता' है। इसे न मानें तब भी उसमें श्लेष तो मानना ही पड़ेगा। 'मैं जीर्ण-साज बहु-छिद्र आज' से यह व्यंजित है कि वे अपने को पतझड़ का पत्ता ही कह रहे हैं, क्योंकि वह नए पत्ते की हरियाली और चमक से भी रहित होता है और कभी-कभी छेदों भरा भी। नए कवियों को लगता था कि निराला की कविता पुरानी पड़ गई है और उनमें अनेक त्रुटियाँ हैं। इस कारण निराला का उक्त रूप में अपने को कल्पित करना बहुत सटीक है। वस्तुतः वे न पुराने पड़े थे, न उनमें त्रुटियाँ थीं, उनकी कवित्व-क्षमता अपने पूरे वैभव और ऐश्वर्य के साथ बरकरार थी, यह भी वे अपनी शब्द और बिंब-योजना से सूचित कर देते हैं। 'मैं जीर्ण-साज बहु-छिद्र आज' यह पदावली ही बतला देती है कि इस कथन में स्वीकारोक्ति नहीं, बल्कि व्यंग्योक्ति है। ठीक इसी तरह 'तुम सुदल सुरंग सुवास सुमन' यह मधुर पदावली भी अपने भीतर व्यंग्य छिपाए हुए है, जैसे पुष्प के भीतर डंक मारनेवाला भौंरा बैठा हो ! सुमन की पंखुड़ियाँ छूने में कोमल हैं, अपने रंग के कारण वह देखने में भी मोहक है और उसमें मादक गंध भी है, लेकिन वस्तुतः उसमें कुछ नहीं है ! आगे की दो पंक्तियों में भी निराला 'सुमन' और 'पत्र' के ही समानांतर सिंहासन और पादपीठ का विरोधपूर्ण रूपक खड़ा करते हैं। सुमन वृक्ष की टहनियों पर होता है, जबकि झड़ा हुआ पत्ता नीचे धरती पर। नए लेखक सिंहासन पर सहज भाव से आरूढ़ हैं, जबकि निराला उनके पाँव रखने के लिए बने हुए काठ हैं, उनके तलवों के नीचे पादपीठ ! 'सहज' और 'महाराज' दोनों व्यंग्यात्मक शब्द हैं। यह पूरी कविता काव्य-रचना के कठोर अनुशासन में बँधकर रची गई है, जिसका प्रमाण यह है कि इसके प्रत्येक बंद में पहले और चौथे तथा दूसरे और तीसरे चरणों को तुकांत रखा गया है। इसके अलावा इसमें वर्ण-संयोजन बहुत संगीतपूर्ण है। पहले बंद की अंतिम दो

पंक्तियों में भी 'केवल' और 'पदतल' में ही अनुप्रास नहीं है, 'सहज बिराजे महाराज' में तीन बार 'ज' वर्ण की आवृत्ति करके एक झंकार उत्पन्न की कई है। 'बिराजे' तद्भव शब्द का प्रयोग निराला की संस्कृत शब्द-योजना को गतिशील बनाकर रखता है। अभिव्यक्ति के स्तर पर इतना सजग और समर्थ कवि क्या वैसा हो सकता था, जैसा उसे नई पीढ़ी के लेखकों ने समझा था ?

पहले बंद में निराला अपने ऊपर पूरा नियंत्रण रखते हैं और जो कहना होता है, व्यंग्य के माध्यम से ही कहते हैं, लेकिन दूसरे बंद में वे साफ शब्दों में यह घोषणा करते हैं कि 'मैं ही वसंत का अग्रदूत'। त्रिलोचन ने पत्ते के रूपक को ध्यान में रखकर इस पंक्ति का संबंध भी पतझड़ से ही जोड़ा है, क्योंकि पतझड़ ही वसंत का सूचक होता है, वसंत उसके बाद ही आता है, लेकिन यहाँ वह अर्थ लेना अधिक संगत नहीं। निराला सरल ढंग से कहते हैं कि आज हिंदी कविता में जो वसंत आया हुआ है, जिसकी देन नए कवि-सुमन हैं, उसे संभव करनेवाले वही हैं। उन्हीं की कविताओं से सर्वप्रथम वसंतागम की सूचना मिली थी। हिंदी की कल्पना उद्यान के रूप में उन्होंने काफी पहले की थी। 'परिमल' की भूमिका का आरंभ ही इन पंक्तियों से होता है : ''हिंदी की वाटिका में खड़ीबोली की कविता की क्यारियाँ, जो कुछ समय पहले दूरदर्शी बागबानों के परिश्रम से लग चुकी थीं, आज धीरे-धीरे कलियाँ लेने लगी हैं। कहीं-कहीं, किसी-किसी पेड़ के दो-चार सुमन पंखुड़ियाँ भी खोलने लगे हैं। उनकी अमंद सौरभ लोगों को खूब पसंद आई है।'' इससे यह भी स्पष्ट है कि हिंदी की वाटिका में वसंत लानेवाला छायावाद है और जिस वृक्ष में दो-चार सुमन पंखुड़ियाँ खोल चुके हैं, वह और कोई हो या नहीं, कवि निराला अवश्य हैं ! 'सरोज-स्मृति' में तो उन्होंने बेहिचक यह गर्वोक्ति की :

...जहाँ हैं भाव शुद्ध
साहित्य-कला-कौशल-प्रबुद्ध
हैं दिए हुए मेरे प्रमाण
कुछ वहाँ, प्राप्ति को समाधान,
पार्श्व में अन्य रख कुशल हस्त
गद्य में पद्य में समाभ्यस्त।

दूसरे बंद में निराला कहते हैं कि आज यदि मैं किनारे कर दिया गया हूँ, हाशिए पर ठेल दिया गया हूँ, जैसे ब्राह्मणों के समाज में अछूत को, तो मुझे नए लेखकों से ईर्ष्या नहीं है। ईर्ष्या उन्हें क्यों होगी, वे तो स्वयं वसंत के विधायक हैं ! 'तुलसीदास', 'सरोज-स्मृति' और 'राम की शक्तिपूजा'-जैसी महान् कविताओं की रचना कर श्रेष्ठ कवि के रूप में प्रतिष्ठित हो चुके हैं। लेकिन क्षोभ उन्हें पूरा है, इसलिए अपनी ओलाचना वे स्वीकार नहीं करते, स्वीकार करने के ढंग से उसे जोरदार ढंग से अस्वीकार करते हैं। उनमें आत्मविश्वास की कमी नहीं थी, लेकिन यह सही है

कि अपनी आलोचना पर वे जोरों से प्रतिक्रिया करते थे। इस बंद में भी 'मैं रहा आज यदि पार्श्वच्छबि'—जैसी ओजपूर्ण अभिव्यक्ति उनकी कविता को स्तरीय बनाकर रखती है। पूरे रूपक से इस बंद का संबंध इसकी दूसरी पंक्ति से जुड़ता है और ब्राह्मण और शूद्र इसमें वैसे ही आए हैं, जैसे पहले बंद में महाराज और पदतल-आसन। स्पष्टतः इसकी व्यंजना यह भी है कि नए लेखक ब्राह्मण हैं और निराला शूद्र। पहले बंद की वाक्य-रचना सरल है, लेकिन दूसरे बंद की जटिल, क्योंकि इसमें एक अंतर्वाक्य भी आता है और अंत में एक उपमान-वाक्य भी। यदि अन्वय करें, तो यह बंद इस प्रकार होगा :

ईर्ष्या कुछ नहीं मुझे, यद्यपि
मैं ही वसंत का अग्रदूत,
मैं रहा आज यदि पार्श्वच्छबि,
ब्राह्मण-समाज में ज्यों अछूत।

यह जटिल गद्यात्मक वाक्य-रचना इस बात की सूचक है कि निराला की कविता मात्र भावुकता का विस्फोट नहीं होती थी और उसके निर्माण में उस बौद्धिकता का प्रचुर योगदान होता था, जो बहुत ही व्यवस्थित और दृढ़ गद्य का दामन पकड़कर चलती थी।

तीसरे बंद में जो 'मध्य भाग' है, उसका संबंध दूसरे बंद के 'पार्श्वच्छबि' शब्द से है। नए लेखक मध्य भाग में प्रतिष्ठित हैं, जबकि निराला एक किनारे पर हैं ! इस बंद का पूरा संबंध 'सुमन' और पत्र से है। पत्ता पृक्ष के नीचे पड़ा होता है, या हवा से उड़ाकर किनारे कर दिया जाता है, लेकिन फूल उसके वृंतों पर खिला होता है, किनारे पर नहीं, मध्य में। यह फूल का सौभाग्य है, उसकी समृद्धि का सूचक है। वह वृक्ष के हृदय को विपुल गौरव से भरनेवाला होता है। निराला चिट्ठी के लिए श्लिष्ट पद होने से 'पत्र' शब्द का प्रयोग करते हुए कहते हैं कि वे तो पढ़े हुए पत्र की तरह उठाकर अलग रख दिए गए हैं ! दूसरी ओर फूल के समान खिले हुए नए लेखक भ्रमर के लिए नए रस, क्रीड़ा और गुंजार का आलंबन हैं। पत्र को लोग मन ही मन पढ़कर रख देते हैं। इस तरह उधर निःशब्दता है, जबकि इधर मधुर भ्रमर-गुंजार ! 'तुम अलि के नव रस-रंग-राग' लाक्षणिक उक्ति तो है ही, इसमें वैसा ही व्यंग्य है, जैसा 'तुम सुदल सुरंग सुवास सुमन' में। निराला कैसी पदावली से व्यंग्य की मार करते हैं, यह देखने लायक है। साथ ही यह भी कि पहली पंक्ति में जहाँ 'रंग' शब्द एक अर्थ देता है, वहाँ दूसरी पंक्ति में 'रस' के साथ होने से दूसरा।

स्पष्टतः तीसरे बंद में निराला पुनः अपने को नियंत्रित कर लेते हैं, जिससे उनकी उक्ति पुनः व्यंग्यात्मक हो जाती है। 'तुम मध्य भाग के, महाभाग !', 'तरु के उर के गौरव प्रशस्त' और 'तुम अलि के नव रस-रंग-राग' इन तीनों ही पंक्तियों

में व्यंग्य है। चौथे बंद में निराला का नियंत्रण फिर शिथिल हो जाता है और वे नए लेखकों से कहते हैं कि फूल तो तुम हो, लेकिन क्या इस फूल में फल भी लगेगा, जो विशिष्ट स्वाद और रस से युक्त हो ? आशय यह कि वैसा नहीं होगा। उन्होंने 'फल' शब्द का जो प्रयोग किया है, उसे उद्धरण-चिह्नों के भीतर रखा है, जिसका मतलब यह है कि वे फूल के बाद फल का तो जिक्र कर ही रहे हैं, उससे 'परिणाम' का भी अर्थ व्यक्त करते हैं। परिणाम के अर्थ में 'फल' का प्रयोग लाक्षणिक है, लेकिन आज इसकी लाक्षणिकता इस कदर घिस गई है कि यह शब्द अभिधेयात्मक हो गया है। सुमन, फल आदि शब्द इस कविता में लाक्षणिक रूप में ही प्रयुक्त हुए हैं, लेकिन एक जगह निराला ने 'फल' का ऐसा प्रयोग किया है कि उससे 'अभिधेयात्मक' अर्थ भी ग्राह्य है। फल फूल के भीतर से निकलता है और चूँकि वह अपने भीतर निहित बीज से वृक्ष के वंश का विस्तार करता है, इसलिए वह 'तरु का संबल' है। वृक्ष उसी संबल को ग्रहण कर आगे चलता है। निराला नए लेखकों से कहते हैं कि तुम ऐसे फूल हो, जिनमें फल नहीं लगेगा, जिससे वृक्ष का वंश-विस्तार असंभव है। तात्पर्य यह कि उन्होंने तो हिंदी कविता का विकास किया, जिस वसंत में नए कवि-सुमन खिल रहे हैं, उसे बुलानेवाले वही हैं, लेकिन इन नए कवियों से हिंदी कविता का विकास न होगा। निराला साफ कुछ नहीं कहते, सिर्फ प्रतीक्षा करने को कहते हैं। उनका विश्वास है कि वे कवि-सुमन सुमन ही रह जाएँगे, उनमें फल कदापि न लगेगा, जिससे वृक्षों की परंपरा चलती है।

कविता का अंतिम बंद सर्वाधिक उलझनभरा है, जिसके अर्थापन में त्रिलोचन और डा. शर्मा दोनों न केवल लड़खड़ा गए हैं, बल्कि उसका बिलकुल उलटा-सीधा अर्थ किया है। कविता के पास सरल मन से विद्वान् नहीं जाते, विद्वत्ता और वाग्मिता का सहारा लेने लगते हैं, तो कविता उनसे भी दूर चली जाती है और शेष रह जाता है केवल विद्वत्तापूर्ण वाग्जाल। ध्यान देने पर इस बंद के सही अर्थ तक पहुँचना कोई कठिन नहीं था, लेकिन दुर्भागयवश किन्हीं विद्वान् ने ध्यान नहीं दिया और वे पाठ से बिलकुल हटकर बातें करते रहे। प्रमाण के लिए विजेंद्र-संपादित 'ओर' का चौदहवाँ अंक देखा जा सकता है, साथ ही 'साहित्य-साधना' का द्वितीय खंड भी, जिसमें निराला की कला के विवेचन के क्रम में 'संवाद' शीर्षक लेख में यथास्थान इस कविता का संक्षेप में अर्थ बतलाया गया है।

नए लेखकों को यह कहने के बाद कि वे ऐसा फूल हैं, जिसमें फल लगने की संभावना नहीं है, निराला अब आक्रोश के मारे उनसे यह कहते हैं कि फल ही असली चीज है, तुम तो फूल हो, वह भी नकली—धागों को बाँधकर रँगकर बनाया गया ! ऐसा फूल फल की समकक्षता नहीं कर सकता। नकली फूल कागज, रुई, कपड़ा, धागा आदि अनेक चीजों से बनाया जाता है, बनाया जा सकता है। निराला ने इसी बात का यहाँ उपयोग किया है। यह नकली फूल 'सुदल सुरंग सुवास सुमन'

और 'अलि के नव रस-रंग-राग' के व्यंग्य को पूरी तरह से स्फुट कर देता है। 'फल' का महत्त्व बतलाने के लिए निराला ने 'सर्वश्रेष्ठ' के साथ फारसी के 'नायाब' शब्द का प्रयोग किया है, जो इस बात का सूचक है कि वे हर प्रकार की चिंता छोड़कर प्रयोग के लिए उन्हीं शब्दों को चुनते थे, जो अर्थ को उसकी अधिक से अधिक छायाओं के साथ अधिकतम मात्रा में अभिव्यक्त करते थे। वे उत्तर अज्ञेय को देते हैं, लेकिन जैसा कि कहा जा चुका है, शिवदान सिंह चौहान भी उन्हें भूले न थे। कविता के अंत में वे अपने आलोचक को भी याद करते हैं और कहते हैं कि जैसे मेरा अवमूल्यन करनेवाले नए लेखक नकली फूल हैं, वैसे ही मेरा आलोचक फल के भीतर रहनेवाला वह बीज है, जिसकी कड़वाहट के चलते लोग उसे खाते नहीं, फेंक देते हैं ! बीज से वृक्ष निकलता है, जिसका संकेत निराला ने ऊपर किया है, लेकिन यहाँ वे बीज का उल्लेख एक त्याज्य वस्तु के रूप में करते हैं, पूर्वोक्त रूप में नहीं। यह भी द्रष्टव्य है कि जैसे फूल के अंतर से फल निकलता है, वैसे ही फल के अंतर से बीज। लेकिन फल जहाँ मधुर होता है, वहाँ बीज कटु।

पूरी कविता पत्र, फूल, फल और बीज को लेकर लिखी गई है, जिसमें एक उत्कृष्ट संगति है। निराला में संगति का निर्वाह करने की विलक्षण क्षमता थी। इसमें उनकी तर्क-बुद्धि, संवेदना और कल्पनाशीलता तीनों का कमोबेश योगदान होता था। यह कविता भी उनकी उक्त क्षमता को प्रमाणित करती है।

: 3 :

पाँच बंदों की इस कविता के आरंभिक तीन बंद ऐसे हैं, जिनमें मुख्यतः निराला का दुःख उनके आक्रोश पर हावी रहता है। स्वभावतः उनकी उक्ति में एक गहराई होती है, कारुणिक प्रभाव डालनेवाली, और स्वर व्यंग्यात्मक होता है। लेकिन उसके बाद उनके दुःख पर उनका आक्रोश हावी हो जाता है और वे नए लेखकों से कहने लगते हैं कि तुम ऐसे फूल हो, जिसमें फल नहीं लगेगा; फिर यह कि तुम नकली फूल हो और मेरी आलोचना करनेवाला फल का त्याज्य कटु बीज है ! इससे कविता के अंतिम दो बंद कमजोर हो गए हैं। तर्क-योजना उनमें है, वह कविता की अन्विति बरकरार भी रखती है, लेकिन यह सच्चाई है कि उनमें काव्योचित भावना गौण हो गई है और प्रत्याक्रमणमूलक तर्क प्रधान। इससे इन बंदों में सरसता की जगह तार्किकताजनित एक कर्कशता भी आ गई है।

आक्रोश की अतिशतया ने कवि को यथार्थ से भी हटा दिया है। क्या यह सच है कि अज्ञेय-जैसे कवियों की काव्य-साधना हिंदी कविता में निष्फल हुई ? क्या उन्होंने श्रेष्ठ काव्य नहीं रचा और हिंदी कविता का विकास नहीं किया ? और निराला की आलोचना में जो कुछ कहा गया था, क्या वह सब गलत था ? क्या वे आलोचनाओं

के परे थे ? निश्चय ही ऐसा नहीं है, लेकिन क्रोध के आवेश में निराला ने सत्य को देखने और स्वीकार करने से बिलकुल इनकार किया। जब कविता में सत्य के स्थान में कोई दूसरी चीज प्रकट होगी, तो उसका मूल्य कम होना अनिवार्य है। आज हम निराला के साहित्यिक जीवन के एक प्रसंग की जानकारी के लिए भले इस कविता को पढ़ें, इसे महत्त्व दें, लेकिन इसमें नई पीढ़ी के लेखकों के बारे में उन्होंने जो कहा है, वह न तब सत्य था, न बाद में सत्य साबित हुआ। इस कारण इस कविता का उनकी श्रेष्ठ कविताओं में से एक न होना स्वाभाविक है। इस कविता की तुलना में उनकी 'मित्र के प्रति' कविता उनकी श्रेष्ठ कविताओं में से एक है, क्योंकि उसमें छायावादी कविता या उसमें उनकी अपनी कविता की तरफ से जो कुछ कहा गया है, वह सत्य है। कविता में कवि नहीं, हमेशा सत्य ही महत्त्वपूर्ण होता है।

क्या विडंबना है कि पुरानी पीढ़ी और नई पीढ़ी के संघर्ष में दोनों सत्य को भुलाकर एक-दूसरे पर आक्रमण-प्रत्याक्रमण करती हैं। 1958-59 में जब नई कविता के कवियों द्वारा अज्ञेय की, जो उस समय तक नई धारा के कवि के रूप में पूर्णतः प्रतिष्ठित हो चुके थे, आलोचना होने लगी, तो उन्होंने जोरों से प्रतिक्रिया करते हुए उनसे कहा :

आ, तू आ,
हाँ, आ,
मेरे पैरों की छाप-छाप पर रखता पैर,
मिटाता उसे,
मुझे मुँह भर-भर गाली देता—
आ, तू आ

साथ ही,

मेरी तो तुझे पीठ ही दीखेगी—क्या करूँ कि मैं आगे हूँ
और देखता भी आगे की ओर ?
....
....
मैं चला नहीं था पथ पर,
पर मैं चला इसी से
तुझको बीहड़ में भी ये पद-चिह्न मिले हैं...

मानना पड़ेगा कि यह 'मैं ही वसंत का अग्रदूत' से आगे की गर्वोक्ति है। इसकी प्रतिक्रिया होना स्वाभाविक था। नए कवियों में इसकी व्यापक प्रतिक्रिया हुई और उनकी तरफ से एक कवि ने एक कविता लिखकर यह कहते हुए अज्ञेय को उत्तर दिया :

हमें प्रतीक्षा न थी तुम्हारे आवाहन की
हम आए आवाहन के पूर्व ही

नए भिन्न पथ से, जो तुम्हें अज्ञात था
हमने नहीं रक्खे चरण तुम्हारे पद-चिह्नों पर...

और

आह ! यह हमारा दोष नहीं था
कि सूर्य की तरह अभिमानी होकर भी
तुम असमय अस्त हो गए।

'निराला इज ऑलरेडी डेड' और 'तुम असमय अस्त हो गए' में कितनी समानता है ! जिसने पहले निराला को मृत घोषित किया था, ठीक उसी तरह उसको भी अस्तंगत घोषित किया जा रहा है। जगदीश गुप्त ने 'नई कविता-5-6' के संपादकीय में अज्ञेय के नए कवियों पर गतानुगतिकता के आरोप को अस्वीकार करते हुए लिखा कि 'आज की नई कविता किसी व्यक्ति विशेष की ही प्रेरणा से उद्भूत न होकर युग विशेष की आवश्यकता से उद्भूत है।' यह बात पूरी तरह से सही थी और नई कविता पर ही नहीं, प्रत्येक युग की कविता पर लागू है। वसंत के अग्रदूत निराला ही क्यों, प्रसाद और पंत क्यों नहीं, जो उनसे पहले से छायावादी कविताएँ लिखते और प्रकाशित कराते आ रहे थे ? इसी तरह 1937 में निराला के बारे में जहाँ अज्ञेय का यह कहना गलत था कि साहित्यिक शक्ति के रूप में वे मृत हो चुके हैं, वहाँ 1958-59 में अज्ञेय के बारे में नए कवि का यह कहना भी कि वे अस्त हो चुके हैं। प्रतिक्रिया का आवेश सत्य को देखने से रोकता है। प्रश्न है कि 'सुमनों के प्रति' कविता में प्रतिक्रिया को छोड़कर क्या बच रहता है ? यदि कुछ महत्त्व होगा, तो उसी का, वर्ना आधुनिक हिंदी कविता के इतिहास में यह कविता सिर्फ एक दिलचस्प प्रसंग के रूप में याद की जाएगी।

1993

निराला और नई रचनाशीलता

पिछली पीढ़ी के कवियों की तरह ही नई पीढ़ी के कवियों को भी निराला बहुत प्रिय हैं। इनके मन में मुक्तिबोध के प्रति भी गहरी आत्मीयता है, लेकिन निराला-जैसी स्वीकृति संभवतः मुक्तिबोध को अभी तक नहीं मिली। इसका एक कारण तो यही है कि मुक्तिबोध की विश्वदृष्टि जहाँ मार्क्सवादी है, वहाँ एक दौर में मार्क्सवाद से प्रभावित होने के बावजूद निराला मूलतः मानववादी कवि हैं। मानववाद और मार्क्सवाद परस्पर विरोधी चीजें नहीं हैं, लेकिन आज इसे लेकर दो मत नहीं हो सकते कि मानववाद मार्क्सवाद से अधिक व्यापक है और कदाचित् कविता का असली क्षेत्र मानवीय संवेदना का क्षेत्र ही है, कोई दर्शन या विचारधारा नहीं। कोई दर्शन या विचारधारा मानवीय संवेदना को उत्कर्ष भी प्रदान कर सकती है और उसे प्रणालीबद्ध कर कुंठित भी कर दे सकती है। दूसरी तरफ मानवीय संवेदना सच्ची और गहरी होने पर स्पष्ट रूप से किसी विचारधारा का अवलंब लिए बिना भी कृतकार्य होती है। निराला-काव्य को आत्मसात् कर नई रचनाशीलता उससे क्या ग्रहण कर सकती है ?

कविता में व्यक्ति और समाज का झगड़ा काफी दिनों से चलता रहा है। दिनकरजी कहा करते थे कि जैसे प्रवृत्ति और निवृत्ति धर्म की राजनीति है, वैसे ही क्लासिसिज्म और रोमांटिसिज्म कविता की राजनीति। पुरानी कविता में, जिसे क्लासिकी कविता कहा जाता है, कवि अपने व्यक्तित्व को पीछे रखकर समाज को अभिव्यक्त किया करता था, जबकि आधुनिक काल की रोमांटिक कविता में वह आत्माभिव्यक्ति को प्रमुखता देने लगा। यह प्रसन्नता की बात है कि हिंदी की बिलकुल नई कविता में व्यक्ति और समाज को लेकर कोई द्वंद्व नहीं दिखलाई पड़ता है। आज जो कवि प्रगीतात्मक कविता लिखते हैं, वे भी समाज की उपेक्षा करके नहीं चलते और अपनी आत्माभिव्यक्ति में ही विचित्र प्रकार से समाज की अभिव्यक्ति किया करते हैं। हिंदी कवियों में व्यक्तित्व की सर्वाधिक प्रखर चेतना निराला में थी। वैसे तो सभी छायावादी कवि व्यक्तित्व-संपन्न थे, लेकिन निराला की कविता तो उनके व्यक्तित्व से इस कदर

जुड़ी हुई है कि उसे छोड़कर उसे समझा ही नहीं जा सकता। 'परिमल' के 'डोलती नाव, प्रखर है धार' से लेकर 'सांध्य काकली' तक के गीत निराला की दुखपूर्ण जीवन-कथा कहते हैं। उनकी 'सरोज-स्मृति'-जैसी महान् कविता तो उनके व्यक्तिगत जीवन से प्रत्यक्ष रूप से जुड़ी हुई है ही, उनकी 'राम की शक्ति-पूजा'-जैसी कविता भी उनके जीवन से जुड़ी हुई है, भले नाटकीय ढंग से। आलोचकों ने ठीक ही 'देखता रहा मैं खड़ा अपल,/वह शर-क्षेप, वह रण-कौशल' ('सरोज-स्मृति') और 'विद्धांग-बद्ध-कोदंड-मुष्टि—खर-रुधिर-स्राव' ('शक्ति-पूजा') में समानता देखी है। लेकिन निराला की सफलता इस बात में है कि उनकी आत्मपरकता में वस्तुपरकता है, जैसे उनकी वस्तुपरकता आत्मपरकता से युक्त है। यह तथ्य इस बात का साक्ष्य प्रस्तुत करता है कि वस्तु-सत्य व्यक्ति-सत्य की गहराई में निहित होता है। यदि व्यक्ति-सत्य को ठीक-ठीक समझा गया तो वह समाज-सत्य को प्रकट कर देगा। मुक्तिबोध के मुहावरे में कहें, तो धरित्री अपने रत्न उगल देगी ! स्वयं मुक्तिबोध हिंदी के प्रगतिशील कवियों में सर्वाधिक व्यक्तित्व-संपन्न कवि हैं। उनकी कविता की शक्ति इसी बात में निहित है। नए कवि सतही सामाजिकता और सतही वैयक्तिकता से अलग होकर इस तथ्य को समझें तो उनका कवि-व्यक्तित्व उत्कर्ष प्राप्त कर अधिक प्रभावशाली बन सकता है।

छायावादी कवियों ने परंपरा के विरुद्ध एक अभियान चलाया था। 'पल्लव' की भूमिका में सुमित्रानंदन पंत ने ही ब्रजभाषा-काव्य पर दायित्व-शून्य आक्षेप नहीं किए थे, निराला ने भी बिहारी और रवींद्रनाथ की कविता की तुलना कर रवींद्रनाथ को आदर्श कवि के रूप में स्थापित किया था। छायावादी आंदोलन वस्तुतः स्वच्छंदतावादी आंदोलन था, जिसका एक मुख्य लक्षण था शास्त्रीयता से विद्रोह। छायावादी कवितयों ने कविता के पुराने विषयों का बहिष्कार किया, पुरानी भाषा छोड़ी और छंद-प्रयोग के क्षेत्र में मुक्तछंद तक चले गए। लेकिन इस घटना का एक दूसरा पहलू भी है, जो निराला में ज्यादा साफ तौर पर दिखलाई पड़ता है। निराला भी रीतिकाव्य के विरोधी थे, लेकिन जब पंत ने उसके प्रति निषेधवादी रुख अपनाया, तो उन्होंने 'पंत और पल्लव' नामक एक लंबा लेख लिखकर उनकी आलोचना की और ब्रजभाषा-काव्य की उपलब्धियों की तरफ अपनी पीढ़ी के कवियों का ध्यान आकर्षित किया। एकबार नामवरजी के आवास पर निराला को लेकर बातचीत हो रही थी। वे 'गीतिका' के शृंगारिक वर्णनवाले गीतों का हवाला देकर यह सिद्ध करने की कोशिश कर रहे थे कि निराला की काव्य-संवेदना एक बड़ी हद तक रीतिकालीन थी। वह हो या नहीं, लेकिन यह सही है कि निराला ब्रजभाषा-काव्य के संपूर्ण दाय को आत्मसात् कर आगे बढ़े हैं। उनके शृंगारिक वर्णनों में ऐंद्रियता ही नहीं है, उनकी शब्द-योजना पर भी तुलसीदास के साथ रीतिकालीन कवियों का प्रभाव है। यह तो जानी हुई बात है कि पद्माकर छात्र-जीवन से ही उनके प्रिय कवि थे, जिससे उन्होंने

इंट्रेंस परीक्षा में अपनी गणित की कापी को उनके कवित्तों से चुहचुहा दिया था! पद्माकर के कवित्तों का संगीत उनके मन में इस कदर गूँजता रहता था कि उसी की लय का आधार लेकर उन्होंने मुक्तछंद की सृष्टि की, जो आधुनिक हिंदी कविता में पुनः एक बार आधुनिकता का द्वार उन्मुक्त करता है। नई पीढ़ी के कवि अपनी रचनाशीलता को निराला के परंपरा-प्रेम से प्रेरणा लेकर संवर्धित कर सकते हैं। परंपरा-प्रेम का मतलब परंपरा का अनुकरण नहीं, बल्कि उसके साथ निरंतर संवाद की स्थिति में रहना है। तभी कोई कवि वा कवि-पीढ़ी अपनी जातीय परंपरा का अंग बन सकती है। आज हिंदी कविता खड़ीबोली तक सीमित हो गई है, जो कि बहुत कुछ एक मूलविहीन भाषा है। इस भाषा को जीवनीशक्ति जिन स्रोतों से प्राप्त होती है, उनमें ब्रजभाषा-काव्य मुख्य है। ब्रजभाषा-काव्य में जीवन और भाषा का जो रस सुरक्षित है, उसका पान कर यदि हिंदी कविता आगे बढ़ी, तो निश्चय ही वह सही अर्थों में सूर, तुलसी, बिहारी, पद्माकर और भारतेंदु की उदात्त काव्य-परंपरा का विकास कर सकेगी। आज जिन कवियों की बहुत चर्चा है, उदाहरणार्थ शमशेर, केदार, नागार्जुन, त्रिलोचन और मुक्तिबोध, वे अलग-अलग ब्रजभाषा, अवधी, मैथिली और उर्दू की काव्य-परंपराओं को अपने रक्त में मिलाकर आगे बढ़े हैं।

इलियट ने महान् कवि के जो तीन लक्षण बतलाए हैं, उनमें एक विविधता भी है। विविधता की दृष्टि से निराला हिंदी के आधुनिक कवियों में सर्वाधिक उल्लेखनीय हैं। उन्होंने कविता के क्षेत्र में जितने प्रयोग किए, उतने किसी अन्य कवि ने नहीं। सहसा यह विश्वास नहीं होता कि 'राम की शक्ति-पूजा' और 'कुकुरमुत्ता' का रचयिता एक ही है। इसी तरह 'जुही की कली'-जैसी कविता और 'महगू महगा रहा'-जैसी कविता के बीच भी अकल्पनीय दूरी है। निराला ने गीत भी लिखे, कविताएँ भी; कठिन छंदों का भी प्रयोग किया और मुक्तछंद ही नहीं, गद्य-छंद की भी रचना की। उनमें जो यह विविधता है, वह हरिऔधजीवाली प्रदर्शनप्रियता की देन नहीं है। इस विविधता का संबंध निराला के गतिशील यथार्थबोध से है। उन्होंने भारतीय स्वाधीनता-आंदोलन के उग्रता के दौर में प्रवेश करने के साथ कविता लिखना शुरू किया था और भारतीय स्वाधीनता से मोहभंग तक अबाध गति से लिखते रहे। बीच में कांग्रेसी राजनीति का समझौतापरस्त रूप सामने आया, द्वितीय विश्वयुद्ध छिड़ा, वामपंथी किसान-मजदूर आंदोलन ने प्रसार पाया, स्वाधीनता प्राप्त हुई, देश का विभाजन हुआ और सत्तासीन होकर कांग्रेसी नेताओं ने सुखभोग के लिए भ्रष्टाचार तक का सहारा लिया। निराला-काव्य चार दशकों में घटनेवाली इन घटनाओं का ज्वलंत दस्तावेज है। स्वभावतः उनके यथार्थबोध के दबाव से उनके काव्यरूप और उनकी काव्यभाषा बदलती गई। 'नए पत्ते' की कविताएँ यथार्थवादी गद्य की भाषा में ही लिखी जा सकती थीं, 'प्रेयसी' अथवा 'तुलसीदास' की भाषा में नहीं। इस तरह निराला की नई भाषा उनके नए काव्यरूप की देन है और उनके नए काव्यरूप उनके नए यथार्थबोध

की देन। ऐसी गतिशीलता आज के कवियों में नहीं दिखलाई पड़ती। रघुवीर सहाय और केदारनाथ सिंह-जैसे कवियों में अपने ढंग का विकास परिलक्षित होता है, लेकिन उसमें निराला-जैसी गति नहीं है, जबकि पिछले चालीस वर्षों में देश और दुनिया ज्यादा तेजी से बदली है। नए कवि इस बात को समझकर अपने यथार्थबोध का प्रसार कर सकते हैं। उनका यथार्थबोध बहुत सीमित है, यह तो इसी से स्पष्ट है कि सारी दुनिया में विचारधारा से लेकर राजनीति तक के क्षेत्र में जब भूकंप आया हुआ है, वे लगभग निश्चिंतता की मुद्रा में हैं। ज्यादा से ज्यादा यही देखने में आता है कि कहीं कोई पत्ती जरा-सी हिल जाती है, बस ! निराला और मुक्तिबोध की कवितावाली हलचल कहीं दिखलाई नहीं पड़ती।

निराला की काव्य-भाषा के संबंध में अलग से कुछ कहना जरूरी है। उन्होंने कविता में भाषा की सभी शक्तियों से काम लिया है, लेकिन हिंदी भाषा के अपने स्वरूप को कभी विकृत नहीं किया। कारण यह कि वे उसकी शक्ति और सुंदरता से परिचित थे और उसी को बढ़ाना उनका लक्ष्य था। नई कविता के दौर में भाषा की बहुत चर्चा हुई, जिसका एक ही मतलब था–हिंदी की अपनी प्रकृति से हटकर उसमें आधुनिक मुहावरे ढालना। धूमिल ठेठ भाषा को हिंदी में लाए, तो उसका मतलब लगाया गया भाषिक आभिजात्य को तिलांजलि दे देना। अस्सी के बाद जब कविता की कथित वापसी हुई, तो नागार्जुन और त्रिलोचन की काव्यभाषा के देसीपन की तरफ पाठकों और आलोचकों का ध्यान गया। यह देसीपन आधुनिकता का नहीं, बल्कि छद्म-आधुनिकता का विरोधी है। विदेशी साहित्य से हिंदी कवियों का सरोकार भारतेंदु और श्रीधर पाठक के जमाने से ही रहा है, लेकिन नई कविता के पहले के कवियों ने कभी सर्वथा अजनबी भाषा में बातचीत नहीं की। पंतजी ने कुछ अंग्रेजी मुहावरों की हिंदी में नकल की तो उनमें से बहुत थोड़े-से मुहावरे हिंदी में स्वीकृत हुए और उन्होंने भी धीरे-धीरे हिंदी भाषा के स्वरूप को समझकर उसमें कविता लिखना शुरू किया। निराला की काव्यभाषा की सबसे बड़ी विशेषता उसका देसीपन है। वे अभिधा में लिख रहे हों, या लक्षणा में, या व्यंजना में, उनकी भाषा कभी अजनबी नहीं होती। इसी तरह जितनी आत्मीय उनकी समस्त पदावलीवाली भाषा है, उतनी ही आत्मीय उनकी 'नए पत्ते' की कविताओं में प्रयुक्त गद्यात्मक भाषा भी। 'नए पत्ते' की कविताओं में तो उन्होंने नई यथार्थवादी कविता के विषय और भाषा दोनों की संभावनाओं के क्षेत्र उद्‌घाटित किए हैं। यहाँ मैं उसकी किसान-संबंधी कविताओं की ओर खास तौर से संकेत करना चाहूँगा। निराला की भाषा के देसीपन का पता उनके गद्य-साहित्य की भाषा से ज्यादा अच्छी तरह से चलता है। यहाँ भी हम देखते हैं कि उनका आरंभिक गद्य जहाँ छायावादी झंकृति और चित्रात्मकता से युक्त है, वहाँ परवर्ती गद्य म्यान से बाहर तलवार की तरह निकला हुआ है। 'चतुरी चमार', 'कुल्ली भाट' और 'बिल्लेसुर बकरिहा' का गद्य अपनी जमीन से पैदा हुआ ऐसा गद्य

है, जो प्रेमचंद के गद्य से आगे जाता है। उसमें प्रेमचंद के गद्य से कसाव भी अधिक है और नए ढंग का कवित्व भी। 'नए पत्ते' की किसान-संबंधी कविताओं में उस गद्य की शक्ति और सुंदरता का एक अंश ही आ सका है। नई पीढ़ी के कवि यदि निराला के माध्यम से हिंदी के अपने गद्य में निहित सृजनात्मकता को पहचानें और अपने सृजन-कर्म से उसे विकसित करें, तो यह निराला के दाय को सही ढंग से ग्रहण करना होगा।

1992

उत्तर-छायावाद और दिनकर का काव्य

दिनकर की कविता सरल है। वे स्वयं संप्रेषणीयता को बहुत महत्त्व देते थे। लेकिन आधुनिक हिंदी कविता में उनकी स्थिति को लेकर मतभेद है। वे द्विवेदीयुगीन काव्य-परंपरा के कवि थे या छायावादी अथवा उत्तर-छायावादी थे ? आचार्य हजारीप्रसाद द्विवेदी उत्तर-छायावादकाल को छायावाद का 'दूसरा उन्मेष' कहते हैं और उन्हें उसी काल में रखते हैं। स्वयं दिनकरजी अपने को छायावादोत्तर काल का कवि मानते हैं और कहते हैं कि उनकी स्थिति द्विवेदीयुगीन काव्य-परंपरा और छायावादी कविता के बीच में है। 'काव्य की भूमिका' में उनका यह कथन देखने योग्य है : "मेरी वेदना अभिव्यक्ति की वेदना थी और मेरे सम्मुख जो चुनाव था, वह क्लासिक और रोमांटिक अथवा द्विवेदी-युग और छायावादी काल या मैथिलीशरण गुप्त और सुमित्रानंदन पंत के बीच था। अनुभूतियाँ और भाव तो मुझे छायावादियों के ही अच्छे लगते थे, किंतु, अभिव्यक्ति की सफाई मैं वह चाहता था जो मैथिलीशरण और रामनरेश त्रिपाठी में निखरी थी।" पुनः, "मैंने अपने लिए जो राह निकाली, उसकी प्रेरणा केवल छायावादी धूमिलता से बचने के प्रयास में थी। यह और बात है कि वह राह द्विवेदी-युग और छायावाद-काल के बीचोंबीच पड़ गई।" दिनकरजी अपने काल को छायावादोत्तर काल कहते हैं और उसकी विशेषता यह बतलाते हैं कि उसमें कविता द्विवेदीयुगीन स्पष्टता और छायावादी सौंदर्य-स्वप्न को आत्मसात् कर आगे बढ़ी। स्पष्टतः यह एक स्वतंत्र काल है, छायावाद का बढ़ाव-मात्र नहीं, भले यह 'छायावादी प्रयोगों के ही परिपाक से उत्पन्न' हुआ हो !

लेकिन सच्चाई कुछ और है। हिंदी में द्विवेदीयुगीन ही नहीं, छायावादी कविता के भी समानांतर एक और कविता चल रही थी, जिसे आचार्य शुक्ल ने स्वच्छंदतावादी कविता कहा है। इस कविता का प्रवर्तन पं. श्रीधर पाठक ने किया था और उसके विकास में पं. मुकुटधर पांडेय के अलावा स्वयं मैथिलीशरण गुप्त और पं. रामनरेश त्रिपाठी-जैसे कवियों ने भी योग दिया था, जो कि द्विवेदीयुगीन कवि थे। छायावाद-

काल में माखनलाल चतुर्वेदी और बालकृष्ण शर्मा 'नवीन' के साथ सियारामशरण गुप्त और सुभद्राकुमारी चौहान इस धारा का विकास करते रहे। आचार्य शुक्ल के अनुसार दिनकर और बच्चन आगे चलकर इसी धारा में उत्पन्न होनेवाले कवि हैं। मैथिलीशरण से दिनकरजी का संबंध जगजाहिर है। अभिव्यक्ति की स्पष्टता में वे उनके आदर्श थे। माखनलाल से उनका यह संबंध है कि वे उन्हीं को अपना काव्य-गुरु मानते हैं।

यहाँ निश्चय ही यह तथ्य स्मरणीय है कि स्वच्छंदतावाद छायावाद से अलग-थलग रहकर नहीं, बल्कि उसका प्रभाव लेकर चल रहा था। यह बात माखनलाल-नवीन के संबंध में भी उतनी ही सही है, जितनी दिनकर के संबंध में। नरेंद्र शर्मा और 'अंचल' तो छायावाद के प्रभाव-वृत्त से निकलकर ही दिनकर-बच्चन के साथ हुए थे। दिनकरजी ने एक खास बात यह कही है कि "छायावादोत्तर-काल की प्रवृत्तियों का प्रभाव छायावादी कवियों पर भी पड़ा अर्थात् इस काल में आकर वे भी अपनी भाषा को जन-जीवन के पास लाने लगे और छायावादी अभिव्यक्तियों में जो कच्चेपन का दोष था, वह दोष भी इसी काल में आकर छूटने लगा।" विभिन्न काव्य-धाराओं में क्रिया-प्रतिक्रिया की यह प्रक्रिया साहित्य के इतिहास में एक साधारण बात है।

कुछ विद्वान् अलग से एक राष्ट्रीयतावादी धारा की कल्पना करते हैं और भारतेंदु को उसका प्रवर्तक मानते हुए मैथिलीशरण के बाद उसमें माखनलाल और 'नवीन' के साथ दिनकर को भी रखते हैं। यह निरूपण भी ठीक नहीं है, क्योंकि दिनकरजी राष्ट्र और समाज के कवि होने के साथ-साथ प्रेम और शृंगार के भी कवि हैं, कविता में सोद्देश्य यात्री होने के साथ-साथ निरुद्देश्य यात्री भी हैं। 'नवीन' के साथ भी यही बात है। वे भी प्रेम और शृंगार के कवि हैं और उनकी यह भावना बहुत उद्दाम है। वे रहस्यवादी भी हैं। रहस्यवादी माखनलाल भी हैं। इतनी प्रवृत्तियों को स्वच्छंदतावाद ही समेट सकता है, राष्ट्रीयतावाद नहीं।

उत्तर-छायावादी कविता की जो विशेषताएँ बतलाई गई हैं, वे हैं—छायावादी रहस्यात्मकता और अतिशय लाक्षणिकता से विद्रोह, भौतिक जीवन का आकर्षण, उग्र स्वातंत्र्य-चेतना और फ़ासिज़्म का विरोध। भौतिक जीवन का प्रबल आकर्षण बच्चन में है, उग्र स्वातंत्र्य-चेतना दिनकर में और फ़ासिज़्म का मुखर विरोध नरेंद्र और 'सुमन' में। छायावादी रहस्यात्मकता का अभाव और अभिव्यक्ति की स्पष्टता सभी कवियों में है। इन कारणों से अधिकांश उत्तर-छायावादी कवि 'प्रगतिशील' भी माने गए। लेकिन जिन्हें उत्तर-छायावादी कविता की विशेषताएँ कहा जाता है, वे वस्तुतः स्वच्छंदतावादी प्रवृत्तियाँ हैं, जो नए संदर्भ में विकसित और रूपांतरित होती गई हैं। स्वच्छंदतावादी कविता की चारित्रिक विशेषता है—मस्ती, जिंदादिली और फक्कड़पन। ये चीजें भारतेन्दु में भी थीं, श्रीधर पाठक में भी ('जगत है सच्चा, तनिक न कच्चा, समझो बच्चा, इसका भेद' और 'मनुजी/तुमने यह क्या किया ?/तुमने यह क्या किया

बापजी, कहते फाटत हिया !') और माखनलाल-नवीन में भी। और पीछे जाएँ तो ये चीजें कबीर में भरपूर मात्रा में मिलती हैं। हमारा खयाल है कि ये व्यक्ति में सत्य को पा लेने के आत्मविश्वास से और उसके प्रति निर्भयतापूर्ण बलिदान-भाव से पैदा होती हैं। कबीर ने दाढ़ी-चोटी से परे स्थित सत्य को पा लिया था, जो कि सामान्य मानव-धर्म का पर्याय था और उसके लिए वे सिर कटाकर उस पर पाँव रखने को भी तैयार थे ('सीस उतारै भुई धरै तापर राखै पाव।/दास कबीरा यों कहै ऐसा होय तो आव।।')। उनकी मस्ती उसी की देन थी। माखनलाल में वह उनकी उत्सर्ग-भावना के साथ बहुत बढ़ गई। उन्हें स्वतंत्रता का सत्य मिल गया था और वे देशभक्ति और ईशभक्ति में अभेद मानकर उसके लिए अपना सर्वस्व न्यौछावार करने को तैयार थे। दिनकर में वही चीज है, एक तड़प और बेचैनी के साथ—

बँधा तूफान हूँ चलना मना है,
बँधी उद्दाम निर्झरधार हूँ मैं।
कहूँ क्या, कौन हूँ ? क्या आग मेरी ?
बँधी है लेखनी, लाचार हूँ मैं।

और

कलम उठी कविता लिखने को, अंतस्तल में ज्वार उठा रे !
सहसा नाम पकड़ कायर का, पश्चिम-पवन पुकार उठा रे !

बच्चन की मस्ती भी यही मस्ती है, जिसकी अभिव्यक्ति 'मधुशाला' में जोरदार ढंग से हुई है। बच्चन अतृप्त वासना के कवि नहीं, सभी प्रकार की उच्छल युवा भावनाओं के कवि हैं। भगवतीचरण वर्मा ने इस मस्ती को सही ढंग से आँका है—'हम दीवानों की क्या हस्ती,/हैं आज यहाँ कल वहाँ चले,/मस्ती का आलम साथ चला, /हम धूल उड़ाते जहाँ चले'। अब भारतीय राजनीति में युवा वर्ग एक शक्ति बनकर उभरा था, जिसमें द्विवेदीजी के शब्दों में अभूतपूर्व 'आत्मविश्वास' भरा था और जिसके नेता भारत-युवक-हृदय-सम्राट् पं. जवाहरलाल नेहरू थे। विजयदेवनारायण साही ने युवा कवियों की इस मस्ती को अगंभीरता का परिणाम बतलाया है और उसका संबंध उस अनिश्चय एवं संशय से जोड़ा है, जो सन् तीस के दशक की भारतीय राजनीति में व्याप्त था। साही के लिए छायावादी कवियों में गंभीरता थी, क्योंकि उनमें कोई शैव दर्शन में निष्ठा रखता था, कोई वेदांत में और कोई अद्वैतवाद में। कथित उत्तर-छायावादी कवि अगंभीर थे, क्योंकि उन्होंने दर्शन के मिथकीय वृत्त को तोड़कर जीवन, परिवार, समाज, राष्ट्र और विश्व के प्रश्नों को महत्त्व दिया था, स्वतंत्रता, जनतंत्र, समाजवाद और फ़ासिज़्म-विरोध को !

द्विवेदीजी ने दिनकरजी को मस्ती का कवि कहकर उनकी कविता की मूल विशेषता पर उँगली रखी है। मस्ती दिनकरजी की भावना में भी है और लहजे में भी। लेकिन इसके साथ द्विवेदीजी ने उनके संबंध में एक बात और कही है। वह

यह है कि उनमें एक समष्टि-चेतना है। यह समष्टि-चेतना कमोबेश उनके युग के दूसरे कवियों में भी है, पर उनमें बहुत प्रखर और दृढ़ रूप में है, ऐसा कि वह सर्वप्रथम हमारा ध्यान खींचती है।

एक तरफ यौवन-सुलभ उमंग और दूसरी तरफ प्रबल समष्टि-चेतना—इसने दिनकर-काव्य को दोरंगा बना दिया है। उसमें दो धाराएँ साफ बहती दिखलाई पड़ती हैं। एक धारा 'हुंकार' और 'कुरुक्षेत्र' की है और दूसरी 'रसवंती' और 'उर्वशी' की। इन दोनों धाराओं में तीखा द्वंद्व भी है, जो अनेक रूपों में प्रकट होता है—कल्पना-वास्तविकता, हृदय-मस्तिष्क, व्यक्ति-समाज, शृंगार-वीरता, गाँधी-मार्क्स, धर्म-विज्ञान, रवींद्र-इकबाल आदि के द्वंद्व के रूप में। इस द्वंद्व की जड़ कहीं तत्कालीन परिस्थितियों में है, स्वाधीनता-आंदोलन की परिस्थितियों में। मध्यवर्ग की परिस्थितियों में भी। दिनकरजी अपने को द्वंद्व का ही कवि मानते थे। 'द्वंद्वगीत' नाम से उनकी एक पुस्तक ही है। खास बात यह है कि उनमें कभी-कभी एक पक्ष में भी द्वंद्व दिखलाई पड़ता है, जैसे 'उर्वशी' में। उनके कुछ द्वंद्व अज्ञान की भी देन थे, जिनके बारे में बाद में उन्होंने स्वयं लिखा है कि अब वे उन्हें 'कुछ-कुछ बेहूदे-जैसे' लगते हैं।

परवर्ती काल में जब दिनकरजी पश्चिमी आधुनिक कविता और आधुनिक काव्य-चिंतन के संपर्क में आए, और परिस्थिति भी बदली, देश स्वतंत्र हो गया, तो उन्हें ऐसा लगा कि उन्होंने अपने द्वंद्व का समाधान पा लिया और वे सोद्देश्यता में निरुद्देश्यता और निरुद्देश्यता में सोद्देश्यता की अवस्था में पहुँच गए, लेकिन मौका पाते ही उनमें 'द्वंद्व' फिर प्रकट हो उठा और 'नील कुसुम' तथा 'कोयला और कवित्व' की भूमि छोड़कर 'कुरुक्षेत्र' और 'रश्मिरथी' की परंपरा में चीनी आक्रमण के बाद उन्होंने 'परशुराम की प्रतीक्षा' की रचना की। 'नील कुसुम', 'कोयला और कवित्व' तथा 'हारे को हरिनाम' की कविताएँ भी समष्टि-चेतना से नितांत शून्य नहीं हैं। द्वंद्व उनमें भी किसी न किसी रूप में विद्यमान है। यह द्वंद्व वस्तुतः दिनकर-काव्य की शक्ति का स्रोत है। उनकी कविता को 'दहकते अंगारों पर इंद्रधनुषों की क्रीड़ा' कहा गया है। उनमें वस्तुतः दोनों में एक तनाव की स्थिति है। अंगार इंद्रधनुषी रंगों से प्रतिच्छायित हैं और इंद्रधनुषों में अंगारों की दीप्ति है !

1993

केदारनाथ अग्रवाल की काव्य-चेतना

केदारनाथ अग्रवाल ने अपनी काव्य-चेतना की चर्चा अपने नवीनतम कविता-संग्रह 'अनहारी हरियाली' की भूमिका में की है। उसे देखने से पता चलता है कि उससे उनका आशय इस बात से है कि कविता में वे किन विषयों से प्रेरित और संवेदित होते रहे हैं। प्रकारांतर से उनकी काव्य-चेतना उनकी कविता के क्षेत्र-विस्तार की सूचना देती है।

इस प्रसंग में केदार ने महत्त्वपूर्ण बात यह कही है कि उनके लिए काव्य-चेतना का अर्थ है—'मानवीय मूल्यों की चेतना'। उनके शब्द हैं, "मानवीय चेतना उत्तरोत्तर विकसित होती चल रही है। वह न *अतीतमुखी* हो, *न व्यक्ति-केंद्रित, न निर्वासित* हो, *न जन-जीवन से कटकर भ्रांतियों से ग्रस्त* हो। *जीवन के अबाध प्रवाह को व्यंजित करनेवाली* चेतना ही कविताओं का आधार हो। यही है मेरी धारणा। मेरी कविताएँ इसका प्रमाण हैं।" इस कथन के सारे शब्द अर्थपूर्ण हैं और कहना चाहिए कि इनमें केदार की कविता को समझने की कुंजी छिपी हुई है।

केदार के उपर्युक्त कथन से जो बात स्पष्ट होती है, वह यह कि उनकी 'मानवीय मूल्यों की चेतना' खास तरह की है। न यह बात छिपी हुई है, न स्वयं कवि ने इसे छिपाने का प्रयास किया है कि वह प्रगतिशील है और उसका आधार मार्क्सवाद है। अपने अनेक कविता-संग्रहों की भूमिका में केदार ने वैज्ञानिक भौतिकवादी दर्शन से अपना संबंध बतलाया है और बार-बार इस बात पर बल दिया है कि यह भौतिक जगत् ही कविता का आधार है और इसके साथ हमारा संबंध सर्वप्रथम इंद्रियों के माध्यम से स्थापित होता है। भाव और विचार के मूल में इंद्रिय-बोध की ही सत्ता है। 'आधुनिक कवि' की भूमिका में उन्होंने कहा है : "जगत् की गति का न व्यापना ही कवि का मूर्तजगत् से अलग हो जाना है और अलग हो जाने से ही कवि की इंद्रियाँ मूर्तजगत् से संघात पाना बंद कर देती हैं और संघात न पाने से ही इंद्रियाँ काम क़र देना बंद कर देती हैं और काम न करने से ही कोई प्रभाव दिमाग तक

नहीं पहुँच पाता।'' क्या ताज्जुब कि केदार की मान्यता है कि ''इसका (कविता का) इंद्रियगोचर हो जाना ही इसकी वस्तुवत्ता का प्रमाण है।'' निश्चय ही इंद्रियगोचरता या ऐंद्रियता उनकी कविता की सबसे बड़ी पहचान है।

उक्त विवरण से यह स्पष्ट है कि केदार की कविता के मूल में वैज्ञानिक भौतिकवादी दर्शन है। इस दर्शन की अथवा प्रगतिशीलता की अनेक निष्पत्तियाँ हैं, जिनका संबंध इतिहास, अर्थ-व्यवस्था और राजनीति से है। केदार इन सभी निष्पत्तियों से पूर्णतया सहमत रहे हैं और उन्हें स्वीकार कर उनकी प्रणालियों में बँधकर चलते रहे हैं। यह बात और है कि कट्टर प्रगतिशील इसके बावजूद उनसे शिकायत रखते हैं। प्रमाण डा. रामविलास शर्मा द्वारा किया गया उनके काव्य का मूल्यांकन है, जिसमें उनकी प्रेम और सौंदर्यविषयक कविताओं को प्रायः छोड़ दिया गया है और उनकी राजनीतिक कविताओं को आधार बनाकर यह फैसला दिया गया है कि निराला के बाद हिंदी के सर्वश्रेष्ठ कवि हैं नागार्जुन और केदार।

डा. शर्मा ने केदार की प्रकृति और प्रेम से संबंधित कविताओं को किंचित् महत्त्व दिया है तो शुद्ध उपयोगितावादी दृष्टि से। प्रकृति-वर्णन का महत्त्व यह है कि प्रकृति वायु को शुद्ध करती है और प्रेम का महत्त्व यह है कि वह स्वकीया-प्रेम है, परकीया-प्रेम नहीं ! कहने की आवश्यकता नहीं कि प्रकृति का महत्त्व सौंदर्य की दृष्टि से है और प्रेम का मुक्ति की दृष्टि से, जो कि मानव-मुक्ति का अंग है—वह प्रेम स्वकीया के प्रति हो, या परकीया के प्रति। प्रकृति-सौंदर्य को तो केदार नैतिकता-अनैतिकता के प्रश्न से परे रखते हैं, 'अनहारी हरियाली' की भूमिका में ही लिखा है, ''सौंदर्य, नैतिक-अनैतिक से परे होता है। नैतिक होकर ही आदमी ने सौंदर्य देखा और पाया है। जब बिजली चमकती है तो कटाक्ष करती है, और तब नैतिक-अनैतिक कुछ नहीं होता। तब आदमी कटाक्ष से विभोर होता है'', लेकिन प्रेम के बारे में उनका दृष्टिकोण संकीर्णतावादी है। 'जमुन जल तुम' की भूमिका में उन्होंने न केवल अपने प्रेम को पत्नी-प्रेम बतलाया है, बल्कि दूसरी स्त्री से प्रेम करने पर आपत्ति भी की है !

यदि केदार की बिलकुल आरंभिक कविताओं को छोड़ दें, जो अनेक कवियों का प्रभाव लेकर रची गई थीं और उनमें से अनेक विभिन्न पत्र-पत्रिकाओं में कवि के 'बालेन्दु' उपनाम के साथ प्रकाशित हुई थीं, तो उनका अपना कवि-रूप जिस संग्रह में सर्वप्रथम सामने आता है, वह है 'नींद के बादल' (1947)। इस संग्रह में मुख्यतः प्रेम-कविताएँ संकलित हैं, जिनमें से कुछ में बहुत ज्यादा ऐंद्रियता है, उदाहरणार्थ इस कविता में :

प्यारी ! जल में चाँद चमकता,
सरिता के हत्तल पर अपना सिर धर हँसता !
अपने वक्षस्थल पर, जिस पर वस्त्र न टिकता,

मुझको भी रहने दो अपना सिर धर हँसता !
प्यारी ! जल में चाँद चमकता !!

एक-दो कविताओं में छायावादी रहस्य-भावना भी है, लेकिन उसकी तरफ केदार की स्वाभाविक प्रवृत्ति नहीं। दिलचस्प तथ्य यह है कि केदार ने अपना दूसरा कविता-संग्रह 'युग की गंगा' 'नींद के बादल' से पहले छपाया, उसी वर्ष, और जब 'नींद के बादल' निकला तो उसकी भूमिका में लिखा, " 'नींद के बादल' रात के जादू के बाद—दिन के लाल सबेरे के साथ ही ओझल हो जाते हैं। इस प्रकार मेरे नए सबेरे के साथ प्रेम की इस संग्रह की कविताओं की इति हो जाती है।" 'नए सबेरे' से मतलब मार्क्सवाद के ज्ञान से है। लेकिन चूँकि केदार मूलतः रूमानी कवि हैं, इसलिए उनमें प्रेम-कविताओं का अंत नहीं हुआ और उनकी धारा आगे भी चलती रही। प्रमाण के लिए उनके तीन संग्रह देखे जा सकते हैं—'जमुन जल तुम', 'हे मेरी तुम' और 'आत्मगंध'। लेकिन इन तीनों संग्रहों की प्रेम-कविताओं में फर्क है। पहले संग्रह की कविताओं में जहाँ प्रचुर ऐंद्रियता है, वहाँ दूसरे और तीसरे संग्रह की कविताओं में प्रेम शरीर की अपेक्षा मन का विषय हो गया है। यह वार्धक्य का प्रेम है, जिससे उसका स्वरूप घरेलू है। पति अपने जीवन के अंतिम दौर में अपनी पत्नी को संबोधित कर परिवार से लेकर संसार तक की अनेक चीजों पर टिप्पणी करता है और इस तरह अपने अकेलेपन को सार्थक बनाता है। हिंदी में घरेलू प्रेम की ऐसी कविताएँ निश्चय ही नहीं हैं, या बहुत कम हैं।

केदार की कविताओं का असली वैभव उनकी प्रकृतिविषयक कविताओं में प्रकट हुआ है। उनकी प्रकृति स्वतंत्र भी है और वह उनके प्रेम तथा उनकी लोकचेतना अथवा जन-चेतना से भी जुड़ी हुई है। छायावादी प्रकृति की तुलना में वह अत्यधिक मूर्त है, यानी उसमें ऐंद्रियता बहुत ज्यादा है। केदार ने 'फूल नहीं रंग बोलते हैं' की भूमिका में कहा भी है कि 'मैंने प्रकृति को चित्र के रूप में देखा है।' वह एक बित्ते के बराबर हरा ठिगना चना हो, या महुए के पेड़ पर चढ़कर थपाथप मचानेवाली बसंती हवा, या सुनहले भोर की तरह निकलनेवाला सूरज और पर खोलकर नाचनेवाला सवेरा, सभी अत्यंत मूर्त हैं। एक खास बात यह है कि केदार की प्रकृति प्रायः क्रियाशील है, जिसका सबसे अच्छा उदाहरण है :

तेज धार का कर्मठ पानी
   चट्टानों के ऊपर चढ़कर,
मार रहा है
घूँसे कसकर,
तोड़ रहा है तट चट्टानी।

आचार्य शुक्ल के अनुसार ऐसे चित्र को संश्लिष्ट चित्र कहेंगे। केदार के प्रकृति-चित्रण से मस्ती—उल्लास और जिजीविषा—छलकी पड़ती है। कहीं-कहीं उनमें बहुत अनूठी

उक्तियाँ हैं, जैसे 'झाड़ी के एक खिले फूल ने/नीली पंखुरियों के/ एक खिले फूल ने/आज मुझे काट लिया/ओठ से,/और मैं अचेत रहा' अथवा 'चील्ह/दबाए है/पंजों में/मेरे दिल को/हरी घास पर/खुली हवा में/जिसे धूप में/मैंने रक्खा !' उनकी प्रकृति से प्रेम इस तरह जुड़ा हुआ है : 'भूल सकता मैं नहीं/ ये कुच-खुले दिन,/ओठ से चूमे गए,/उजले, धुले दिन' और 'अंधकार की चुप्पी/बँधे हुए/जूड़े-सी चुप है'। फिर लोक-चेतना और जन-चेतना : 'धूप चमकती है चाँदी की साड़ी पहने/मैके में आई बेटी की तरह मगन है' और 'यह उदास दिन पेंसन पाए चपरासी-सा/...मौन खड़ा है।'

केदार में प्रेम और प्रकृति की कविताएँ तो हैं ही, लोक और जन की कविताएँ अच्छी संख्या में हैं। वे मुख्यतः इन्हीं कविताओं के कारण श्रेष्ठ प्रगतिशील कवि माने जाते हैं और नागार्जुन और त्रिलोचन के साथ प्रगतिशील कवियों की त्रयी का निर्माण करते हैं। ऐसी कविताओं की धारा 'युग की गंगा' से फूटती है और 'लोक और आलोक' से होती हुई आगे बढ़ती है। 'बुंदेलखंड के आदमी', 'चित्रकूट के यात्री', 'पैतृक संपत्ति', 'चैतू', 'रनिया', 'किसानों का गाना', 'जुताई का गाना' आदि कविताओं का संबंध किसानों से है और 'घन गरजे जन गरजे', 'वह जन मारे नहीं मरेगा' आदि कविताओं का संबंध मजदूरों से है। मुक्तिबोध की कविता में मजदूर तो हैं, पर किसान बहुत कम हैं, केदार में मजदूर भी हैं, भले किसान ज्यादा। बड़ी बात यह है कि उनकी कविता में किसान हो या मजदूर, वह संघर्षशील है, किसी हद तक वर्ग-चेतन। प्रायः वह संगठित भी है, इसलिए अपनी शक्ति से परिचित।

उनकी सामाजिक चेतना का एक रूप राजनीतिक है। 'पंख और पतवार' नामक अपने कविता-संग्रह की भूमिका में उन्होंने कविता और राजनीति के संबंध पर विचार किया है और कहा है कि राजनीति को कविता में कलात्मक रूप देकर ही लाया जा सकता है, जिसके लिए कवि की आत्मनिष्ठता से उसका संयोग आवश्यक है। 'कहें केदार खरी खरी' में केदार की राजनीतिक कविताएँ संगृहीत हैं, जिन्हें डा. शर्मा ने बहुत महत्त्व दिया है, क्योंकि वे सही राजनीतिक लाइन को पकड़कर लिखी गई हैं ! सच्चाई यह है कि ये कविताएँ, जो गंभीर भी हैं और आंदोलनात्मक भी, केदार की सबसे कमजोर कविताएँ हैं। गंभीर कविताओं में मुक्तिबोधवाली बात नहीं है, जिनमें राजनीति मानव-नियति से संबद्ध हो जाती है, और आंदोलनात्मक कविताओं में नागार्जुनवाली कलात्मक वक्रता का अभाव है, जिससे उनकी धार भोथरी है, बावजूद इसके कि उनमें खड़ीबोली में बुंदेलखंडी का भी मिश्रण है।

केदार श्रेष्ठ प्रगतिशील कवि हैं। जीवन और प्रकृति से उन्हें गहरा प्यार है। उनमें लोक-चेतना के साथ जन-चेतना भी है। उनकी काव्य-भाषा खुली हुई और उनका काव्य-शिल्प अनौपचारिक है, तथापि उनकी कविता में अनेक बार एक क्लासिकी स्पर्श है और उनकी प्रत्येक कविता का एक स्थापत्य है। लेकिन केदार में विकास

नहीं है, जिस रूप में होना चाहिए। इसका कारण उनका गलत काव्यशास्त्र है।

'लोक और आलोक' की भूमिका में वे कहते हैं, ''धुएँ की गगन-यात्रा का विचित्र वर्णन शुद्ध काव्य के अंतर्गत भले ही आ जाए, लेकिन वह वर्णन उस वर्णन से कहीं तुच्छ है जो स्लेज पर सवार बर्फ के ऊपर जानेवाले डाक्टर का चित्रण करता है।'' सौंदर्य को नैतिकता और अनैतिकता के प्रश्नों से ऊपर रखनेवाले कवि का यह विचार उपयोगितावाद की तरफ उसका झुकाव सूचित करता है। केदार में मानव-यातना के गहन चित्र नहीं मिलते, क्योंकि दुख और निराशा की कविता लिखना उन्हें प्रगति-विरोधी लगता है। उनका कथन है, ''मैंने भी मानसिक दुर्बलताओं से कभी-कभी अपने स्वस्थ दृष्टिकोण को तोड़ा और मरोड़ा है। किंतु मेरा यह प्रयास हितकारी नहीं कहा जा सकता।'' इसी तरह 'आग का आईना' की भूमिका में उनका कहना है : ''कवि का भी वही धर्म और कर्म है जो एक वैज्ञानिक का--एक राजनैतिक का--एक अर्थशास्त्री का--और एक समाजशास्त्री का।'' वह धर्म-कर्म क्या है ? समस्याएँ सुलझाना। कवि उसमें योग नहीं देता, इसलिए अजनबी महसूस करता है ! केदार की कविताएँ स्पष्टतः इस सरल मान्यता का शिकार हुई हैं, जिससे अनेक बार समस्या के मर्मवेधी चित्रण की जगह उन पर समाधान हावी हो गया है। आश्चर्य की बात है कि एक उल्लेखनीय सौंदर्यस्रष्टा होते हुए भी वे कविता में अवचेतन और उपचेतन की कोई भूमिका स्वीकार नहीं करते। 'बोले बोल अबोल' की भूमिका में वे कहते हैं, ''अवचेतन और उपचेतन एक तरह के मानसिक विकार हैं'' और ''इनका निदान किसी मनोचिकित्सक द्वारा किया जाना चाहिए, न कि इनको आदमी की चेतन सृष्टि के समकक्ष साहित्य और काव्य में कोई स्थान दिया जाना चाहिए।'' कविता को सर्वथा चेतन सृष्टि मानने की परिणति उससे भिन्न नहीं हो सकती, जो केदार की परवर्ती वक्तव्यपरक कविताओं में दिखलाई पड़ती है।

1993

संकल्प-धर्मा चेतना का रक्तप्लावित स्वर

'भूल-गलती' मुक्तिबोध की आखिरी दौर की कविताओं में से है। यह उनकी एक उल्लेखनीय कविता है इसका पता कई बातों से चलता है। यह 'कल्पना' के अप्रैल, 1964 के अंक में प्रकाशित हुई थी और 'चाँद का मुँह टेढ़ा है' की पहली कविता है। 'पूर्वग्रह' के प्रकाशन का एक दशक पूरा होने पर उसका एक विशेषांक (63-64) निकला था, जिसमें अलग-अलग लेखकों ने अलग-अलग कवियों की एक-एक कविता की व्याख्या की थी। अशोक वाजपेयी ने व्याख्या के लिए जो कविता चुनी थी, वह मुक्तिबोध की यही कविता थी—'भूल-गलती'। इधर एक अन्य लेखक की 'कविता का दूसरा पाठ' नामक पुस्तक मेरे देखने में आई है। आलोचनात्मक लेखों के इस संग्रह का पहला लेख 'भूल-गलती' पर ही है। इसके अलावा डा. रामविलास शर्मा ने भी मुक्तिबोध के पुनर्मूल्यांकन के क्रम में यथास्थान इस कविता का हवाला दिया है। इस सबसे इस कविता का महत्त्व अच्छी तरह सिद्ध है।

अशोक वाजपेयी ने चीनी आक्रमण से इस कविता को जोड़ा है और उसी को आधार मानकर इसकी व्याख्या की है। कहते हैं, ''चीनी आक्रमण ने भारतीय मनःस्थिति में पराजय और बेचारगी ला दी थी। यह कविता प्रकारांतर से 'भूल-गलती' के केंद्र में होने को पहचानती है। उसका परिवेश किंकर्तव्यविमूढ़ता में बंदी और स्तब्ध होने का है। लेकिन मुक्तिबोध बेचारगी का शिकार होने से बचते हैं और उन्हें मुक्ति की, नई राह की पूरी आशा है। यह निराधार आशा नहीं है—उसके साथ निर्मम वस्तुपरक आकलन भी अपनी स्थिति का है।'' जिस अन्य लेखक की ओर ऊपर संकेत किया गया है, उसके अनुसार इस कविता में सुलतान, दरबार आदि का जो वर्णन है, वह एक रूपक है। उसका कहना है : ''स्वयं कवि ने ही इस रूपक के दूसरे स्तर के अर्थ को अपनी कविता की संरचना में ही खोल दिया है अर्थात् हमारा लोकतंत्र आज भी सामंती दरबार से भिन्न नहीं जिसमें हमारी भूल-गलती ही हमारे दिल के तख्त पर बैठी हुई है।'' इस व्याख्या में चीनी आक्रमण का संदर्भ गायब है !

यह सही है कि मुक्तिबोध प्रखर राजनीतिक चेतनासंपन्न कवि थे, लेकिन उनकी कविता का मुख्य विषय शिक्षित मध्यवर्ग था। सचेत मध्यवर्गीय व्यक्ति का आत्मसंघर्ष, जिसमें उनका अपना आत्मसंघर्ष भी शामिल था, उनकी कविताओं में अनेक रूपों में प्रकट हुआ है। उदाहरण के लिए 'अँधेरे में' में आत्मसंघर्ष मध्यवर्गीय संस्कारों और सर्वहारा-चेतना के बीच है, तो 'ब्रह्मराक्षस' में व्यक्ति और समाज, आत्म और विश्व तथा भीतर और बाहर के बीच। 'भूल-गलती' में, जो कि अपेक्षाकृत एक छोटी कविता है, आत्मसंघर्ष ईमानदारी और खुदगर्जी के बीच है। इस दृष्टि से पहली कविता जहाँ राजनीतिक है और दूसरी वैचारिक, वहाँ यह कविता एक नैतिक कविता है।

'भूल-गलती'—यह उसी प्रकार का शब्द है, जिस प्रकार के मुक्तिबोध द्वारा प्रयुक्त 'खाक-धूल', 'लाभ-लोभ' आदि शब्द। यों 'कल्पना' में प्रकाशित पाठ में दोनों शब्दों के बीच पूरी सावधानी के साथ योजक-चिह्न की जगह निर्देशक-चिह्न का प्रयोग किया गया है। 'भूल-गलती' से कवि का आशय मध्यवर्गीय व्यक्ति की उस प्रवृत्ति से है, जिससे प्रेरित होकर वह व्यक्तिगत हित-सिद्धि के लिए सच्चाई और ईमानदारी को तिलांजलि देकर नाना प्रकार के समझौते करता है। कविता में एक जगह 'बख्तरबंद समझौते' ये शब्द आए भी हैं। मुक्तिबोध ने इसमें मध्यवर्गीय व्यक्ति के आत्मसंघर्ष को बहुत ही नाटकीय बनाकर उपस्थित किया है। भूल-गलती को उन्होंने सुलतान का रूप प्रदान किया है और ईमान को एक विद्रोही का, जो कि बंदी बनाकर बुरे हाल में सुलतान के सामने पेश किया जाता है। विद्वानों ने यह सवाल उठाया है कि सुलतान और उसके दरबार का रूपक इस कविता में क्यों ? उनके अनुसार उसके द्वारा मुक्तिबोध वर्तमान सत्ता की अमानवीयता और क्रूरता का चित्रण करना चाहते थे। वास्तविकता यह है कि इस कविता में उनका ध्यान राजनीतिक सत्ता पर कतई नहीं है। वे उक्त रूपक के द्वारा केवल यह दिखलाना चाहते हैं कि व्यक्तिगत स्वार्थ-भावना एक बहुत ही ताकतवर चीज होती है। उसके लिए न सच्चाई का कोई मतलब होता है, न किसी कोमल मानवीय भावना का। ऐसी शक्तिशाली और अमानवीय भावना को अपने जुल्मों के लिए इतिहास में प्रसिद्ध कोई सुलतान ही मूर्त कर सकता था।

मुक्तिबोध की खूबी है कि वे कविता में कोई रूपक या फैंटेसी खड़ी करते हैं, तो उसका अर्थ भी बतलाते चलते हैं। इस कविता के आरंभ में ही वे कहते हैं :

> भूल-गलती
> आज बैठी है जिरहबख्तर पहनकर
> तख्त पर दिल के;
> चमकते हैं खड़े हथियार उसके दूर तक,
> आँखें चिलकती हैं नुकीले तेज पत्थर-सी;

खड़ी हैं सिर झुकाए
सब कतारें
  बेजुबाँ बेबस सलाम में,
अनगिनत खंभों व मेहराबों-थमे
  दरबारे-आम में।

सुलतान कौन है ? इससे साफ बात और क्या होगी कि वह हमारी ही यानी मध्यवर्गीय व्यक्तियों की ही स्वार्थ-भावना है, जो सुरक्षा-कवच धारण कर हमारे दिल के तख्त पर आसीन है ! यह सुलतान बाजाप्ता सुलतान है, बहुत ही ताकतवर, बहुत ही आतंककारी। उसकी आँखों में घायल कर देनेवाले तेज नुकीले पत्थरों-सी चमक है और उसके दरबार में शस्त्र धारण किए हुए सैनिक दूर तक खड़े हैं। आगे इन सैनिकों का अर्थ भी कवि ने स्पष्ट कर दिया है : 'कतारों में खड़े खुदगर्ज बा-हथियार/बख्तरबंद समझौते'। दरबार में जितने भी लोग हैं, सभी पंक्तिबद्ध, अपने पाँवों पर, मूक, विवश और बंदगी में नतमस्तक। यह दरबारे-आम है, जो अनेक खंभों और मेहराबों पर टिका हुआ है। ईमानदारी और सच्चाई के रास्ते से हटाकर व्यक्तिगत लाभ-लोभ में समझौते के लिए प्रेरित करनेवाली मध्यवर्गीय व्यक्ति के भीतर स्थित स्वार्थ-भावना का यह रोब देखते ही बनता है !

कहा जा चुका है कि यह कविता भी आत्मसंघर्ष की कविता है। इस कारण इसमें केवल खुदगर्जी का आतंक नहीं है, न ही सिर्फ समझौतापरस्ती की शर्मनाक स्थिति का वर्णन। मध्यवर्गीय व्यक्ति आत्मसंघर्ष में पड़ा है। उसके भीतर ईमानदारी की भावना भी है, जो खुदगर्ज होने और समझौता करने से इनकार करती है। स्वभावतः इसके चलते उसे दंडित होना पड़ता है। भूल-गलतीरूपी सुलतान से बगावत करने के जुर्म में उसे गिरफ्तार किया जाता है, उस पर निर्ममतापूर्ण प्रहार करके उसे जख्मी बना दिया जाता है। लेकिन उसके बाद भी वह सुलतान की अधीनता स्वीकार करने को तैयार नहीं। वह सुलतान के सामने खड़ा है, लेकिन जरा भी अदब नहीं दिखलाता। उसके चेहरे पर उसके भीतर का बेचैनी से भरा विद्रोहपूर्ण भाव काँप-काँप उठता है। और तो और, वह सुलतान की निगाहों में अपनी निगाहें डालता है, उनसे बेखौफ और खामोश नीली लपटें फेंकता हुआ। जाहिर है कि इस विद्रोह-भावना का साथ वे भावनाएँ नहीं देंगी, जो व्यक्ति को सुख-सुविधा और पद-प्रतिष्ठा की ओर ले जानेवाली हैं। यह सब वर्णन मुक्तिबोध ने कविता के दूसरे बंद में किया है :

सामने
बेचैन घावों की अजब तिरछी लकीरों से कटा
चेहरा
कि जिस पर काँप
दिल की भाफ उठती है...

पहने हथकड़ी वह एक ऊँचा कद,
समूचे जिस्म पर लत्तर,
झलकते लाल लंबे दाग
बहते खून के।
वह कैद कर लाया गया ईमान...
सुलतानी निगाहों में निगाहें डालता,
बेखौफ नीली बिजलियों को फेंकता
खामोश !!
सब खामोश
मनसबदार,
शायर और सूफी,
अलगजाली, इब्ने सिन्ना, अलबरूनी,
आलिमो फाजिल, सिपहसालार, सब सरदार
हैं खामोश !!

यहाँ भी मुक्तिबोध ने बतला दिया है कि जिस बागी को हथकड़ियाँ पहनाकर दरबार में हाजिर किया गया है, वह कोई व्यक्ति नहीं, बल्कि एक भावना है—'वह कैद कर लाया गया ईमान'। जैसे पहले बंद में आतंककारी सुलतान और उसके दरबार का वर्णन बहुत सशक्त है, वैसे ही इस बंद में ईमानरूपी विद्रोही का। 'दिल की भाफ'—विवश आक्रोश से भरे भाव के लिए यह बहुत ही सटीक अभिव्यक्ति है। इसी तरह उसका चेहरे पर काँप उठना भी। निगाहों से बेखौफ और खामोश नीली बिजलियाँ फेंकना—यह अभिव्यक्ति तो ऐसी है कि लगता है, तनाव के कारण भाषा की झिल्ली फट जाएगी। इस वर्णन में एक भव्यता है, क्योंकि यह एक विद्रोही का वर्णन है। अधिकारी, कवि, संत, दार्शनिक, ज्योतिषी, यात्री, विद्वान्, सेनापति और सरदार ये सभी मन की सुविधाभोगी और समझौतावादी वृत्तियाँ हैं, जो विद्रोह-भावना का साथ नहीं देतीं; जब वह सिर उठाती है, संघर्ष में क्षत-विक्षत हो जाती है, वे चुप रह जाती हैं। मुक्तिबोध ने जब सुलतान और उसके दरबार का चित्र खींचा है, तो उसी के अनुरूप मध्ययुग के अलगजाली, इब्ने सिन्ना और अलबरूनी-जैसे दार्शनिक, ज्योतिषी और यात्री का भी संकेतगर्भित उल्लेख किया है। इस दृष्टि से कविता का यह अंश 'अँधेरे में' के 'सब चुप, साहित्यिक चुप और कविजन निर्वाक्/चिंतक, शिल्पकार, नर्तक चुप हैं' वाले अंश से तुलनीय नहीं हो सकता, क्योंकि वह वर्णन यथार्थ है, प्रतीकात्मक नहीं। यहाँ पुनः यह कहने की जरूरत नहीं होनी चाहिए कि यह दो भावनाओं के बीच का संघर्ष है, जो मध्यवर्गीय व्यक्ति के मन के भीतर चल रहा है और मुक्तिबोध ने उसे अधिकाधिक मूर्त बनाने के लिए इस कविता में नाटकीय रूप में प्रस्तुत किया है। चूँकि प्रश्न मध्यवर्गीय व्यक्ति का है,

इसलिए यह संघर्ष परिवेशनिरपेक्ष कोई आध्यात्मिक संघर्ष नहीं। इस कारण इसका संबंध सिर्फ भीतर से नहीं, बाहर से भी है।

ईमान विद्रोह करने पर इसलिए उतारू हो गया है कि उसे सुख-सुविधाओं के लिए कोई शर्मनाक शर्त स्वीकार नहीं। वह सिर ऊँचा किए हठपूर्वक वैसी हर शर्त को अस्वीकार करता है। वह स्वतंत्र है, किसी और का उस पर नियंत्रण नहीं। ईमानदारी से जीवन बिताने की इच्छा रखनेवाला उत्साही व्यक्ति ऐसा ही हो सकता है, समझौते से दूर, अपने मूल्यों घर अडिग, अपना मालिक आप। यहाँ मुक्तिबोध ने जो खास बात कही है, वह यह कि केवल ईमानदारी से भूल-गलती या स्वार्थ-भावना को पराजित नहीं किया जा सकता। ईमानदारी का उत्साह या जोश देखकर यदि कोई व्यक्ति सोचता है कि भूल-गलतीरूपी सुलतान की सल्तनत अब खत्म होनेवाली है, उसका कवच अब उसकी रक्षा नहीं कर सकेगा, वह रेत का ढेर-भर बचा है और उसके आतंक में अब जोर नहीं, तो उसका ऐसा सोचना गलत है। इसका प्रमाण पूरा वर्तमान काल है, जो कि उससे त्रस्त है। भूल-गलती की रक्षा करनेवाली हमारी कमजोरियाँ हैं, जिन्हें खत्म करने के लिए ईमानदारी के अलावा कोई और चीज भी चाहिए। हमारी कमजोरियाँ—हमारी शिथिलता और ढिलाई—हमारी खुदगर्जी को बहुत खूँखार बना देती हैं। यहाँ 'अँधेरे में' की ये पंक्तियाँ भी स्मरणीय हैं—'...भयानक खड्डे के अँधेरे में आहत/और क्षत-विक्षत, मैं पड़ा हुआ हूँ;/शक्ति ही नहीं है कि उठ सकूँ जरा भी/ (यह भी तो सही है कि/*कमजोरियों* से ही मोह है मुझको)'। खुदगर्जी न सच्चाई की आँखें निकालने से हिचकती है, न कोमल मानवीय भावनाओं का गला घोंटने से। वह हमें घेरकर हमारी सभी उच्च भावनाओं को नष्ट कर हमें बेबुनियाद बना डालती है, जैसे हमारा सिर और पैर दोनों काट डाले हों। हम सभी इस खुदगर्जी के ऐश्वर्य के बंदी हैं, उसके शाही महल के कैदी। कविता के तीसरे बंद में मुक्तिबोध ने यही कहा है :

> नामंजूर,
> उसको जिंदगी की शर्म की-सी शर्त
> नामंजूर,
> हठ इनकार का सिर तान... खुद-मुखतार।
> कोई सोचता उस वक्त—
> छाए जा रहे हैं सल्तनत पर घने साए स्याह,
> सुलतानी जिरहबख्तर बना है सिर्फ मिट्टी का,
> वो—रेत का-सा ढेर—शाहंशाह,
> शाही धाक का अब सिर्फ सन्नाटा !!
> (लेकिन, ना,
> जमाना साँप का काटा)

भूल (आलमगीर)
मेरी आपकी कमजोरियों के स्याह
लोहे का जिरहबख्तर पहन, खूँख्वार
हाँ, खूँख्वार आलीजाह;
वो आँखें सचाई की निकाले डालता,
सब बस्तियाँ दिल की उजाड़े डालता,
करता, हमें वह घेर,
बेबुनियाद, बेसिर-पैर...
हम सब कैद हैं उसके चमकते ताम-झाम में,
शाही मुकाम में !!

इस कविता पर लिखनेवाले लेखकों ने प्रायः 'भूल-गलती' को मध्यवर्गीय व्यक्ति के भीतर से हटाकर उसे सत्ताधारी का प्रतीक बना दिया है। इससे एक सरल कविता उलझ गई है। उपर्युक्त उद्धरण में 'भूल' शब्द आया है। यह उसी अर्थ में प्रयुक्त है, जिस अर्थ में 'चंबल की घाटी में' कविता की इन पंक्तियों में :

सदियों की खून-रँगी *भूलों* के
किस्सों का किस्सा,
मेरी अंतरात्मा का अंश,
मेरी जिंदगी का हिस्सा !!

स्पष्टतः यहाँ 'भूलों' का संबंध अपनी अंतरात्मा और अपनी जिंदगी से है। आकस्मिक नहीं कि इससे पहले इस कविता में 'अपराध' शब्द भी आया है—'अचानक जाने किस चेतना में डूब/उर में समाए हुए अपने तलातल/टटोलता हूँ.../क्या कहीं मेरा *अपराध* ?/मेरा *अपराध* ?' आगे इसमें 'समझौता' भी है—'वहाँ किसी पाताली थाह में/*समझौते*....और /साझे हैं चुप,/ठीक उन्हीं से कि/जिनसे है विरक्ति/जिनके प्रति रहा आया/भीतरी विरोधों का जोर'। 'भूल-गलती' का सुलतान इस कविता में आकर दस्यु हो गया है और उसने व्यापक अर्थ ग्रहण कर लिया है, जैसे इसके आत्मसंघर्ष ने।

मुक्तिबोध के सामने यह स्पष्ट था कि स्वार्थ-भावना को खाली ईमानदारी से परास्त नहीं किया जा सकता। उनके सामने समस्या थी कि तब वह कैसे संभव है ? कविता में आगे उन्होंने कहा है कि सुलतान के दरबार में दरबारियों अथवा कैदियों में से अचानक कोई निकल भागता है, जैसे मुँह से एक अजीब कराह निकल जाए और व्यक्ति से अलग यानी आजाद हो जाए ! कविता एक दरबारी अथवा कैदी की ही जुबानी है। वह कहता है कि उसके निकल भागने से जो हलचल हुई, तो वह भी सेचत हो गया। पंक्तिबद्ध खड़े स्वार्थी, सशस्त्र और सुरक्षाकवचधारी समझौतों के पुतलों को वहम हुआ कि कोई और बात हुई है, कैदी नहीं भागा। दरबार

में जो दोहरे चरित्र के अनुभवों से संपन्न, घुटे और सधे हुए दढ़ियल सेनाध्यक्ष थे, उन्होंने समझ लिया कि कोई कैदी भागा है। वह सुलतान के लिए संकट का कारण बन सकता है, यह सोचकर वे सहम उठे, लेकिन कुछ कर नहीं सके। यह सुलतान के एक कैदी के भीतर, यानी स्वार्थ-भावना से वशीभूत व्यक्ति के भीतर संकल्प-शक्ति का जगना है। यदि व्यक्ति यह संकल्प कर ले कि वह ईमानदारी का आचरण करेगा, तो वह अपनी स्वार्थ-भावना को पराजित करने में सफल होगा। तब स्वार्थ-भावना की सहयोगी वृत्तियाँ उसका कुछ नहीं बिगाड़ सकेंगी। संकल्प के जाग्रत होने का मतलब ही है स्वार्थ-भावना या भूल-गलती की कैद से छूटना। सुलतान के दरबार से कैदी के भागने का यही तात्पर्य है। संकल्प-शक्ति की बात मुक्तिबोध ने कविता के अगले और अंतिम बंद में कही है। इस चौथे बंद में उनका कहना है :

इतने में, हमीं में से
अजीब कराह-सा कोई निकल भागा,
भरे दरबारे-आम में मैं भी
सँभल जागा !!
कतारों में खड़े खुदगर्ज बा-हथियार
बख्तरबंद समझौते
वहम कर, रह गए;
दिल में अलग जबड़ा, अलग दाढ़ी लिए,
दुमुँहेपने के सौ तजुर्बों की बुजुर्गी से भरे,
दढ़ियल सिपहसालार संजीदा
सहमकर रह गए !!

'हमीं में से' का संबंध पिछले बंद की उक्ति 'हम सब कैद हैं' से है। 'भरे दरबारे-आम में मैं भी/सँभल जागा' से इस बात की पुष्टि होती है कि कविता जिसकी जुबानी है, वह भी कैदियों में से एक है। दढ़ियल सेनाध्यक्षों का मुक्तिबोध ने जो वर्णन किया है, वह इतना सशक्त और संश्लिष्ट है कि उसे उस तरह गद्य में ला सकना संभव नहीं है। ऐसे ही स्थलों पर उनकी काव्य-भाषा और साधारण हिंदी गद्य के बीच के फासले का पता चलता है।

जो कैदी भागा था, वह शाही बुर्ज के दूसरी तरफ निकल गया और गोल टीलों तथा घने पेड़ोंवाली घाटियों में खो गया। मुक्तिबोध कहते हैं, ऐसा लगता है कि वह अनाम और अज्ञात दर्रों वाले इलाकों में सेना संगठित कर रहा है। यह काम चूँकि गैरकानूनी है, इसलिए वह घाटियों और वादियों में छिपकर ही किया जा सकता है; रोशनी में नहीं, अँधेरे में। स्मरणीय है कि कैदी के कैद से छूटकर भागने का मतलब है ईमानदारी बरतने के लिए मन में संकल्प-शक्ति का जगना। उसके अनुसार सेना संगठित करने का मतलब हुआ संकल्प-शक्ति को दृढ़ बनाना, उसे आवश्यक

साज-सामान से लैस करना। यह करना जरूरी है, वर्ना संकल्प कमजोर हुआ, तो स्वार्थ-भावना उसे भी नष्ट कर देगी। 'एक प्रदीर्घ कविता का प्रास्ताविक' शीर्षक अपनी कविता में मुक्तिबोध ने कहा है :

स्वार्थों ने अब खूब खींचकर
  गुलेल मारी बहुत दूर से।
मरे डाल पर नीलकंठ-दल
पावन *संकल्पों* के कोकिल
मूर्च्छित होकर गिरे डाल से—
सटर-फटर ऊँचे भावों की सूखी झरबेरी में उलझे।

इस काम के लिए कोई प्रणाली पहले से तय नहीं, इसलिए सेना-संगठन का काम अनाम और अज्ञात दर्रोंवाले इलाके में ही हो सकता है। चूँकि यह कार्य सही है, भूल-गलती की सत्ता को खत्म करने के लिए, इसलिए यह उस अँधेरे में नहीं हो सकता, जो हमारा परिचित है और सत् का नहीं, असत् का प्रतीक है। इस कारण मुक्तिबोध ने जो अँधेरा खड़ा किया है, वह सच्चाई का 'स्वर्णिम अंधकार' है ! सच्चाई के प्रकाश को अंधकार में बदलने में उन्हें काफी कठिनाई हुई है, फिर भी यह काम उन्होंने सफलतापूर्वक किया है। उनकी जटिल संवेदना और अभिव्यक्ति दोनों की सूचना उनकी इस पंक्ति से मिलती है, जो रूपक का अर्थ भी खोलती है—'सचाई के सुनहले तेज अक्सों के धुँधलके में'। वह कैदी संकल्प-शक्ति के सैन्य-बल के द्वारा क्या करेगा ? वह भूल-गलतीरूपी सुलतान को शिकस्त देकर हमारी हार का प्रतिशोध लेगा।

अंत में मुक्तिबोध ने कहा है—'संकल्प-धर्मा चेतना का रक्तप्लावित स्वर,/हमारे ही हृदय का गुप्त स्वर्णाक्षर/प्रकट होकर विकट हो जाएगा !!' वह कैदी, जिसकी जुबानी यह कविता है, कहता है कि जो कैदी अपनी सेना के द्वारा सुलतान पर आक्रमण करेगा, वह संकल्पधर्मा चेतना का रक्तप्लावित स्वर है, जो तैयारी पूरी होते ही प्रकट होकर विकट रूप धारण कर लेगा। 'स्वर' का स्पष्ट संबंध प्रकट होने से है। अभी वह दबा हुआ है, अव्यक्त है, आक्रमण के दौरान व्यक्त होकर व्यापक हो जाएगा। स्वर का विशेषण 'रक्तप्लावित' इसलिए कि वह जुझारू है। संकल्पधर्मा चेतना संघर्ष में क्षत-विक्षत होती है, लहूलुहान होती है। इसके साथ वह कैदी छापामार दस्तों के नायक के बारे में यह भी कहता है कि वह हम सबों के ही हृदय का गुप्त स्वर्णाक्षर है ! 'हम सबों के' यानी उन सभी लोगों के, जो भूल-गलतीरूपी सुलतान द्वारा कैदी बनाए गए हैं। 'स्वर्णाक्षर'—यह विलक्षण उपमान संकल्प-भाव के लिए है। इससे संकल्प-भाव के प्रति मुक्तिबोध का भाव भी प्रकट है। यह संकल्प-भाव स्वार्थ-भाव के सभी बंदियों के भीतर है, लेकिन उसके प्रभाव के कारण छिपा हुआ वा कुंठित। इसीलिए वह 'हृदय का गुप्त स्वर्णाक्षर' है। जब उस कैदी को यह लगता है कि

उक्त नायक 'संकल्प-धर्मा चेतना का रक्तप्लावित स्वर' है, तो यह भी लगता है कि वह शेष सभी कैदियों के हृदय में दबे संकल्प-भाव का ही मूर्त रूप है। पहले 'स्वर' आया है, तो बाद में वह अपने साथ 'अक्षर' को ले आया है। 'स्वर', जो कि 'अक्षर' भी है, अभी अप्रकट और गुप्त है। आक्रमण के समय प्रकट होकर वह विकट रूप धारण कर लेगा। संकल्प-भाव के लिए स्वर और अक्षर की उपमा बहुत उपयुक्त है। स्वर और अक्षर में फैलने का गुण होता है, यह भी लक्ष्य करने योग्य है। 'प्रकट' और 'विकट' का ओजपूर्ण ध्वनि-संयोजन उदात्त वातावरण का निर्माण करता है। विद्वानों का ध्यान इस तरफ भी गया है कि पूरी कविता जहाँ अरबी-फारसी के शब्दों में लिखी गई है, उसकी अंतिम तीन पंक्तियों में कवि ने संस्कृतनिष्ठ भाषा का प्रयोग किया है। ऐसा इसलिए है कि पूरी कविता में जहाँ सुलतान, उसके दरबार और उससे बगावत करनेवाले का वर्णन है, वहाँ अंतिम तीन पंक्तियों में दृढ़ संकल्प-भाव का। जब कवि को संकल्प-भाव का वर्णन करना होता है, तो वह अपनी स्वाभाविक और विषय के उपयुक्त भाषा का सहारा लेता है। कविता का अंतिम और पूरा बंद इस प्रकार है :

लेकिन, उधर उस ओर,
कोई, बुर्ज के उस तरफ जा पहुँचा,
अँधेरी घाटियों के गोल टीलों, घने पेड़ों में
कहीं पर खो गया,
महसूस होता है कि वह बेनाम
बेमालूम दर्रों के इलाके में
(सचाई के सुनहले तेज अक्सों के धुँधलके में)
मुहैया कर रहा लश्कर;
हमारी हार का बदला चुकाने आयगा
संकल्प-धर्मा चेतना का रक्तप्लावित स्वर,
हमारे ही हृदय का गुप्त स्वर्णाक्षर
प्रकट होकर विकट हो जायगा !!

कहा जा सकता है कि मध्यवर्गीय व्यक्तियों की स्वार्थ-भावना और समझौतापरस्ती उनकी जीवनगत परिस्थितियों की देन है। ऐसी स्थिति में वे उनसे तभी मुक्त हो सकते हैं, जबकि उनकी परिस्थितियाँ बदलें। ऐसा माननेवाले लोग व्यक्ति की संकल्प-भावना को एक मनोगत वस्तु मानकर उसे विशेष महत्त्व न देंगे। लेकिन मुक्तिबोध व्यक्ति के व्यक्तित्व वा चरित्र-निर्माण में उसके निजी प्रयासों को भी महत्त्व देते हैं, बल्कि ऐसा मानते हैं कि उसके बिना अभीष्ट-प्राप्ति संभव नहीं। इसी कारण दूसरे प्रगतिशील कवियों की कविता जहाँ आत्मसंघर्ष से शून्य है, वहाँ मुक्तिबोध में तीखा आत्मसंघर्ष है। वे मध्यवर्ग से आनेवाले कवि थे और बेहतर समाज

के निर्माण में मध्यवर्ग की महत्त्वपूर्ण भूमिका मानते थे, इसलिए मध्यवर्ग और मध्यवर्गीय व्यक्ति का आत्मसंघर्ष उनकी कविता का महत्त्वपूर्ण विषय है। दूसरी बात यह कि जैसे उनकी अन्य कविताएँ आशा और आस्था के स्वर के साथ समाप्त होती हैं, यह कविता भी इस विश्वास के साथ समाप्त हुई है कि व्यक्ति में दृढ़ संकल्प-भाव हो, तो वह स्वार्थ-भावना और समझौतापरस्ती से मुक्त होकर ईमानदारी के रास्ते पर चल सकता है।

यह स्पष्टतः एक रूपकात्मक कविता है, जिसमें दरबार से एक कैदी का निकल भागना, उसके द्वारा पहाड़ी इलाके में जाकर सेना संगठित करना और तैयारी पूरी हो जाने के बाद सुलतान पर आक्रमण की योजना बनाना सब रूपक है। लेकिन डा. रामविलास शर्मा ने अलंकार को अलंकार्य मानते हुए उसके आधार पर यह तय किया है कि मुक्तिबोध सशस्त्र क्रांति के समर्थक थे। उनका पुनर्मूल्यांकन करते हुए एक स्थान पर उन्होंने कहा है : " 'भूल-गलती' कविता में एक व्यक्ति का चित्रण है जो शहरों से दूर घाटियों और दर्रों में फौज इकट्ठा करता है।" कविता में रूपवाद के विरोधी आलोचक का यह अंतर्वस्तु की जगह रूप को सत्य मान लेना बहुत दिलचस्प है।

1993

2

शिवपूजन सहाय की गद्य-कला

संस्कृत की यह उक्ति प्रसिद्ध है कि गद्य कवियों की कसौटी है। हम अपने अनुभव से यह जानते हैं कि कुछ कवि कविता में तो भाषा का अच्छा प्रयोग करते हैं, लेकिन बढ़िया गद्य वे नहीं लिख सकते। हिंदी के पुराने कवियों का गद्य तो दुर्लभ है, लेकिन आधुनिक कवियों का गद्य इस तथ्य का दृढ़ साक्ष्य प्रस्तुत करता है। छायावादी कवियों को ही लें, तो निराला और 'प्रसाद' जितने अच्छे गद्यकार थे, महादेवी और पंत नहीं। पंत का गद्य निश्चय ही महादेवी के गद्य से भी कमजोर है। आश्चर्य तो यह देखकर होता है कि जो कवि कविता में बहुत ही व्यवस्थित और परिष्कृत गद्य का प्रयोग कर सकते हैं, वे भी गद्य-विधा में आकर लड़खड़ाने लगते हैं। इसका साक्ष्य भी पंत के परवर्ती काव्य में ही मिलता है। समकालीन कवियों में भी कई ऐसे कवि हैं, जो गद्य में ही कविता लिखते हैं और उसमें बहुत ही तनावभरी भाषा का प्रयोग करते हैं, लेकिन गद्य-विधाओं के लिए कलम उठाते ही जैसे उनका भाषा-सामर्थ्य उनसे विदा ले लेता है। लेकिन संस्कृत की उक्ति केवल 'कवियों' के लिए प्रयुक्त नहीं है। वहाँ उसका मतलब रचनाकार-मात्र है, जैसे काव्य 'रचना', वैसे ही कवि 'रचनाकार'। वह रचनाकार पद्य-कवि भी हो सकता है और गद्य-कवि भी। इससे गद्य के महत्त्व को जाना जा सकता है। यह गद्य आधुनिक काल में तो और महत्त्वपूर्ण हो उठा है, क्योंकि अब कविता में भी गद्य के ही व्यवहार का चलन है और उसी के संगीत को पकड़ने में कवि की कुशलता देखी जाती है।

शिवपूजन सहाय-जैसे हिंदी के आधुनिक, लेकिन पुराने लेखक की गद्य-कला पर विचार करना वांछनीय है, क्योंकि वे हिंदी के उन थोड़े-से लेखकों में से हैं, जिन्होंने गद्य को कला के रूप में लिया है और उसी रूप में अपने साहित्य में, वह किसी भी विधा में क्यों न रचा गया हो, उसका प्रयोग किया है। उनकी इस विशेषता से निराला परिचित थे, इसलिए वे जब उन्हें पत्र लिखते थे, पते पर उनके नाम के आगे 'हिंदीभूषण' लगाना न भूलते थे। डा. रामविलास शर्मा ने शिवपूजन बाबू पर एक

लेख लिखा है, जिसमें उन्होंने नकारात्मक नहीं, सकारात्मक रूप में उनके व्यक्तित्व पर यह टिप्पणी की है : "वे पुरानी पीढ़ी के बुजुर्ग साहित्यकार थे; उनका रंग-ढंग समझना आसान नहीं था।" जो टिप्पणी डा. शर्मा ने शिवपूजन बाबू के व्यक्तित्व पर की है, वह मैं उनके गद्य के लिए करना चाहता हूँ। आम तौर पर यह समझा जाता है कि वे द्विवेदीयुग के लेखक थे और उनकी विशेषता है—व्याकरणसम्मत तथा व्यवस्थित भाषा लिखना। इसमें कोई शक की बात नहीं कि शिवपूजन बाबू का गद्य अत्यंत व्याकरणसम्मत एवं व्यवस्थित ही नहीं, बल्कि परिष्कृत भी है। यदि उनके आरंभिक गद्य में किसी शब्द के लिंग-प्रयोग में कोई अशुद्धि मिलती है, तो इसलिए नहीं कि वे अज्ञानी या असावधान गद्य-लेखक थे, बल्कि इसलिए कि उस समय तक हिंदी में उस शब्द का प्रयोग किस लिंग में किया जाए, यह स्थिर ही नहीं हुआ था। शब्दों के लिंग-प्रयोग के मामले में तो वे इतने सावधान थे कि एक बार उनके द्वारा पुंलिंग में प्रयुक्त 'रुझान' शब्द को प्रूफ देखते समय उन्हीं की तरह सजग गद्यकार प्रो. नलिनविलोचन शर्मा ने उसे गलत समझकर स्त्रीलिंग में कर दिया था, तो उन्हें अपनी अतिशय विनम्रता का परिचय देते हुए 'साहित्य' में लिखकर उसके लिए उनसे माफी माँगनी पड़ी थी। शिवपूजन बाबू पं. महावीरप्रसाद द्विवेदी के प्रति बहुत भक्ति-भावना रखते थे। अपने एक लेख में उन्होंने लिखा भी है कि मैंने दूर से ही एकलव्य की तरह उन्हें द्रोणाचार्य मानकार साहित्य-साधना की है। बाद में उन्होंने उसी भक्ति-भावना से द्विवेदी-अभिनंदन-ग्रंथ का संपादन कर अभिनंदन-ग्रंथ का प्रतिमान भी उपस्थित किया। लेकिन इसका मतलब यह कतई नहीं है कि उनका गद्य द्विवेदीजी के गद्य की छाया है, क्योंकि उसकी अपनी ऐसी विशेषताएँ हैं, जो उनके युग के किसी दूसरे गद्यकार में नहीं मिलतीं।

अक्सरहा मन में यह प्रश्न उठा करता है कि शिवपूजन बाबू ने गद्य-कला कहाँ से सीखी ? पंतजी की कविता याद आती है, जिसमें वे एक पक्षी से पूछते हैं—"कहाँ मढ़ा लाए सोने से अपनी चोंचें ?" द्विवेदीजी का जिक्र अभी किया गया है। निश्चय ही आरा की नागरी प्रचारिणी सभा के वाचनालय में शिवपूजन बाबू 'सरस्वती' की पुरानी और नई प्रतियाँ ढूँढ़-ढूँढ़कर पढ़ा करते थे, जिससे उन्हें हिंदी की वाक्य-रचना और शब्द एवं मुहावरों के प्रयोग का ज्ञान हुआ। लेकिन इस प्रसंग में उन्होंने अपने गुरु पं. ईश्वरीप्रसाद शर्मा का भी जिक्र किया है, जो न केवल बहुभाषाविद् थे, बल्कि सजग भाषाकार भी थे। इसके बावजूद आज दोनों के गद्य को मिलाकर देखने से शिवपूजन बाबू के गद्य की छटा कुछ और ही मालूम पड़ती है। आगे बढ़ने पर शिवपूजन-रचनावली में पाठकों को उनका एक और लेख मिलता है, " 'मतवाला' कैसे निकला ?", जिसकी कुछ पंक्तियाँ पाठकों को चौंका देती हैं : "वहाँ ('मतवाला' में) सब लोग यू. पी. के निवासी थे, केवल मैं ही बिहारी था; इसलिए मेरी भाषा का संशोधन 'निराला' जी कर दिया करते थे। 'मतवाला'-मंडल

में वही भाषा के आचार्य थे'' तथा '' 'निराला' जी बड़े स्नेह के साथ मेरी लिखी चीजें देखते, संशोधन करते और परामर्श देते थे। उनसे मैंने बहुत कुछ सीखा है। उनकी योग्यता का मैं कायल हूँ।'' इससे लग सकता है कि उन्होंने भाषा लिखना निराला से सीखा था, लेकिन यहाँ भी वस्तु-स्थिति उतनी सरल नहीं है, क्योंकि यह 1923-24 की बात है और उस समय तक 'विभूति' की कहानियों के द्वारा वे सिद्ध कर चुके थे कि वे भाषा की स्वार्जित बहुत ही दृढ़ भूमि पर खड़े थे। निराला ने दृष्टि-विशेष से उनकी भाषा की नोक-पलक दुरुस्त की हो, लेकिन वे उन्हें गद्य लिखना सिखाने की स्थिति में न थे। शिवपूजन बाबू का उक्त लेख 'हंस' के आत्मकथांक में निकला था। उनके कथन में कितनी सच्चाई थी, यह निराला के एक पत्र की उन पंक्तियों से मालूम होता है, जो उन्होंने उन्हें उस लेख पर अपनी प्रतिक्रियास्वरूप लिखी थीं। उन्होंने लिखा था, '' 'हंस' में आपने अत्युक्ति की। बहुत अंशों में सत्य का अपलाप हुआ। पर लेखक की कोमलता पाठकों पर अपना सुखद स्पर्श छोड़ती ही है।'' यहाँ अंतिम वाक्य भी ध्यातव्य है, क्योंकि उससे उस कोमल व्यवहार अथवा विनम्रता का पता चलता है, जो शिवपूजन बाबू के सामाजिक और साहित्यिक व्यक्तित्व का अंग थी। डा. शर्मा के इस कथन में पूरी नहीं, लेकिन आंशिक सच्चाई अवश्य है कि ''उनकी विनम्रता एक कवच है जिससे साहित्य-जगत् के आँधी-बवंडरों से वे अपनी रक्षा करते हैं।''

इस सिक्के का दूसरा पहलू भी है। वह यह कि कुछ लेखकों ने हिंदी में यह प्रचारित किया है कि शिवपूजन बाबू इतने बड़े भाषा-पारखी थे कि उन्होंने 'प्रसाद' और प्रेमचंद की भाषा का भी संशोधन किया था। 'प्रसाद' अपना लिखा हुआ उन्हें देखने के लिए देते रहे हों और उस पर उनका सुझाव भी मानते रहे हों, पर इसका मतलब यह नहीं है कि वे उनकी भाषा ठीक किया करते थे ! यही बात प्रेमचंद के साथ भी है। गंगा-पुस्तक-माला की पुस्तकों का संपादन कुछ नियमों के अनुसार होता था, जिनसे 'माधुरी' में काम करते हुए शिवपूजन बाबू वाकिफ हो चुके थे। इसी कारण उसमें छपने के लिए प्रेमचंद का उपन्यास 'रंगभूमि' आया, जिसे प्रेमचंद ने पहली बार अपने हाथों से नागराक्षरों में लिखा था, तो वह पांडुलिपि दुलारेलाल भार्गव ने प्रेसकापी तैयार करने के लिए शिवपूजन बाबू को सौंपी। अब शिवपूजन बाबू का क्या हाल हुआ यह उन्हीं के शब्दों में सुनिए, जो उनकी वेगवान् भाषा का भी उदाहरण प्रस्तुत करते हैं : ''वह नागरी-लिपि में लिखा गया पहला उपन्यास दर्शनीय था। शायद ही कहीं लिखावट की भूल हो, तो हो। भाषा तो उनसे कोई वर्षों सीखे। लेखनी का वेग ऐसा कि संयोगवश ही कहीं कट-कुट मिले। कथावस्तु की रोचकता लिपिसुधार में बाधा देती थी। घटनाचक्र में पड़ जाने पर संपादन-शैली के निर्धारित नियम भूल जाते थे। ध्यान से भाषा पढ़ने के कारण कितने ही सुंदर प्रयोग सीखने का सुअवसर मिला।'' प्रेमचंद पर लिखे गए अपने दूसरे संस्मरण में

भी उन्होंने यही बातें लिखी हैं : "जब मैं 'रंगभूमि' की कापी पढ़ने लगा, नियमों का ध्यान छूट गया, मन रीझकर भाषा की बहार लूटने लगा। पचासों पन्ने उलट जाने के बाद अचानक उत्तरदायित्व का ज्ञान होता, फिर पीछे लौटकर नियमों की पाबंदी करनी पड़ती। कुछ हिंदी शब्दों की लिखावट में भूल मिलती थी और कुछ के उपयुक्त प्रयोग में भी। वाक्यावली और वर्णन-शैली तो गंगा की धारा-सी स्वच्छ और सवेग थी। बँधे नियमों के अनुसार कुछ अक्षर बदलने पड़े। कुछ मात्राएँ इधर-उधर हुईं, कुछ प्रसंगानुकूल यथोचित शब्द चस्पाँ किए गए। प्रेस-कापी तैयार हो गई।" मानना पड़ेगा कि शिवपूजन बाबू के लिए प्रेमचंद की भाषा के 'संशोधन' का यह कार्य स्कूलमास्टर या प्रेस-कर्मचारी का कार्य नहीं था, बल्कि वह एक सृजनात्मक कार्य था, जिससे वे दूसरे की ही नहीं, अपनी भाषा भी सँवारते थे। भाषा-निर्माण और विकास की प्रक्रिया इसी जटिल रूप में चला करती है।

कहा जा चुका है कि शिवपूजन बाबू भाषा की स्वार्जित बहुत ही ठोस भूमि पर खड़े थे। उनका गद्य निश्चय ही द्विवेदीयुग का ही गद्य है, पूरे और व्यवस्थित वाक्योंवाला, लेकिन वह सीधा-सादा और सपाट गद्य न होकर बाँकपन और रसीलेपन से युक्त गद्य है। निश्चय ही इस गद्य को उन्होंने गद्यकार नहीं, बल्कि एक कलाकार की प्रतिभा से सँवारा था। उनके गद्य के चार स्तर तो बहुत ही स्पष्ट हैं। एक स्तर अलंकृत गद्य का स्तर है, जिसमें 'विभूति' की कई कहानियाँ लिखी गई हैं। दूसरा स्तर यथार्थवादी गद्य का है, जिसका उत्कर्ष 'देहाती दुनिया' नामक उनके उपन्यास में देखने को मिलता है। उनकी गद्य-कला का तीसरा रूप 'दो घड़ी' नामक उनकी पुस्तक के व्यक्तिगत निबंधों में प्रकट हुआ है, जिनमें हास्य-विनोद की धारा का कल-कल स्वर सुनाई पड़ता है, और चौथा रूप उनके मार्मिक संस्मरणों में, जो 'वे दिन : वे लोग' या फिर 'मेरा जीवन' नामक पुस्तक में संकलित हुए हैं। उनके गद्य का एक स्तर और है, जो किसी तरह से उपेक्षणीय नहीं है। उस स्तर का प्रत्यक्षीकरण उनके विचारात्मक निबंधों और संपादकीय टिप्पणियों में होता है, जिनमें प्रयुक्त वाक्य तो स्वाभाविकता की पूरी रक्षा करते हुए बहुत सजाकर रखे गए ही हैं, शब्द अनाज के फटके हुए दानों की तरह चमक से भरे हुए हैं। खास बात यह कि गद्य के ये पाँचों स्तर शिवपूजन बाबू में सर्वथा स्वतंत्र कभी नहीं रहे। अलंकृत गद्य में भी यथार्थवादी गद्य की झलक है और यथार्थवादी तथा व्यक्तिगत निबंधों एवं संस्मरणों का गद्य भी कभी-कभी अलंकृत गद्य की कलात्मकता का उपयोग करता हुआ चलता है। विचारात्मक गद्य वे सृजनात्मक गद्य के समानांतर ही लिखते आ रहे थे और दोनों उनके लेखन में एक-दूसरे को अंत-अंत तक शक्ति पहुँचाते रहे।

'विभूति' की कहानी 'हठभगतजी' 1911 की रचना है। यह कहानी उनकी प्रारंभिक कहानी होने के साथ लेखक की अलंकृत गद्य-शैली का बहुत अच्छा उदाहरण उपस्थित करती है। ज्ञातव्य यह है कि उनके गद्य में अलंकरण कई प्रकार का है।

कहीं 'अड़ जाते हैं' और 'बिगड़ जाते हैं' का अंत्यानुप्रास है, कहीं 'धमनी-धमनी में धर्म की रुधिर-धारा' की धमक से भरा आद्यनुप्रास और कहीं 'निंबांब-कदंब-जंबीर-शोभित बकुल-कुल-संकुल वाटिका' की कवित्वपूर्ण पदवल्लरी। 'प्रेम-पर्वत', 'नेत्र-नर्मदा', 'विपत्ति-भित्ति' और 'भव-भेषज' के सानुप्रास समस्त शब्द तो मिलते ही हैं, 'मेरे संकटापन्न प्राण अब मरणासन्न हो रहे हैं' तथा 'उन पर पुष्प-मालाएँ और इन पर चिताग्नि-जवालाएँ'-जैसे वाक्य भी मिलते हैं, जिनमें प्रयुक्त शब्दों में तुकबंदी की गई है। ज्ञातव्य यह है कि इस अलंकृत शैली में शिवपूजन बाबू ने अरबी-फारसी के शब्दों और मुहावरों तथा क्षेत्रीय भाषाओं के शब्दों और मुहावरों का भी उपयोग किया है और इस तरह अपनी भाषा को पंडिताऊ होने से बचाया है। 'हम तो उसी फकीर की लकीर के फकीर हो रहे हैं' के बाद ही हमें यह वाक्य मिलता है—'हमारी भगवद्-भक्ति-भागीरथी में तर्क की तरंगें नहीं उठ सकतीं।' इसी तरह यह वाक्य दर्शनीय है, जिसमें ठेठ हिंदी और लोकभाषा के शब्दों की योजना से 'ज' की बहार है : 'गँजेड़ियों की गोष्ठी देख-देखकर आप जलते रहते हैं और कभी उन जटाधारी जंजाली जोगड़ों की जमात में जाना पसंद नहीं करते।'

प्रश्न यह है कि वह कौन-सी चीज है, जो इस गद्य को हास्यास्पद होने से बचाती है ? इस शैली में उन्होंने कई कहानियाँ लिखीं, जिनमें से 'मुंडमाल' (1916) तो बहुत प्रसिद्ध हुई और आज तक उनकी सर्वश्रेष्ठ रचनाओं में से एक मानी जाती है। मेरे खयाल से इन कहानियों में शिवपूजन बाबू अपने गद्य को कई तरह से कला के स्तर तक उठा सके हैं। न केवल यह कि उन्होंने अपनी भाषा को पंडिताऊ नहीं बनने दिया, बल्कि उसके प्रवाह को इस तरह से अक्षुण्ण रखा कि उससे यथार्थवादी गद्य-शैली के आवरण तोड़कर बाहर आने की प्रक्रिया का संकेत कदम-कदम पर मिलता है। 'हठभगतजी' कहानी के दूसरे अनुच्छेद की ही भाषा देखिए : "जिस समय भारतवर्ष के सिर पर मुगल-सम्राटों की सघन छत्रच्छाया थी, उस समय लालाजी के पूर्वजों की किस्मत का सितारा बुलंद था। आपके पूर्वज बड़ी-बड़ी जागीरें छोड़ गए हैं। बहुमूल्य बपौती अभी सुई की नोक-भर भी इधर-उधर नहीं हुई है, ज्यों की त्यों बरकरार है। उसी के सबब से आप अपने शहर के इने-गिने रईसों में शुमार किए जाते हैं।" दूसरी बात यह कि प्रसंगानुसार इस कहानी में ऐसी भाषा के नमूने मिलते हैं, जो एक ओर उसमें उदात्तता संभव कर लेखक की शक्ति से परिचित कराते हैं और दूसरी ओर उसमें उच्चकोटि का कवित्व संभव कर लेखक को गद्य-कवि कहने के लिए प्रेरित करते हैं। क्रमशः ऐसे दो वाक्य हैं : "उसके प्रकांड प्रस्फोट से ऐसी प्रचंड ज्वाला प्रकट हुई कि वह सर्वस्व की पूर्णाहुति पाकर ही शांत हुई" और "तुम्हारे अंगणाकाश की अटा-घटा में छटा छिटकानेवाली बिजली को प्रलय-घन लील गया; हमारी धारणा धरणी की तरह अचल रही; तिल-भर भी हमें विषाद नहीं हुआ।"

इस अलंकृत गद्य-शैली का स्रोत क्या है ? निश्चय ही वह संस्कृत का गद्य-काव्य

न होकर तुलसीदास और रीतिकाल के कवियों की कविता है, जिसमें अनुप्रास का रचाव देखते ही बनता है। यह इससे भी प्रमाणित है कि शिवपूजन बाबू के सृजनात्मक साहित्य की धारा कविता के बहुत पास से ही होकर नहीं, बल्कि उससे मिलकर बहती है। उनके जैसे काव्यप्रेमी गद्यकार शायद ही हिंदी में हुए हों। तुलसीदास के काव्य के वे विशेष प्रेमी प्रतीत होते हैं, उनकी अप्रचलित पंक्तियाँ उद्धृत कर उनके मर्म में प्रवेश करनेवाले। तुलसी-काव्य के रंग में वे अपने गद्य को भी बोरते चलते हैं। 'निंबांब-कदंब-जंबीर-शोभित बकुल-कुल-संकुल वाटिका' तो हमें विनयपत्रिका की आरंभिक स्तुतियों की याद दिलाती ही है, उनके 'करुणाकर के करोड़ों कुबेर किंकर हैं'-जैसे वाक्य मानस के 'निपट निरंकुस निठुर निसंकू'-जैसे सरल भाषावाले सानुप्रास चरणों की याद दिला देते हैं। जैसे तुलसीदास की काव्य-भाषा अनेक स्थलों पर अलंकृत होते हुए भी अव्याहत वाग्धारा का उदाहरण है, शिवपूजन बाबू भी अपनी आरंभिक कहानियों में कई तरह से अनुप्रास की छटा छिटकाते चलते हैं, लेकिन क्या मजाल कि उनका वर्णन कहीं उससे बाधित हो। ज्यादा से ज्यादा यही कह सकते हैं कि वे पाठकों को कहानी के साथ-साथ अलग से वर्णन के लिए प्रयुक्त भाषा की कलाकारिता का मजा भी देते चलते हैं : उनका ध्यान रचना के स्थापत्य के साथ-साथ भीतरी सजावट पर भी है, यद्यपि सर्वत्र नहीं। अधिकांश स्थलों पर तो वे यथार्थवादी शैली के सहारे आगे बढ़ते हैं। आचार्य शुक्ल का मुहावरा लेकर कहें तो उन्होंने अलंकृत और यथार्थवादी दोनों शैलियों को इस कदर मिलाया है कि बहुत बार जोड़ नजर नहीं आता। डा. शर्मा ने कवित्वपूर्ण गद्य के लिए 'कलात्मक गद्य' शब्द का प्रयोग किया है। शिवपूजन बाबू की अनेक आरंभिक कहानियों में इस गद्य का आह्लादक साक्षात्कार होता है।

कभी प्रो. नलिनविलोचन शर्मा ने 'प्रसाद' जी के उपन्यासों की भाषा को 'फीलपाँवी' कहा था, जिसमें अनावश्यक स्फीति और गतिशीलता का अभाव होता है। उस पर डा. नामवर सिंह ने एक लेख लिखकर विचार किया था और कहा था कि 'प्रसाद' के सृजनात्मक साहित्य की भाषा चित्रात्मक है, जिसके पीछे छायावादी कवि की विकसित कल्पनाशीलता है। इसी कारण उससे वंचित आज का यथार्थवादी लेखक वैसी चित्रात्मक भाषा लिखना भी चाहे तो न लिख सकेगा और यदि लिखी तो हास्यास्पद बने बिना न रहेगा। शिवपूजन बाबू का अलंकृत गद्य 'प्रसाद' जी के सृजनात्मक गद्य की तरह चित्रात्मक नहीं है, सानुप्रास है, क्योंकि उनमें शब्दसंगीत के प्रति आकर्षण तो था, उसकी सृष्टि की क्षमता भी, पर छायावादी कवियोंवाली विकसित और सूक्ष्म कल्पनाशीलता न थी।

लेकिन अलंकृत गद्य के जादू से शिवपूजन बाबू ने धीरे-धीरे अपने को पूरा मुक्त कर लिया, जिसका प्रमाण उनका 1926 में प्रकाशित उपन्यास 'देहाती दुनिया' तो है ही, 'विभूति' के परवर्ती संस्करण की उनकी प्रसिद्ध कहानी 'कहानी का प्लॉट'

भी है, जिसका रचनाकाल 1928 है। यह कहानी एक भयावह सामाजिक यथार्थ की कहानी है, इसलिए इसे अलंकृत शैली में लिखा भी न जा सकता था। स्वभावतः इसमें शिवपूजन बाबू कहते हैं कि "सच्ची घटना होने के कारण, केवल प्रभावशाली बनाने के लिए मुझसे भड़कीली भाषा में लिखते भी न बनता। भाषा में गरीबी को ठीक-ठीक चित्रित करने की शक्ति नहीं होती, भले ही वह राजमहलों की ऐश्वर्य-लीला और विशाल वैभव के वर्णन करने में समर्थ हो !" इससे इस बात का भी पता चलता है कि भाषा के स्तर पर वे किस प्रकार सृजनात्मक संघर्ष कर रहे थे। इस कहानी में प्रयुक्त उनकी भाषा के बारे में कवि 'रुद्र' की एक पंक्ति लेकर कहा जा सकता है कि 'अब निर्मल जल-भर है, सेवार नहीं है' ! ऊपर यह भी कहा गया है कि शिवपूजन बाबू का गद्य सिर्फ सरल नहीं है, बल्कि वह बाँकपन और रसीलेपन से युक्त है। 'कहानी का प्लॉट' में एक दारोगाजी का वर्णन पढ़िए—"दारोगाजी ने जो कुछ कमाया, अपनी जिंदगी में ही फूँक-ताप डाला। उनके मरने के बाद सिर्फ उनकी एक घोड़ी बची थी जो थी तो महज सात रुपए की; मगर कान काटती थी तुर्की घोड़ों के—कमबख्त बारूद की पुड़िया थी ! बड़े-बड़े अँगरेज अफसर उस पर दाँत गड़ाए रह गए, मगर दारोगाजी ने सबको निबुआ-नोन चटा दिया। इसी घोड़ी की बदौलत उनकी तरक्की रुकी रह गई; लेकिन आखिरी दम तक वे अफसरों के घपले में न आए—न आए। हर तरह से काबिल, मेहनती, ईमानदार, चालाक, दिलेर और मुस्तैद आदमी होते हुए भी दारोगा के दारोगा ही रह गए—सिर्फ घोड़ी की मुहब्बत से।" एक दूसरा उदाहरण। दारोगाजी के छोटे भाई मुंशीजी उनकी मृत्यु के बाद की अपनी दास्तान बयान करते हुए कहते हैं : "वे भी ऐसे खर्राच थे कि अपने कफन-काठी के लिए भी एक खरमुहरा न छोड़ गए—अपनी जिंदगी में ही एक-एक चप्पा जमीन बेंच खाई—गाँव-भर से ऐसी अदावत बढ़ाई कि आज मेरी इस दुर्गत पर भी कोई रहम करनेवाला नहीं है, उलटे सब लोग ताने-जनी के तीर कसते हैं। एक दिन वह था कि भाई साहब के पेशाब से चिराग जलता था, और एक दिन यह भी है कि मेरी हड्डियाँ मुफलिसी की आँच से मोमबत्तियों की तरह घुल-घुलकर जल रही हैं।" और भी : 'दिनों का फेर ऐसा है कि जिसका मुँह न देखना चाहिए, उसका भी पिछाड़ देखना पड़ा' और 'बुढ़ापे की लकड़ी जाती रही, देह लच गई। साल पूरा होते-होते अचानक टन बोल गए।' कहने की आवश्यकता न होनी चाहिए कि यह गद्य सपाट न होकर वाग्मिता से भरा हुआ गद्य है और अरबी-फारसी तथा हिंदी-भोजपुरी इन सभी भाषाओं के शब्दों और मुहावरों की जमीन से रस खींचता और उसे छलकाता हुआ आगे बढ़ता है। जो सानुप्रास पदावली पहले की कहानियों में अभिव्यक्ति को ऐश्वर्यशाली बनाने के लिए प्रयुक्त होती थी, वह अब हास्य-व्यंग्य उत्पन्न करने के काम आती है ! मुंशीजी की ही हालत के बारे में लेखक बतलाता है : "जो जीभ एक दिन बटेरों का शोरबा सुड़कती थी, वह अब सराह-सराहकर मटर का सत्तू सरपोटने लगी। चुपड़ी चपातियाँ चबानेवाले

दाँत अब चंद चने चबाकर दिन गुजारने लगे।'' यह है शिवपूजन बाबू की आरंभिक गद्य-कला का विकास।

'देहाती दुनिया' की भूमिका में उन्होंने लिखा है : ''बात ऐसी हुई कि मैंने आज तक जितनी पुस्तकें लिखीं, उनकी भाषा अत्यंत कृत्रिम, जटिल, आडंबरपूर्ण, अस्वाभाविक और अलंकारयुक्त हो गई। उससे मेरे शिक्षित मित्रों को तो संतोष हुआ, पर मेरे देहाती मित्रों का मनोरंजन कुछ भी न हुआ। मेरी कहानियों का संग्रह जब उपर्युक्त नाम ('महिला-महत्त्व'—'विभूति' का पहला नाम) से प्रकाशित हुआ, तब देहाती मित्रों ने यह उलाहना दिया कि तुम्हारी एक भी पुस्तक हमलोगों की समझ में नहीं आती—क्या तुम कोई ऐसी पुस्तक नहीं लिख सकते, जिसके पढ़ने में हम लोगों का दिल लगे ? मैंने उसी समय अपने मन में यह बात ठान ली कि ठेठ देहाती मित्रों के लिए एक पुस्तक अवश्य लिखूँगा। यह पुस्तक उसी का परणिाम है !'' साथ ही उन्होंने यह भी कहा है कि ''इसका एक शब्द भी मेरे दिमाग की खास उपज या मेरी मौलिक कल्पना नहीं है। यहाँ तक कि भाषा का प्रवाह भी मैंने ठीक वैसा ही रखा है, जैसा ठेठ देहातियों के मुँह से सुना है।'' जो पुस्तक देहाती मित्रों की संतुष्टि के लिए लिखी गई थी, वह हिंदी के श्रेष्ठ गद्य का नमूना बन गई और जिसकी भाषा में लेखक ने अपनी तरफ से एक भी शब्द न मिलाने की बात कही थी, वह लेखक की सृजनात्मक क्षमता का उत्कृष्ट निदर्शन बन गई ! साहित्य में चमत्कार इसी तरह से घटित होते हैं। शिवपूजन बाबू ने भूमिका में अपने अपराध-भाव का परिचय देते हुए यह भी लिख दिया है : ''इसकी भाषा पर विचार करते समय कृपापूर्वक इस पुस्तक के नाम और मेरे उद्देश्य के साथ-साथ मेरी अयोग्यता पर भी ध्यान रखिएगा। और अगर बन पड़े तो यह भी स्मरण रखिएगा कि एक तो मैं ठेठ भोजपुरिया हूँ, दूसरे बिहारी—कोढ़ में खाज !'' बिहारी हिंदी जिन कारणों से बदनाम होगी, होगी, 'मैला आँचल', 'बलचनमा' और 'देहाती दुनिया' पूर्णिया की बोली, मैथिली और भोजपुरी का रस लेकर ही तो विशिष्ट बने हैं !

लेकिन 'देहाती दुनिया' उस रूप में आंचलिक उपन्यास नहीं है, जिस रूप में 'मैला आँचल' या बाद के 'जिंदगीनामा' अथवा 'मुरदाघर' नामक उपन्यास। इन परवर्ती उपन्यासों में जहाँ आंचलिकता बहुत ज्यादा है, वह शब्दों और मुहावरों को ही आक्रांत नहीं किए हुए है, वाक्य-विन्यास को भी प्रभावित करती है, वहाँ 'देहाती दुनिया' में आंचलिकता विषय-वस्तु से लेकर क्रियापदसहित शब्द और मुहावरों में तो है, लेकिन वाक्य-रचना उससे नितांत अप्रभावित है। इस उपन्यास में शिवपूजन बाबू ने आंचलिक शब्दों और मुहावरों का जिस तरह प्रयोग किया है, हिंदी की प्रवृत्ति की रक्षा करते हुए और उसकी व्यापकता को ध्यान में रखते हुए, वे रेणु की अपेक्षा प्रेमचंद के अधिक निकट पड़ते हैं। वे सरल और छोटे-छोटे वाक्यों का प्रयोग करते हैं, अपनी कल्पना-शक्ति पर लगाम लगाकर रखते हैं, पर भोजपुरी के रस से भाषा को शक्ति

प्रदान करते चलते हैं। उन्होंने अपने वाक्यों में आंचलिक शब्दों और क्रियापदों—बोथना, ओहार, साटें, कंठागर, उड़ासना, परतवाय आदि—का प्रयोग उन्हें उनमें नगीनों की तरह जड़ते हुए किया है, जिससे हिंदी की अपनी शक्ति कुंठित नहीं होती, उसका शब्द-भंडार समृद्ध होता है। सानुप्रास गद्य का गंभीरतापूर्वक किया गया प्रयोग पूरे उपन्यास में सिर्फ एक स्थान पर मिलता है, क्योंकि प्रसंग अत्यंत कवित्वपूर्ण है : "हम तो मइयाँ के आँचल में—करुणा के क्रोड़ में—शांति के शिविर में—ममता की मंजूषा में—वात्सल्य की वाटिका में—स्नेह के सुख-सदन में—चैन से सोए पड़े थे !" दूसरा स्थान हास्य-व्यंग्य से युक्त है। पसुपत पाँड़े के बारे में, जो कि मंदिर के पुजारी हैं, शिवपूजन बाबू कहते हैं : "आरती नचाने में कलाबाज नट की भी नाक काट लेते हैं, और जब ऊँचा 'अलाप' लेते हैं, तब विधवा-विलाप से भी बढ़ जाता है !" वाक्य के पूर्वार्ध में 'न' के आद्यनुप्रास पर तो पाठकों का ध्यान जाएगा ही, उसके उत्तरार्ध में 'अलाप' और 'विलाप' के अंत्यानुप्रास पर भी उनका ध्यान जाएगा।

यहाँ 'देहाती दुनिया' से कुछ ऐसे वाक्यों को उद्धृत करने का लोभ हो सकता है, जो आंचलिक शब्दों और क्रियापदों के प्रयोग के कारण अत्यंत अर्थव्यंजक हो उठे हैं, यथा 'मगर जब ब्रह्मपिसाच नाच नचाने लगेगा तब सब गुमान और टिमाक तेलहंडे पर चला जाएगा', 'चार-पाँच गफ्फे में सब उड़ा गए', 'उसका झनकना सुनकर बाबूजी भी हमें बात सुनाने लगेंगे', 'गुदरी राय यह कहता हुआ ओसारे में चला गया कि जब न तब साला गरियारी काछता है', 'घसीट लाओ यहाँ, सब छिनाल-छतीसी अभी झाड़ दूँगा', 'जब तक तुमलोग ताड़ीखाने में जाकर ताड़ी घटोरोगे, तब तक हमलोग घड़ी-भर घाम निवारेंगे' आदि, लेकिन मैं यहाँ उसके वर्णनों और संवादों में से तीन-चार छोटे-छोटे अंश उद्धृत करना चाहता हूँ, जिससे शिवपूजन बाबू की यथार्थवादी गद्य-कला का उत्कर्ष पाठकों को देखने को मिल सके। सबसे पहले एक प्रकृति-वर्णन : "पीपल, पाकड़ और नीम के लहलहे टूसे बड़े सुहावने देख पड़ते थे। लहालोट फूले हुए टेसू की ललाई अपने चारों ओर की हलकी हरियाली पर अजब रंग बरसा रही थी।" तत्पश्चात् यह मानव-वर्णन : "दारोगाजी की खातिरदारी में सब लोग बड़े परेशान हैं। कहीं खसी कटता है, कहीं गरम मसाले पिसते हैं, कहीं कड़ाही छनछनाती है, कहीं छौंक-बघार की सोंधी सुगंध उठती है और कहीं प्याज का अर्क चुवाया जाता है।" संवाद तो इस उपन्यास में इतने चुस्त, चुभते हुए और पात्रोचित हैं कि इस दृष्टि से शिवपूजन बाबू की तुलना उनके समकालीनों में केवल प्रेमचंद से की जा सकती है। पहले हम एक पत्र का संवाद देखें : "चीठी बाँचते ही चले आइए। खाइए वहाँ, अँचाइए यहाँ/अपने आने का सँदेशा देकर हजाम को धुरिआए पाँव लौटाइए।" इस उपन्यास में भी प्रसंगवश एक सूरदास आता है। रेलगाड़ी में एक यात्री उससे पूछता है कि 'कहाँ तक चलोगे सूरदास ?', तो वह कहता है—'राम-इच्छा से जगदीश-धाम की डोरी लगी है।' एक बारात का प्रसंग है। लेखक

सहबाला बनकर दूल्हे के साथ पालकी पर सवार था, लेकिन दुर्भाग्य से दूल्हे की उम्र बहुत कम थी, जिस पर गाँव की नई-नवेली स्त्रियाँ अपने-अपने मुँह पर आँचर दिए मुस्कराती हुई कहने लगीं—"हाय रे राम ! ताड़ बराबर कनिया का यही वर है ! इसको तो वह अपने लहँगे में छिपा लेगी ! यह उसका दूध पिएगा कि माँग भरेगा !" इस पर आवाज कसते हुए पालकी के कहार कहते हैं : "देखने ही भर को छोटा जानो—बंदूक की टोपी है, घोड़ा पड़ते ही फैर दागेगा !"

जहाँ तक अभिव्यक्ति की सटीकता और सशक्तता की बात है, बीच-बीच में 'देहाती दुनिया' में ऐसे वाक्य मिलते हैं कि लेखक का लोहा मान जाना पड़ता है। 'हमलोग पेड़ों की जड़ में धड़ से सट गए, जैसे कुत्ते के कान में अँठई चिपक जाती है', 'उसकी मारी आज मैं बवंडर हुई फिरती हूँ', 'बेली-चमेली की तरह फूले रहिए', 'गाँववालों ने सिपाहियों को खूब गोधन कूटा था', 'जैसे बड़े भाग्य से मिली हुई टटकी लाश को गीध और कुत्ते नोच डालते हैं, वैसे ही कनस्तबलों और चौकीदारों ने उसकी दुर्दशा कर डाली', 'रात के मुँदे हुए कमल-सा मनोहर मुखड़ा देखकर दारोगाजी का मन हाथ से निकल गया', 'दारोगाजी के हृदय में बैठी हुई लालसा-राक्षसी सुगिया के सतीत्व के खून से अपना खप्पर भरना चाहती थी', 'वह चिउड़ा इतना बारीक था कि हाथ में लेने पर नाक की हवा लगते ही उड़ जाता था', '(अहीरों के लड़कों का बिरहा सुनकर) मालूम होता था—कान, नाक और आँख की राह से कोई रस की छाक पिला रहा हो', '(गोबरधन की माँ गालियाँ बकने लगती, तो मालूम होता कि) कलेजा खाकर गला साफ कर लिया है', 'उन्हें देखते ही आम के पत्तों की तरह उसकी (घोड़े की) कनौतियाँ खड़ी हो गईं,' 'भले आदमी की तरह तुमलोग वर को मँड़वे पर ले चलो, नहीं तो मूँज की तरह यहीं थूरेंगे' आदि ऐसे ही वाक्य हैं। इन वाक्यों का शैली-विज्ञान की दृष्टि से विश्लेषण किया जा सकता है, लेकिन वह यांत्रिक होगा। लिहाजा इनके सौंदर्य को सुरक्षित रखने के लिए पाठकों की रसज्ञता का भरोसा कर मैं इन्हें इसी रूप में छोड़ रहा हूँ। अभिव्यक्ति अपने संदर्भ से अलग होते ही अपना प्रभाव बहुत कुछ खो देती है, उससे उसका संबंध बिलकुल तोड़ देने पर तो वह किसी काम की नहीं रह जाती, जैसा कि हम शैली-वैज्ञानिक अध्ययन में देखते हैं।

डा. रामविलास शर्मा का हवाला एकाधिक बार ऊपर दिया जा चुका है। उन्होंने यह भी लिखा है कि द्विवेदीजी जब हिंदी को परिमार्जित करने के लिए उसे काटने-छाँटने लगे, तो उसमें उसकी जिंदादिली भी कुछ कट-छँट गई। यह बात शिवपूजन बाबू-जैसे द्विवेदीयुगीन गद्यकारों पर लागू नहीं है, क्योंकि उनके गद्य में द्विवेदीयुगीन परिष्कार के साथ भारतेंदुयुगीन जिंदादिली पूर्णतः सुरक्षित है। इसका सबसे बढ़िया निदर्शन 'दो घड़ी' नामक पुस्तक में संकलित उनके वे व्यक्तिगत निबंध उपस्थित करते हैं, जो भारतेंदुयुगीन व्यक्तिगत निबंधों की परंपरा में नई आन-बान से लिखे गए हैं।

सानुप्रास गद्य यहाँ भी मौजूद है, लेकिन भाषा के अलंकरण के लिए नहीं, हास्य-व्यंग्य के लिए ही। 'मेरी राम कहानी' शीर्षक निबंध में एक उजड़ा हुआ रईस कहता है : ''पेट में कदन्न है, चेहरा प्रसन्न है ! मुखड़े पर हिमानी का लेप है, आँखों में अभावों की झेंप है। ओठों पर पान की लाली है, मगर पेट घी-दूध से खाली है। आँत में सत्तू, दाँत में कलाबत्तू !'' इसमें दो निबंध क्रमशः 'मैं हज्जाम हूँ !' और 'मैं धोबी हूँ !' शीर्षक से हैं। पहले निबंध में हज्जाम कहता है—''जो सारी दुनिया को उलटे छुरे से मूँड़ते हैं, उन्हें मैं सीधे छुरे से मूँड़ डालता हूँ—मनमाने पैसे भी गिना लेता हूँ और मनमनाकर ठोंठ भी मसल देता हूँ।'' जैसे पहले उद्धरण में तुकबंदी कमाल कर रही है, वैसे इस उद्धरण में भोजपुरी का 'ठोंठ' शब्द। वह हज्जाम आगे कहता है—''आजकल हजामत का पेशा बहुतों ने अपना लिया है। आँखें खोलकर चारों ओर देख लीजिए। यदि कोई नई उमंग का नेता है तो निस्संदेह नापित भी है; क्योंकि जनता की हजामत बनाना ही उसका बँधा रोजगार है।'' यहाँ हज्जाम के लिए 'नेता' से ध्वनि-नैकट्य रखनेवाले 'नापित' शब्द का प्रयोग बहुत सूझ-बूझ के साथ किया गया है, जिससे पता चलता है कि शिवपूजन बाबू कितने सजग शब्द-प्रयोक्ता थे और शब्दों का वाक्यों में प्रयोग कर वे उन्हें कैसे सिक्के की तरह खनका देते थे। दूसरे निबंध में 'वसन-व्यसनी' धोबी अपने स्वर्ग से निकाले जाने की कहानी सुनाता है—''एक दिन, संयोग की बात, ऐसी सनक सवार हुई कि मैं उर्वशी और रंभा की साड़ियों और कुर्तियों को एकांत में सूँघ रहा था। उनकी मानसोन्मादिनी सुरभि से मस्तिष्क ऐसा आमोदपूर्ण हो गया कि आँखों में मादकता की गहरी लाली उतर आई'' और ''इसी तरह उन्हें चूमते और सूँघते मैं साड़ियों के गट्ठर पर ढेर हो गया।'' यह दृश्य उन दोनों अप्सराओं ने देख लिया, जिनके शापवश वह धोबी स्वर्ग से निकाला गया। वह कहता है : ''मैं अपनी करनी का फल पा गया ! गदहे पर चढ़ाकर सुरलोक से निकाल दिया गया। वही गदहा मेरी सनातन सवारी है। भगवान की तरह अब भले ही मैं पतितपावन नहीं रह गया; पर मेरी उनकी श्रेणी एक ही है, इसमें कठहुज्जत मत कीजिए। मेरी सवारी गर्दभ है—दूर्वाकंद-निकंदन वैशाखनंदन ! उनकी सवारी गरुड़ है—सर्पकुल-निकंदन विनतानंदन !'' यहाँ 'मानसोन्मादिनी सुरभि से मस्तिष्क आमोदपूर्ण हो गया' इस भाषा से ही काम नहीं लिया गया है, 'दूर्वाकंद-निकंदन' वाली भाषा भी दूसरा ही मजा दे रही है। इस पुस्तक में एक निबंध है—'श्री मिश्रबंधुओं का विनोद-वैचित्र्य', जिसमें शिवपूजन बाबू ने उनके चार भागों में प्रकाशित 'मिश्रबंधुविनोद' के बारे में कहा है कि 'वास्तव में वह विनोद का भंडार ही है।' एक-दो उदाहरण और उन पर लेखक की हास्यव्यंग्यपूर्ण टिप्पणी। 'विनोद' में तीनों मिश्रबंधुओं के बारे में कहा गया है कि 'प्रायः सब छंद और गद्यलेख साझे में ही बनते रहे।' इस पर लेखक की टिप्पणी : ''खेती और तिजारत तो साझे में सुनी गई है, पर रचना और रमणी तो साझे की नहीं सुहाती। शायद यह पांचाली रीति

की रचना है, गौड़ी और वैदर्भी रीति रुचती ही नहीं !!'' इसी तरह रायबरेली जिले के पं. शिवरत्न शुक्ल के बारे में मिश्रबंधुओं ने लिखा है कि 'रेल की सेवा से रिटायर वृद्धावस्था मना रहे हैं।' इस पर शिवपूजन बाबू कहते हैं, 'मानो वृद्धावस्था होलिकोत्सव है अथवा वृद्धावस्था ग्रीष्मावकाश है !' उनका यह लेख 'ऊषा' (साप्ताहिक, गया) के होलिकांक में निकला था। वे मिश्रबंधुओं के बारे में कहते हैं कि 'उन्होंने छूटकर होली खेली है भाषा-भाभी के साथ !!!'

संस्मरण साहित्य की सबसे नाजुक ही नहीं, खतरनाक विधा भी है, क्योंकि लेखक असावधान रहा तो यह आत्मस्तुति और आत्मप्रक्षेपण का माध्यम बन जाता है और अनाड़ी हुआ तो वह उसके माध्यम से अपने मन की भड़ास निकालने लगता है। शिवपूजन बाबू हिंदी के दो-चार उत्कृष्ट संस्मरणलेखकों में से हैं, जिसका बढ़िया प्रमाण उनके सुपुत्र डा. मंगलमूर्ति द्वारा संपादित उनकी 'मेरा जीवन' नामक पुस्तक है, जो वस्तुतः संस्मरणों का ही संकलन है। शिवपूजन बाबू के संस्मरण कितनी दिलचस्प शैली में लिखे गए हैं, उसका एक उदाहरण शिवनंदन सहाय पर लिखे गए उनके संस्मरण का यह अंश है : ''बाबू शिवनंदन सहाय का जिस समय देहांत हुआ, उस समय मैं काशी में रहता था। प्रयाग की हिंदुस्तानी एकेडमी की त्रैमासिक पत्रिका 'हिंदुस्तानी' में उनकी मृत्यु का जो संवेदनात्मक संवाद छपा, उसमें उनके नाम की जगह मेरा नाम छप गया ! अनेक मित्रों के पत्र धड़ाधड़ मेरे पते पर आने लगे। उस समय कई दिनों तक 'प्रसाद' जी यही चर्चा छेड़कर हँसते-हँसते लोट-पोट होते रहे।'' प्रसंग मृत्यु का है, फिर भी हँसते-हँसते लोट-पोट ! जाहिर है कि यह हास्योत्पादक प्रसंग अपनी मृत्यु की कीमत पर उत्पन्न किया गया है, जो निश्चय ही बहुत नाजुक है, और एक अत्यंत प्रचलित 'लोटपोट' शब्द के द्वारा। चित्रकार ईश्वरीप्रसाद वर्मा पर उनके संस्मरण का यह अंश पढ़िए और लेखक की जिंदादिली से भरी शैली की दाद दीजिए : ''इस समय आप पचहत्तर के जवान हैं। बुढ़ापे का कोई लक्षण आप में नहीं है। सिर्फ कुछ सफेद बाल और कुछ झुर्रियाँ पचहत्तर की पताकाएँ हैं। बन-ठन में, तबीयत की मौज में, बोलचाल की मिठास में, रहन-सहन के बाँकपन में, स्वभाव की हर एक तह में जवानी की लहर है। पता नहीं, कैसा गेहूँ खाया है।'' प्रेमचंद के बारे में नजदीक से जाननेवाले लोग उनके तकियाकलाम के बारे में, जो कि एक गाली थी, जानते होंगे। शिवपूजन बाबू उन पर लिखे गए अपने संस्मरण में लिखते हैं, ''सरस्वती प्रेस में घंटों बैठकबाजी होती थी। पान की गिलौरियों का दौर चलता रहता था। लखनऊ के विचित्र पान की चर्चा करते हुए खूब हँसा करते थे—अपने मशहूर 'सखुन-तकिया' की बौछारों से लखनवी पान का खूब सम्मान करते थे ! खुद कहते भी थे—मेरा यह 'तकिया-कलाम' तो उर्दू-साहित्य-गोष्ठी का प्रसाद है। गनीमत है कि बोलने की तरह लिखने में यह नहीं टपक पड़ता। कहीं किसी के खत में लिखा जाए, तो दोनों की मिट्टी खराब हो।'' यहाँ केंद्र में 'टपक पड़ना' क्रियापद है, जो

तकियाकलाम के आगे वक्ता को सचमुच बेबस बना रहा है। इसी से मिलता-जुलता एक प्रसंग निराला पर लिखे गए उनके संस्मरण में भी है। निराला 'मतवाला' में 'सरस्वती' की आलोचना किया करते थे। इस बात से द्विवेदीजी इतने रुष्ट हुए कि उन्होंने 'मतवाला' के एक अंक का विधिवत् संपादन करके, उसे आद्यंत रँगकर, डाक से भेज दिया। शिवपूजन बाबू के शब्दों में, ''उसे पाकर निरालाजी इतना अधिक हँसे कि उतनी देर तक उन्हें अविराम हँसते मैंने कभी नहीं देखा। उस समय उनकी बैसवाड़ी बोली में द्विवेदीजी की स्तुति सुनने योग्य थी।'' पाठक मानेंगे कि यदि संस्मरणकार आज के संस्मरणकार की तरह यहाँ निराला के मुँह से निकली द्विवेदीजी की दो-चार स्तुतियाँ भी लिख देता, तो सारा गुड़ गोबर हो जाता। यह है संस्मरण की कला, जिसका शिवपूजन बाबू ने असाधारण रूप से निर्वाह किया है। मुंशी नवजादिकलाल श्रीवास्तव पर लिखा गया उनका संस्मरण बेजोड़ है। उससे भी एक हास्यजनक प्रसंग : ''मुंशीजी की तीनों पत्नियाँ सगी बहनें थीं। ...पंडित चंद्रशेखर पाठक भी प्रायः मुंशीजी को छेड़ते थे—एक ही घर में तीन सेंध ! अच्छा नंबर लगाया !'' जाहिर है, यह मात्र पुनःप्रस्तुति नहीं, संस्मरणकार की अपनी प्रकृति की भी अभिव्यक्ति है, जिसके बिना सरस संस्मरण नहीं लिखे जा सकते। खास बात यह कि यह प्रकृति 'सेंध लगाना' मुहावरे के साथ 'नंबर लगाना' मुहावरे से भी न केवल परहेज नहीं करती, बल्कि उसका भी दोहन करती है। एक जगह तो शिवपूजन बाबू ने ईश्वरीप्रसाद शर्मा के बारे में लिखा है कि ''नाटक में अक्सर मजाक का पार्ट करते थे, फिर तो दर्शकों को बुलबुल कर छोड़ते थे !''

लेकिन यह समझना गलती होगी कि शिवपूजन बाबू के संस्मरणों की शैली केवल जिंदादिली और हास्य-विनोद से ही भरी है। नहीं, उसमें सचित्र, सजीव और सौहार्दपूर्ण स्थल भी भरपूर हैं। प्रेमचंद का यह चित्र देखिए : ''सब कर्मचारियों को यथायोग्य पैसे दे चुकने के बाद वे बचे-खुचे पैसे लेकर मैदागिन से चौक चले जाते। कई बार मैं भी उनके साथ उधर गया। लखीचौतरा पहुँचकर एक ढोली पान खरीदते। एक तंबोली उनका मोदी था। उसी से रोज ढोली लेते। वह भी अच्छी चुनकर देता। छाते को कंधे पर सीधा रखकर उसके अगले छोर में रूमाल में बँधी ढोली लटका लेते और पिछले छोर में मुश्की तंबाकू की पोटली। कभी-कभी पैसे कम पड़ जाते तो अपने गाँव का एक्का खोजते हुए कुछ दूर पैदल ही चल पड़ते, या पिसनहरिया तक ही किसी एक्के पर जाकर आगे फिर गाँव तक पैदल चलते थे।'' यह है संस्मरणों के माध्यम से उकेरा जानेवाला हिंदी के सर्वश्रेष्ठ कथाकार का सर्वश्रेष्ठ चित्र। महादेवप्रसाद सेठ की निर्भीक प्रकृति का वर्णन अपनी बाँकी शैली में उन पर लिखे गए संस्मरण में वे इस प्रकार करते हैं : '' 'मतवाला' के लिए उनका फरमान था कि चाहे कोई कितना भी बड़ा हो, जरा भी लचे तो धरकर रगड़ डालो।'' मुंशीजी ने बहुत जोर लगाया, पर सेठजी अंततः 'मतवाला' को मिर्जापुर ले जाकर ही माने।

शिवपूजन बाबू लिखते हैं, ''इसकी कसक मुंशीजी के दिल से कभी न गई। उस समय की उनकी चिट्ठियाँ करुणा की अजस्र निर्झरिणी हैं।'' 'करुणा की अजस्र निर्झरिणी' बहुत ओजपूर्ण भाषा है, जो इस बात का सबूत है कि वे भाषा की सभी शक्तियों से काम लेना जानते थे। निराला की प्रकृति का वर्णन इन शब्दों में करते हैं, ''कभी-कभी चिंतन में तल्लीन बैठे-बैठे वे एकाएक इस तरह चौंककर सजग हो उठते थे, मानों अतल जल में गहरी डुबकी लगाकर अभी-अभी बाहर निकले हों।'' इसकी उत्प्रेक्षा मात्र अलंकरण न होकर वर्ण्य-विषय को वाकई सजीवता और संमूर्तता प्रदान करनेवाली है। निराला का महत्त्व जब साहित्यकार-रूप में उनके सम्मुख उपस्थित होता है तो एक बार उनकी भाषा पुनः अत्यंत कवित्वपूर्ण हो उठती है : ''साहित्य-सहकार की सभी शाखाओं पर कलकूजन करनेवाला 'निराला'-कोकिल हिंदी संसार का वसंत-बसीठी है !'' स्वाभाविक रूप से यहाँ निराला की कविता की यह पंक्ति याद आ जाती है—'मैं ही वसंत का अग्रदूत' !

शिवपूजन बाबू के सृजनात्मक लेखन की तुलना में कई गुना ज्यादा उनका विचारात्मक लेखन है, जिसकी शैली में गजब की पारदर्शिता है। विचार अत्यंत शालीनता के साथ एक तर्क-शृंखला में शब्दबद्ध होते चलते हैं, जिससे उदाहरण देने की कतई आवश्यकता नहीं है। बस कहा जा सकता है कि यह गद्य विचारों से पक्व और रचनाशीलता से सरस है। ऐसे ही गद्य में शिवपूजन बाबू ने 1962 में 'धर्मयुग' को अपना एक लेख भेजा था—'क्या अंग्रेजी से हिंदी हार गई ?' उस लेख के साथ दुर्घटना यह हुई कि 'धर्मयुग' के संपादकमंडल के एक सदस्य ने उसका संपादन ही नहीं किया, बाजाप्ता उसका संशोधन किया और उनके गद्य को 'आधुनिक' बनाने का भरपूर प्रयास किया। उस लेख की मूल प्रति लेखक ने उस पत्र से मँगा ली और उसे पटने के एक त्रैमासिक ने संपादित-संशोधित रूप में ही ब्लॉक बनाकर छापा ! उस रूप में छपा हुआ वह लेख इस बात का प्रमाण है कि हम अपनी विरासत को आत्मसात् करना नहीं जानते हैं, लेकिन उसे बिगाड़ना खूब जानते हैं।

शिवपूजन बाबू का गद्य हिंदी की एक मूल्यवान् धरोहर है। प्रेमचंद का गद्य सरल और पैना है, 'प्रसाद' का चित्रात्मक, निराला का कवित्वपूर्ण पेचोखम से भरा और शिवपूजन बाबू का गद्य बाँका और रसीला है। इन सभी महान् गद्यकारों के गद्य में हिंदी के देसी गद्य की कोई न कोई विशेषता उभरकर आई है। इसे समझने की जरूरत भी है और बढ़ाने की भी, वर्ना हिंदी गद्य अंग्रेजी का अनुवाद बनकर रह जाएगा।

1992

मैं पढ़ा जा चुका पत्र न्यस्त

हेनरी जेम्स ने अपने बगीचे में आग जलवाकर अपने नाम आए हुए सारे पत्रों को उसमें जला डाला था। उनका कहना था कि व्यक्तिगत बातों को गुप्त ही रहना चाहिए ! प्रेमचंद की भी आदत थी कि वे जिन पत्रों का उत्तर दे देते थे, उन्हें फाड़कर रद्दी की टोकरी में डाल देते थे। दूसरी तरफ उन्हीं के समकालीन एक लेखक शिवपूजन सहाय थे, जो छोटे-बड़े प्रत्येक साहित्यिक पत्र को सँभालकर ही नहीं रख रहे थे, हिंदीवालों को लगातार साहित्यिक पत्रों का महत्त्व भी समझाने की चेष्टा कर रहे थे। 'साहित्य' में उन्होंने इस विषय पर कई टिप्पणियाँ लिखी थीं और अन्यत्र भी यथाप्रसंग साहित्यिक पत्रों के संग्रह और प्रकाशन को एक आवश्यकता की पूर्ति बतलाया था। उनका एक तर्क बहुत सटीक था। एक टिप्पणी में उन्होंने कहा है कि हिंदी में कुछ उपन्यास और कहानियाँ तो पत्र-व्यवहार के रूप में हैं, लेकिन पत्रों के संग्रह नहीं हैं। तात्पर्य यह कि जब नकली पत्र इतने आकर्षक हो सकते हैं, तो असली पत्रों के आकर्षण का क्या कहना ! साहित्यिक पत्र निश्चय ही कई दृष्टियों से उपयोगी होते हैं। उनमें इतिहास और जीवनी की ही सामग्री बिखरी हुई नहीं होती है, आलोचना के सूत्र भी बिखेर हुए होते हैं। मैं अपनी बात कहूँ, तो मुक्तिबोध के रचनात्मक मानस को समझने के लिए कई महत्त्वपूर्ण सूत्र मुझे उनके पत्रों में मिले हैं, उनके लेखों में नहीं। इसके अलावा पत्रों में कभी-कभी पत्र-लेखक के गद्य का बहुत ही सृजनात्मक रूप देखने को मिलता है। यहाँ रामकृष्ण त्रिपाठी के नाम लिखे गए निराला के पत्रों को याद किया जा सकता है। शिवपूजन बाबू ने भी कहा है कि 'पत्रों में लेखक की स्वाभाविक लेखन-शैली के दर्शन होते हैं।'

डा. मंगलमूर्ति शिवपूजन बाबू के सुयोग्य पुत्र हैं। वे अंग्रेजी के प्राध्यापक हैं, लेकिन हिंदी-प्रेम उनमें भरपूर है। उसे उन्होंने अपने श्रम और लगन से पुष्ट और प्रवर्धित किया है। इसका प्रमाण उनके द्वारा संपादित शिवपूजन बाबू की दो दुर्लभ पुस्तकें हैं—'वे दिन : वे लोग' और 'मेरा जीवन'। कहने की आवश्यकता न होनी

चाहिए कि ये दोनों पुस्तकें हिंदी गद्य का दुर्लभ नमूना भी हैं। उत्कृष्ट गद्य के साथ संस्मरण और आत्म-संस्मरण-लेखन का आदर्श रूप भी इनमें देखने को मिलता है। इधर मंगलमूर्तिजी ने शिवपूजन बाबू के पत्र-संग्रह में से चुनकर एक सौ छियासठ पत्रों का एक संकलन प्रकाशित कराया है। इन पत्रों का संबंध कमोबेश प्रेमचंद से है, इसलिए संकलन का नाम *'प्रेमचंद : पत्र-प्रसंग'* रखा गया है। अंग्रेजी और हिंदी में अनेक दृष्टियों से साहित्यकारों के पत्र संकलित किए गए हैं। यह संकलन कुछ भिन्न प्रकार का है, क्योंकि इसमें अधिकांश पत्र ऐसे हैं, जो अनेक लेखकों द्वारा एक लेखक को यानी शिवपूजन बाबू को लिखे गए हैं। थोड़े-से पत्र ऐसे भी हैं, जो विभिन्न लेखकों को शिवपूजन बाबू द्वारा संबोधित हैं। कुछ पत्र शिवपूजन बाबू से संबंधित नहीं हैं। उन्हें इस संकलन में इसलिए शामिल किया गया है कि उनसे प्रेमचंद और उनके युगीन परिवेश को समझने में मदद मिलती है। संकलनकर्ता और संपादक के रूप में मंगलमूर्तिजी ने हरचंद कोशिश की है कि सारे पत्र वर्ष और तिथि के अनुसार इस तरह से क्रमबद्ध किए जाएँ कि उनसे पाठकों को प्रेमचंद और उनके युग की एक सजीव झाँकी मिल जाए। इसी कारण परिशिष्ट में कुछ आनुषंगिक पत्र भी दे दिए गए हैं।

डा. रामविलास शर्मा ने 'निराला की साहित्य-साधना (प्रथम खंड)' में निराला की जो जीवनी प्रस्तुत की है, उसमें अन्य अनेक लोगों के साथ हिंदी के दो प्रकाशकों की छवि को बिगाड़ने का भरसक प्रयास किया गया है। ये दोनों प्रकाशक थे—दुलारेलाल भार्गव और महादेवप्रसाद सेठ, जो लेखक और संपादक भी थे। डा. शर्मा ने इनका चित्रण निराला के दुश्मन के रूप में किया है, जबकि प्रस्तुत संकलन में संकलित दुलारेलाल और सेठजी के पत्र इनके बारे में दूसरी ही कहानी कहते हैं। वह कहानी यह है कि दुलारेलाल लेखकों के प्रति बहुत ही सम्मान का भाव रखते थे और उन्हें हर प्रकार से आर्थिक सुविधा देने को तत्पर रहते थे। इसका प्रमाण शिवपूजन बाबू के नाम लिखे गए उनके अनेक पत्र तो हैं ही, निराला के नाम लिखे गए उनके पत्र भी हैं, जो बाद में 'निराला रचनावली' में संकलित हुए हैं। मैं यह नहीं कहता कि प्रकाशक को बिलकुल बख्श दिया जाए, लेकिन इसका आग्रह तो प्रत्येक व्यक्ति को होगा कि प्रकाशक का चित्रण भी अधिक से अधिक वस्तुपरक रूप में होना चाहिए। सेठजी के संबंध में भी दुलारेलालवाली बात ही है। 'पत्र-प्रसंग' के परिशिष्ट में शिवपूजन बाबू के नाम उनका जो अपूर्ण पत्र छपा है, वह उनके व्यक्तित्व की ज्यादा सही छवि प्रक्षेपित करता है। इस छवि का मेल शिवपूजन बाबू की सेठजी-संबंधी टिप्पणी और द्वितीय 'अनामिका' के प्राक्कथन में कही गई निराला की इस बात से कि 'वे (सेठजी) न होते तो 'निराला' भी न आया होता', तो है, लेकिन डा. शर्मा के चित्रण से नहीं।

दुलारेलाल, सेठजी और 'गंगा'-संपादक रामगोविंद त्रिवेदी के पत्रों से ऐसा लगता

है कि शिवपूजन बाबू स्वभाव से बहुत संकोची थे, जिससे वे पैसे की चर्चा खुलकर नहीं करते थे और यदि बात उनके मनमुताबिक नहीं होती थी, तो वे चुपचाप एक जगह से दूसरी जगह चले जाते थे। उसके बाद बहुत आग्रह करने के बाद ही वे पत्रों का उत्तर देते थे। उनके बारे में आम धारणा यह है कि वे पत्रोत्तर देने में बहुत तत्पर रहे होंगे, लेकिन जैसा कि उनके नाम ईश्वरी प्रसाद शर्मा के लिखे गए पत्रों से पता चलता है, वे इस मामले में उतने तत्पर न थे। शर्माजी ने उन्हें एक पत्र में लिखा था कि 'केवल पत्र लिखने में ही देर करते हो'। विनोदशंकर व्यास ने तो एक पत्र में उन्हें लिखा था कि 'आप आलसी आदमी हैं'। शिवपूजन बाबू-जैसा सृजनात्मक क्षमता-संपन्न और विनोदी व्यक्ति मनमौजी न हो, यह संभव ही नहीं था। निराला-संबंधी उनके पत्र उनके प्रति उनके गहन प्रेम का भी परिचय देते हैं और उनके सन्नद्ध विवेक का भी। दुलारेलाल ने निराला को अपने यहाँ रखने के संबंध में उनसे उनकी राय पूछी थी और अपनी यह आशंका प्रकट की थी कि उनके स्वभाव के कारण उनसे उनकी पटेगी नहीं। शिवपूजन बाबू ने उन्हें उत्तर दिया कि यदि आपलोग निरालाजी के आत्मसम्मान की रक्षा करते हुए सहृदयता और शांत भाव से काम लेंगे, तो आपके संपादकीय विभाग में वे बड़े काम के साबित होंगे। आपलोग चाहें तो निबह सकता है और आपके यहाँ उपयुक्त साधन और क्षेत्र पाकर वे अपनी प्रतिभा का जौहर दिखा सकते हैं। आश्चर्य यह देखकर होता है कि जहाँ बड़े-बड़े पंडित निराला से आतंकित हो जाते थे, वहाँ शिवपूजन बाबू बड़े संयत ढंग से उन्हें उनके लेखन पर अपनी सही प्रतिक्रिया से अवगत करा देते थे। अपने एक पत्र में वे उन्हें लिखते हैं : " 'पल्लव' की समालोचना मैं बड़े ध्यान से पढ़ता हूँ। उसकी पहली किस्त के बारे में मैंने लिखा था कि कुछ कटु हुई है; पर, दूसरी किस्त बहुत सरस है। पहली के समय आप शायद कुछ आवेश में थे।" निराला के अच्छे-अच्छे आलोचकों को उनके लेखन के संबंध में ऐसी तटस्थता का परिचय देना अभी बाकी है।

शिवपूजन बाबू ने अपने एक संस्मरण में लिखा है कि मेरी भाषा का संशोधन निरालाजी कर दिया करते थे। मतवाला-मंडल में वही भाषा के आचार्य थे। वे बड़े स्नेह के साथ मेरी लिखी चीजें देखते, संशोधन करते और परामर्श देते थे। उनसे मैंने बहुत कुछ सीखा है। उनकी योग्यता का मैं कायल हूँ। यह संस्मरण 'हंस' के आत्मकथांक में निकला था, जो निराला को मिला तो उन्होंने उस पर उन्हें इस रूप में अपनी प्रतिक्रिया लिखी—" 'हंस' में आपने अत्युक्ति की। बहुत अंशों में सत्य का अपलाप हुआ।" इन पत्रों से इस बात का खंडन तो होता ही है कि शिवपूजन बाबू के भाषा-शिक्षक निराला थे, जो रोमांचक प्रसंग सामने आता है, वह यह कि शिवपूजन बाबू अपनी भाषा-शिक्षा के लिए निराला को श्रेय दे रहे हैं और निराला हैं कि उसे ग्रहण करने को तैयार नहीं। यह देखकर मुँह से सहसा यह निकल पड़ता

है कि कहाँ गए वे दिन और कहाँ गए वे लोग ! शिवपूजन बाबू निराला के प्रति प्रेम के साथ अत्यधिक सम्मान का भाव रखते थे, लेकिन उनके मन में सर्वाधिक सम्मान 'प्रसाद' जी के प्रति था, जिन्हें वे 'श्रद्धेय बाबूसाहब' कहकर संबोधित करते थे और उस नम्रता से उन्हें पत्र लिखते थे, जिसका प्रदर्शन उन्होंने अन्यत्र शायद ही किया हो। इसका कारण निश्चित रूप से उनकी वह तीक्ष्ण दृष्टि थी, जिससे उन्होंने अपने युग की सर्वश्रेष्ठ बौद्धिक प्रतिभा को पहचान लिया था।

'जागरण' का प्रसंग शिवपूजन बाबू से भी जुड़ा हुआ है, प्रेमचंद से भी और विनोदशंकर व्यास से भी। व्यासजी पहले शिवपूजन बाबू के भारी प्रशंसक थे। पत्र के अंत में उन्हें 'आपका' की जगह 'आपका पागल स्नेही' लिखा करते थे। स्वभावतः उन्होंने उन्हें अपने पत्र 'जागरण' का संपादक बनाया, लेकिन उसके बाद वे उनसे बॉस की तरह पेश आने लगे। उन्होंने उन्हें एक पत्र में लिखा था : "हिंदी संसार में किसी के ऊपर यदि मेरा विश्वास है, तो वह आप हैं और इसके अलावे अपनी शक्तियों से अधिक आपकी शक्ति को मैं जानता हूँ।" अब उन्होंने 'प्रसाद' जी को लिखा कि "शिवपूजनजी को सँभाले रहिएगा। आपके भरोसे मैं बहुत कुछ निश्चिंत रहता हूँ। नहीं तो एक दिन के लिए भी बनारस छोड़ना मेरे लिए असंभव है।" इसका परिणाम यह हुआ कि अंततः शिवपूजन बाबू को 'जागरण' से हटना पड़ा। व्यासजी को अपने ऊपर नियंत्रण नहीं था। इसका एक सबूत यह है कि अपने गुरुतुल्य 'प्रसाद' जी को लिखे गए पत्र में भी वे दूसरों के लिए बेहिचक गाली-गलौजवाली भाषा का प्रयोग किया करते थे। एक उदाहरण : "बनारस से बाबू प्रवासीलाल का पत्र आया है। इस चूतियापनती को जरा देखिए कि मैं बीमार पड़ा हूँ और इस पर भी साले चैन से नहीं रहने देते—मैं उनके दोनों पत्रों को आपके पास भेज रहा हूँ, आप जो ठीक समझें करें।" लेकिन प्रेमचंद के मामले में व्यासजी सही थे। प्रेमचंद ने उनसे 'जागरण' इस शर्त पर लिया था कि जब वे उसे बंद करें, तो उन्हें लौटा दें। प्रेमचंद इस शर्त को याद नहीं रख सके, जिस पर व्यासजी ने उन्हें बहुत ही कड़ा पत्र लिखा। अब प्रेमचंद ने पैंतरा बदलकर उन्हें उत्तर दिया कि मैंने 'जागरण' को बंद नहीं, स्थगित किया है। जब मैं उसे सदा के लिए बंद कर दूँगा, तब आप उसका शव उठा ले जाइएगा। समाधि तो मौत नहीं ! काफ्का ने ठीक ही कहा है कि पत्र नंगा करते हैं और भूतगण उसकी प्रतीक्षा में रहते हैं !

जैसा कि ऊपर उल्लेख किया गया है, प्रस्तुत संकलन में पत्र प्रेमचंद और उनके युगीन परिवेश को ध्यान में रखकर क्रमबद्ध किए गए हैं। इनमें प्रेमचंद के जीवन और व्यक्तित्व के कई पहलू प्रतिबिंबित हैं। वे अपनी लड़की की शादी बिहार के एक हिंदीसेवी रामधारी प्रसाद के लड़के से करना चाहते थे। इसके मुतल्लिक उन्होंने जो विस्तृत जानकारी चाही, उससे उनकी व्यवहार-पटुता का पता चलता है। आज के कुछ क्रांतिकारी लेखक अपनी पत्रिकाओं में उद्योगपतियों से लेकर विज्ञापन

छापना पसंद नहीं करते, लेकिन प्रेमचंद ने बनारसीदास चतुर्वेदी और जैनेंद्र कुमार की मार्फत बिड़ला से विज्ञापन लेने के लिए बहुत प्रयास किया था। वे इस बात को छिपाते नहीं थे कि उनके लेखन से होनेवाली आय से उन्हें खाने-भर को मिल जाता है, लेकिन यह सही है कि वे आर्थिक दृष्टि से बहुत परेशानियों में रहते थे। जैनेंद्र कुमार के नाम लिखा गया उनका एक पत्र उनके विकट जीवन-संघर्ष से परिचित कराता है। अपने पत्रों में कभी-कभी वे अपने साहित्यिक विचार भी दो-टूक भाषा में प्रकट किया करते थे। 'प्रसाद' जी को उन्होंने 'कंकाल' के लिए बधाई दी थी, लेकिन वृंदावनलाल वर्मा के 'कुंडलीचक्र' के बारे में उन्होंने जैनेंद्र को लिखा था कि "पढ़कर मन फीका हो गया। कहीं गर्मी नहीं मिली, न चुटकी, न खटक।" यह प्रतिक्रिया उन लोगों के लिए विचारणीय है, जो वृंदावनलाल वर्मा को प्रेमचंद की परंपरा का अत्यंत समर्थ कथाकार मानते हैं।

लेखकों के बारे में भी प्रेमचंद के विचार बहुत सुलझे हुए थे। बनारसीदास चतुर्वेदी को उन्होंने बड़े कायदे से निराला-विरोधी अभियान चलाने से रोका था और 'उग्र' जी के बारे में उनके मित्र शिवपूजन बाबू को लिखा था : "उग्रजी से मेरी मुलाकात कभी नहीं हुई और ईश्वर करे न हो। जो आदमी माँ-बहन की गाली देता है, उसे मैं इनसान ही नहीं समझता।" इसी तरह ज्योतिप्रसाद मिश्र 'निर्मल' के बारे में उनका विचार था कि 'यह निर्मल बिलकुल सिद्धांतहीन आदमी है।' अंतिम दिनों में प्रवासीलाल वर्मा के साथ उनका झगड़ा उठ खड़ा हुआ था। शिवपूजन बाबू के नाम लिखे गए वर्माजी के पत्रों से ऐसा लगता है कि प्रेमचंद उनके साथ बेईमानी पर उतर आए थे। उन्होंने तो उन्हें यहाँ तक लिखा कि "प्रेमचंद के प्रति मुझे जो श्रद्धा-भक्ति थी, उस पर पानी फिर गया। अधिक क्या कहूँ—यही कि उनके उपन्यासों में जो उपदेश और आदर्श भरा है, वह धूल है।" लेकिन एक बात से उनकी विश्वसनीयता संदिग्ध हो जाती है। शिवपूजन बाबू ने प्रेमचंद पर लिखे गए अपने एक संस्मरण में लिखा था कि उन्होंने ही सरस्वती प्रेस से उनका संबंध कराया। वर्माजी इसे गलत ठहराकर, शिवपूजन बाबू से उनका यह वक्तव्य बदलवाना चाहते थे, जिससे कि उनका मुकदमा कमजोर न हो ! 1936 में कम उम्र में ही प्रेमचंद की जो मृत्यु हो गई, क्या उसका एक कारण उनको वर्माजी द्वारा दिया गया आघात भी था ?

'प्रेमचंद : पत्र-प्रसंग' के संपादन के संबंध में दो शब्द कहना जरूरी है। संपादक ने निश्चय ही अत्यधिक श्रम किया है, जिसका प्रमाण परिशिष्ट में चार खंडों में दी गई वह सामग्री है, जिसमें पत्रों के संबंध में अनिवार्य विवरण और संदर्भ तो हैं ही, पत्र-लेखकों का शोधपूर्ण परिचय भी है। सारा संपादन अंग्रेजी में प्रकाशित पत्र-संकलनों के स्तर का है। निश्चय ही इतना सुसंपादित कोई दूसरा पत्र-संग्रह हिंदी में नहीं है। पुस्तक के आरंभ में प्रेमचंद पर शिवपूजन बाबू का एक संस्मरण है, जो अपने गद्य

से पाठकों के मन में गजब का स्पंदन उत्पन्न करता है, और परिशिष्ट में लखनऊ दंगे से संबंधित 'मतवाला'-संपादक को लिखा गया उनका विस्तृत पत्र। इसी पत्र में उन्होंने उस घटना का जिक्र किया है, जिसमें मुसलमानों ने शांतिप्रिय द्विवेदी को पकड़ लिया था और कहा था कि ले चलकर इसको मसजिद में जिबह करो। बहुत मुश्किल से शांतिप्रियजी उनके चंगुल से छूटकर सिर पर पट्टी बँधवाए अपने होटल लौटे थे। पुस्तक में 1924-25 का शिवपूजन बाबू का एक दुर्लभ चित्र भी है। मुझे सूचना है कि मंगलमूर्तिजी उनकी डायरियाँ भी सुसंपादित रूप में निकलवा रहे हैं। हिंदी-जगत् उत्सुकता से उसकी प्रतीक्षा कर रहा है।

निराला ने एक कविता में व्यंग्य में अपने बारे में कहा था कि वे पढ़कर अलग रख दिए गए पत्र हैं! अलग रख दिए गए साहित्यकारों के पत्र भी साहित्य की मूल्यवान् संपत्ति होते हैं, इस बात को यह पुस्तक पुनः एक बार प्रमाणित करती है।

1992

'बड़े भाई साहब' : प्रक्रिया और परिणति

1930 में प्रेमचंद 'पूस की रात'-जैसी कहानी लिख चुके थे। 1934 में उन्होंने 'बड़े भाई साहब' शीर्षक कहानी लिखी। यह उसी वर्ष के 'हंस' के नवंबर के अंक में प्रकाशित हुई। उसके डेढ़-दो वर्ष बाद ही उन्होंने अपनी 'कफन' शीर्षक कहानी की रचना की, जो कि उनकी कहानी-कला का चरम बिंदु है। इससे स्पष्ट है कि 'बड़े भाई साहब' उनकी आखिरी दौर की कहानियों में से है। यह दौर प्रेमचंद की रचनाशीलता का सर्वाधिक महत्त्वपूर्ण दौर है, जब उनका यथार्थ-बोध पूर्णतः परिपक्व हो चुका था और वह उनकी कहानी-कला को भी प्रभावित करने लगा था। यह देखना दिलचस्प होगा कि इस दौर में वे कहानी के बारे में क्या सोच रहे थे। कदाचित् उससे प्रस्तुत कहानी को समझने में मदद मिले।

प्रेमचंद हिंदी में सामाजिक यथार्थवादी कथाकार माने जाते हैं और जैनेंद्र कुमार मनोवैज्ञानिक कथाकार, लेकिन विचित्र बात है कि अपने कहानी-लेखन के आखिरी दौर में प्रेमचंद कहते हैं कि मनुष्य-जाति के लिए मनुष्य ही सबसे विकट पहेली है और मनुष्य के मनोरहस्य को खोलना ही साहित्य का उद्देश्य है ! बतलाया न जाए, तो सहसा यह कथन जैनेंद्रकृत मालूम पड़ेगा। वस्तु-स्थिति यह है कि मनोरहस्य खोलने पर प्रेमचंद जोर दे रहे हैं, जैनेंद्र नहीं। इस क्रम में वे और स्पष्टता से कहते हैं कि वर्तमान कहानी मनोवैज्ञानिक विश्लेषण और जीवन के यथार्थ स्वाभाविक चित्रण को अपना ध्येय समझती है। यहाँ 'यथार्थ' देखकर 'सामाजिक यथार्थ' का भ्रम न होना चाहिए, वह जीवन का ऐसा यथार्थ है, जो 'स्वाभाविक' यानी मनोविज्ञानसम्मत है। प्रेमचंद का यह कथन प्रसिद्ध है, लेकिन इसका मर्म नहीं समझा गया : 'सबसे उत्तम कहानी वह होती है, जिसका आधार किसी मनोवैज्ञानिक सत्य पर हो।' पिछले दिनों हिंदी में 'अंतर्विरोध' देखने-दिखाने की हवा बहती रही है। ताज्जुब नहीं, प्रेमचंद को यथार्थवादी कथाकार मानने की घोषणा पर दृढ़ रहते हुए उनके ऐसे कथनों को उनके वैचारिक अंतर्विरोध का दृष्टांत मान लिया जाए ! स्पष्टतः मामला उतना सरल नहीं

है, जितना सरल बनाकर उसे पेश किया जाता है।

इसमें कोई शक की बात नहीं कि प्रेमचंद एक महान् यथार्थवादी लेखक थे, लेकिन जरूरी नहीं कि उनका यथार्थवाद डा. रामविलास शर्मा और हंसराज रहबर का ही यथार्थवाद हो। यथार्थ उनके लिए एक अविभाज्य वस्तु थी, जिसमें व्यक्ति और समाज तथा परिवेश और मन का वैसा अलगाव न था, जैसा प्रायः मान लिया जाता है। उनकी कोई कहानी ऐसी नहीं है, जिसे प्रचलित अर्थ में 'मनोवैज्ञानिक' या 'सामाजिक' कह सकें। उनकी 'सामाजिक' कहानियाँ भी पात्रों के मानसिक आवर्त-विवर्त का चित्रण करती चलती हैं और उनकी 'मनोवैज्ञानिक' कहानियाँ भी परिवेशनिरपेक्ष नहीं होतीं। 'पूस की रात' मानव-यातना की कहानी है, लेखक ने विस्तार से उसमें दिखलाया है कि कड़ाके की ठंडवाली रात में हल्कू कैसे उससे यातना पाता है, लेकिन यह कहानी उस यातना से छुटकारे के एक मनोवैज्ञानिक एहसास के साथ समाप्त होती है, जो पाठकों को झटका भी देता है। लेखक उसकी परवाह नहीं करता, क्योंकि वह सत्य है। लेकिन इसका मतलब यह नहीं कि वह कहानी अपने परिवेश से गहराई से जुड़ी हुई नहीं है। यातना ही नहीं, उससे मुक्ति का एहसास भी परिवेश की देन है, यद्यपि लेखक ने कहानी में अनावश्यक समझकर परिवेश को गहरे रंगों में चित्रित नहीं किया। इसी तरह 'कफन' गलत भूमि-व्यवस्था में घटित होनेवाली अमानवीकरण एवं आत्मनिर्वासन की प्रक्रिया की कहानी है, जिसके फलस्वरूप घीसू और माधव का मनोविज्ञान विकृत हो जाता है, लेकिन इससे वह कहानी 'मनोवैज्ञानिक' नहीं हो जाती। इस कहानी में भी प्रेमचंद परिवेश को विस्तार से चित्रित नहीं करते, सिर्फ उस तरफ संकेत कर देते हैं। तात्पर्य यह कि उनकी कहानियों में वस्तुतः यथार्थ खंडित नहीं, अखंड है और यदि वे मनोविज्ञान पर जोर देते हैं, तो इसलिए कि मनुष्य को पूरे रूप में समझा जाए, साथ ही हिंदी कहानी को उस यथार्थवाद से बचाया जाए, जिसकी फिलहाल वह जोरों से शिकार है। समकालीन कहानी में भी कभी-कभी विस्तार से मनोवैज्ञानिक चित्रण किया जाता है, पर उदय प्रकाश-जैसे चंद अपवादों को छोड़ दें, तो प्रायः वह पूर्वनिर्धारित होता है, जिसे दूसरे शब्दों में परिवेशनिरपेक्ष भी कहा जा सकता है।

इसी से जुड़ी हुई प्रेमचंद की यह बात भी है कि वे कहानी में घटना की अपेक्षा चरित्र को महत्त्व देते हैं और साफ शब्दों में कहते हैं कि "हम चाहते हैं कि पात्रों की मनोगति स्वयं घटनाओं की सृष्टि करे ! घटनाओं का स्वयं कोई महत्त्व ही न रहा, उनका महत्त्व केवल पात्रों के मनोभावों को व्यक्त करने की दृष्टि से ही है।" मनोगति से जुड़कर घटना महत्त्वपूर्ण हो उठती है, जैसे भक्त की भावना से जुड़कर पत्थर देवता हो जाता है ! यहाँ कुछ लोगों को घटना और मनोविज्ञान में एक विभाजन प्रतीत हो सकता है और ऐसा लग सकता है कि प्रेमचंद दोनों में साधन और साध्य का भेद मानते हैं। यहाँ लूकाच की एक बात याद की जा सकती है कि यथार्थ

प्रतीति के माध्यम से ही अभिव्यक्त हो सकता है, इसलिए साहित्य में अमूर्त यथार्थ का ही नहीं, मूर्त घटनाओं और पात्रों का भी महत्त्व है। लेकिन क्या साध्य और साधन के ही रूप में ? मुझे ऐसा लगता है कि साध्य और साधन का भेद न प्रेमचंद को स्वीकार्य है, न लूकाच को, क्योंकि घटना और मनोविज्ञान एक-दूसरे से पृथक् अपना कोई अस्तित्व नहीं रखते। जहाँ ऐसा परस्परावलंबन हो, वहाँ भेद की नहीं, अभेद की स्थिति होगी। इसके बाद भी यदि प्रेमचंद चरित्र अथवा मनोगति को अधिक महत्त्व देते हैं, तो प्रयोजन-विशेष से। वे नहीं चाहते कि कहानी में घटनाएँ प्रधान होकर चरित्र से अलग पड़ जाएँ, उसे पीछे छोड़ दें और स्वतंत्र महत्त्व प्राप्त कर लें। पुनः कहा जाएगा कि वे अपने समय की हिंदी कहानी को ध्यान में रखकर मनोविज्ञान पर बल दे रहे थे। निश्चय ही इस बलाघात का एक अर्थ यह भी है कि कहानी में घटनाओं और पात्रों के क्रिया-कलाप के विस्तार से चित्रण का अवसर नहीं रहता और उन्हें जीवंतता मनोगति के विद्युत्-स्पर्श से ही प्राप्त होती है।

यहीं प्रेमचंद की एक अन्य बात पर भी विचार कर लेना चाहिए। उन्होंने कहा है कि किसी समस्या का समावेश कहानी को आकर्षक बनाने का सबसे उत्तम साधन है और फिर यह कि जीवन में समस्याएँ नित्य ही उत्पन्न होती हैं और उनसे पैदा होनेवाला द्वंद्व कहानी को चमका देता है ! यहाँ मैं स्पष्ट करना चाहूँगा कि इस कथन में जिस 'समस्या' और 'द्वंद्व' का जिक्र किया गया है, वह न तो केवल सामाजिक है और न केवल वैयक्तिक। वह सामाजिक भी है और वैयक्तिक भी, और गहराई में वैयक्तिक उतना ही सामाजिक हो जाता है, जितना सामाजिक एक स्तर पर वैयक्तिक प्रतीत होता है। इसका बहुत बढ़िया उदाहरण प्रेमचंद की 'बड़े भाई साहब' शीर्षक यह कहानी है। इसकी समस्या और द्वंद्व सामाजिक है, या वैयक्तिक ? ऊपर से तो यही लगता है कि यह दो छोटे-बड़े भाइयों के निजी जीवन की कहानी है और इसमें जो द्वंद्व है, दोनों भाइयों के बीच चलनेवाला, वह उनका नितांत अपना है, लेकिन इस ओर दृष्टि ले जाने पर कि प्रेमचंद ने समाज की छोटी-बड़ी अनेक समस्याओं को अपनी कहानी का विषय बनाया है, इस समस्या का भी एक सामाजिक संदर्भ है, ऐसा प्रतीत होने लगता है। परिवार में, जो कि समाज का अंग है, ऐसी समस्या भी कभी-कभी आ उपस्थित होती है और परेशानी खड़ी कर जाती है। जहाँ तक मनोविज्ञान की बात है, कहानी दोनों भाइयों के तीव्र और मंद मनोवेगों के द्वारा ही आगे बढ़ती है, इस शक्ति के साथ कि पाठकों के पाँव उखड़ जाते हैं और वे भी कहानी के प्रवाह में बहने लगते हैं।

प्रेमचंद जिसे समस्या कहते हैं, वह एक संकट का बिंदु होता है और कहानी उसी के इर्द-गिर्द बुनी जाती है। 'बड़े भाई साहब' में संकट यह है कि दो भाई एक छात्रावास में एक ही कमरे में रहते हुए पढ़ते हैं, लेकिन बड़ा भाई जहाँ पढ़ने में

बोदा है, वहाँ छोटा भाई अत्यंत तेज, जिसके फलस्वरूप बड़ा भाई घोर परिश्रम करने के बाद भी परीक्षाओं में असफल होता रहता है, जबकि छोटा भाई खेल-कूद करते हुए भी थोड़ा पढ़कर ही हर बार अपने दर्जे में अव्वल आता है। सवाल दोनों भाइयों के बीच संबंध का है। बड़ा भाई अपने को छोटे भाई का अभिभावक समझकर हमेशा उसे डाँटता रहता है, लेकिन अपनी असफलताओं से अपने अभिभावकत्व को क्रमशः संकटग्रस्त होते हुए भी देखता है। वह काफी बातूनी है और एक तरह की तेजी भी उसमें है, जिससे वह छोटे भाई को फटकारने और नसीहत देने का कोई न कोई बहाना हमेशा ढूँढ़ लेता है। इससे छोटे भाई के मन में अपराध-भाव पैदा होने लगता है और वह बड़े भाई की तरह ही कठिन श्रम करने के लिए अपनी दिनचर्या तैयार करता है, लेकिन उस पर अमल नहीं कर पाता और फिर खेल-कूद करने के लिए निकल पड़ता है। लूकाच ने ही लिखा है कि रचना में महत्त्व परिणाम का नहीं, प्रक्रिया का होता है। प्रेमचंद ने सरल ढंग से, लेकिन असाधारण क्षमता का परिचय देते हुए दोनों भाइयों की मनोगतियों का चित्रण किया है। बड़े भाई का पढ़ाई-संबंधी कठिनाइयों के जिक्र की आड़ में अपनी असफलताओं और अपने हीन-भाव को छिपाने का प्रयास और छोटे भाई की बड़े भाई के अभिभावकत्व को स्वीकार कर चलने की चेष्टा और उसके साथ अपनी सफलताओं से उत्पन्न उसके प्रति किंचित् उपेक्षा-भाव का द्वंद्व—इस सब का वर्णन प्रेमचंद ने विलक्षण ढंग से किया है। बड़े भाई की नसीहत जहाँ प्रकट रूप में अत्यंत वेगपूर्ण संवाद के माध्यम से सामने आती है, वहाँ छोटे भाई का मनश्चिंतन अंतरालाप के रूप में। प्रेमचंद की इस कहानी का अंत आकस्मिक प्रतीत होता है, लेकिन वहाँ तक बात एक प्रक्रिया के बाद पहुँचती है, जिसके चित्रण के बिना कहानी बिलकुल बेलज्जत हो जाती। स्वभावतः लेखक ने बड़े मनोयोग से दोनों पात्रों के मन में उठनेवाली तरंगों को पकड़ा और उन्हें रूपायित किया है।

यह कहानी तीन खंडों में बँटी हुई है। पहले खंड में लेखक बड़े भाई और छोटे भाई की प्रकृति और चरित्र का अंतर बतलाते हुए पाठकों को समस्या या संकट से अच्छी तरह परिचित करा देता है। दूसरे खंड में परीक्षा-फल निकलता है, जिसमें बड़ा भाई असफल हो जाता है और छोटा अपने वर्ग में प्रथम आता है। तीसरे खंड में अगले साल का परीक्षा-फल निकलता है, तो बड़ा भाई पुनः असफल होता है और छोटा भाई पुनः प्रथम स्थान प्राप्त करता है। अंत में एक घटना के साथ कहानी समाप्त हो जाती है। यह कहानी दोनों भाइयों के मनोविज्ञान के कितने सटीक चित्रण के साथ लिखी गई है, यह जानने के लिंए कुछ उदाहरण देखना जरूरी है। पहले खंड में बड़े भाई का परिचय देते हुए छोटे भाई की जुबानी, क्योंकि पूरी कहानी इसी रूप में लिखी गई है, प्रेमचंद कहते हैं : "वह स्वभाव से बड़े अध्ययनशील थे। हरदम किताब खोले बैठे रहते। और शायद दिमाग को आराम देने के लिए कभी

कापी पर, कभी किताब के हाशियों पर चिड़ियों, कुत्तों, बिल्लियों की तस्वीरें बनाया करते थे। कभी-कभी एक ही नाम या शब्द या वाक्य दस-बीस बार लिख डालते। कभी एक शेर को बार-बार सुंदर अक्षरों में नकल करते। कभी ऐसी शब्द-रचना करते, जिसमें न कोई अर्थ होता, न कोई सामंजस्य। मसलन एकबार उनकी कापी पर मैंने यह इबारत देखी—स्पेशल, अमीना, भाइयों-भाइयों, दर-असल, भाई-भाई, राधेश्याम, श्रीयुक्त राधेश्याम, एक घंटे तक—इसके बाद एक आदमी का चेहरा बना हुआ था।'' यह वर्णन नहीं, मंदबुद्धि छात्र के मानस का आईना है ! दूसरा उदाहरण छोटे भाई के मानस का प्रत्यक्षीकरण कराता है : ''...घंटे-दो घंटे के बाद निराशा के बादल फट जाते और मैं इरादा करता कि आगे से खूब जी लगाकर पढ़ूँगा। चटपट एक टाइम-टेबिल बना डालता। बिना पहले से नक्शा बनाए, कोई स्कीम तैयार किए काम कैसे शुरू करूँ। टाइम-टेबिल में खेल-कूद की मद बिलकुल उड़ जाती।...मगर टाइम-टेबिल बना लेना एक बात है, उस पर अमल करना दूसरी बात। पहले ही दिन से उसकी अवहेलना शुरू हो जाती। मैदान की वह सुखद हरियाली, हवा के वह हलके-हलके झोंके, फुटबाल की वह उछलकूद, कबड्डी के वह दाँव-घात, वालीबाल की वह तेजी और फुरती मुझे अज्ञात और अनिवार्य रूप से खींच ले जाती और वहाँ जाते ही मैं सबकुछ भूल जाता।'' कहानी के दूसरे खंड में जब बड़ा भाई परीक्षा में असफल हो जाता है और छोटा दर्जे में अव्वल आता है, तो छोटा सोचता है कि अब बड़ा भाई उसे नसीहत देगा, तो वह उसे अपनी सफलता के बारे में बतलाकर चुप करा देगा, लेकिन वैसा करने का उसे साहस नहीं होता। यहाँ प्रेमचंद लिखते हैं, 'जबान से यह हेकड़ी जताने का साहस न होने पर भी मेरे रंग-ढंग से साफ जाहिर होता था कि भाई साहब का वह आतंक मुझ पर नहीं है।' यह बहुत सरल ढंग से एक किंचित् पेचीदी मनोवैज्ञानिक स्थिति को सामने ला देना है।

बड़ा भाई पढ़ने-लिखने में बोदा था, लेकिन छोटे भाई को डाँटने के लिए बहाने ढूँढ़ने में उसका दिमाग बहुत तेज था। वह उसे नसीहतें देने लगता, तो रुकना नहीं जानता और धाराप्रवाह बोलता चला जाता। उसके इस बातूनीपन के पीछे उसके मनोविज्ञान का दबाव ही था, और कुछ नहीं। कभी वह उससे यह कहता है कि ''यह समझ लो कि तुम अपनी मेहनत से नहीं पास हुए, अंधे के हाथ बटेर लग गई। मगर बटेर केवल एक बार हाथ लग सकती है, बार-बार नहीं लग सकती'', कभी यह कि ''लाख फेल हो गया हूँ, लेकिन तुमसे बड़ा हूँ, संसार का मुझे तुमसे ज्यादा अनुभव है। जो कुछ कहता हूँ, उसे गिरह बाँधिए, नहीं पछताइएगा'' और कभी यह कि ''तुम्हें इसका भी कुछ लिहाज नहीं कि अब नीची जमात में नहीं हो; बल्कि आठवीं जमात में आ गए हो और मुझसे केवल एक दरजा नीचे हो।'' छोटे भाई की मनोवैज्ञानिक स्थिति यह थी : ''मेरे और भाई साहब के बीच में अब केवल

एक दरजे का अंतर और रह गया। मेरे मन में एक कुटिल भावना उदय हुई कि कहीं भाई साहब एक साल और फेल हो जायँ, तो मैं उनके बराबर हो जाऊँ, फिर वह किस आधार पर मेरी फजीहत कर सकेंगे, लेकिन मैंने इस कमीने विचार को दिल से बलपूर्वक निकाल डाला। आखिर वह मुझे मेरे हित के विचार से ही तो डाँटते हैं। मुझे इस वक्त अप्रिय लगता है अवश्य, मगर यह शायद उनके उपदेशों का ही असर हो कि मैं दनादन पास हो जाता हूँ और इतने अच्छे नंबरों से।'' उधर लेखक यह भी नोट करता है कि ''अब भाई साहब बहुत कुछ नर्म पड़ गए थे। कई बार मुझे डाँटने का अवसर पाकर भी उन्होंने धीरज से काम लिया। शायद अब वह खुद समझने लगे थे कि मुझे डाँटने का अधिकार उन्हें नहीं रहा, या रहा, तो बहुत कम।'' यह वह मनोविज्ञान है, जो सामान्य लोगों का है और हमारे अनुभव में रोज-रोज आता है। डा. नगेंद्र ने लिखा है कि प्रेमचंद का मानस ग्रंथि-मुक्त था। उन्होंने जिन पात्रों का मनोवैज्ञानिक चित्रण किया है, वे भी प्रायः सामान्य पात्र हैं। कुछ विद्वानों ने इस आधार पर उन्हें दोस्तोव्स्की-जैसे लेखकों से छोटा साबित करने की कोशिश की है, जैसे असामान्य पात्रों का मनोवैज्ञानिक चित्रण कठिन काम हो और सामान्य पात्रों का आसान !

प्रेमचंद ने कहानी के प्रसंग में 'चटपटापन' का भी जिक्र किया है, जिसका मतलब यह है कि कहानी ऐसी हो कि उससे पाठकों का मनोरंजन भी हो। यदि वह मनोरंजन तत्त्व से युक्त हुआ तो उससे मिलनेवाले आनंद को वे 'मानसिक तृप्ति' कहते हैं। यह चटपटापन, मनोरंजन या मानसिक तृप्ति का अवसर वे अपनी कहानी में कैसे पैदा करते हैं ? कहने की आवश्यकता नहीं कि उनका लेखन बहुत ही मजेदार है। वे मजा हास्यरस की कहानियों में ही नहीं देते हैं, गम की दास्तान भी मजे ले-लेकर कहते हैं। 'बड़े भाई साहब' कहानी इस तरह शुरू होती है : ''मेरे भाई साहब मुझसे पाँच साल बड़े थे; लेकिन केवल तीन दरजे आगे। उन्होंने उसी उम्र में पढ़ना शुरू किया था जब मैंने शुरू किया; लेकिन तालीम जैसे महत्त्व के मामले में वह जल्दबाजी से काम लेना पसंद न करते थे। इस भावना की बुनियाद खूब मजबूत डालनी चाहते थे, जिस पर आलीशान महल बन सके। एक साल का काम दो साल में करते थे। कभी-कभी तीन साल भी लग जाते थे, बुनियाद भी पुख्ता न हो, तो मकान कैसे पाएदार बने !'' इस कथन का एक-एक वाक्य मजेदार है, एक से एक बढ़कर। प्रेमचंद ने बहुत मजा ले-लेकर एक वाक्य की ईंट पर दूसरे वाक्य की ईंट जमाई है, जिससे हास्य-विनोद की आलीशान इमारत खड़ी हो सके। जैसा कि हम देख रहे हैं, कहानी छोटे भाई की जुबानी कही गई है। छोटा भाई बहुत कायदे से बड़े भाई का चित्र खींचता है, लेकिन वह यदि इतना ही करके रह जाता और दूसरी धार पर स्वयं अपने को न रखता, यानी आत्मोपहास न करता, तो पाठकों को इस कहानी से मानसिक तृप्ति न मिलती। वह बड़े भाई की तो हास्यानुकृति प्रस्तुत करता ही है, मौका आने

पर अपने को भी नहीं बख्शता और अपनी हास्यानुकृति भी प्रस्तुत कर डालता है। अपना मजाक उसने वहाँ तो उड़ाया ही है, जहाँ वह अपनी समय-तालिका का ब्योरा देता है, वहाँ भी उड़ाया है, जहाँ उसने पूर्वोद्धृत यह बात कही है कि 'जबान से यह हेकड़ी जताने का साहस न होने पर भी मेरे रंग-ढंग से साफ जाहिर होता था कि भाई साहब का वह आतंक मुझ पर नहीं है।' वह ऐसा करने में इसलिए समर्थ है कि अपने प्रति भी वह निरपेक्ष है। बिना आत्मनिरपेक्षता के आत्मोपहास संभव नहीं है। यह वस्तुतः प्रेमचंद हैं, जो अपने 'आदर्श' पात्रों के प्रति भी तटस्थता और निर्ममता का परिचय देते हैं। इस कहानी में उन्होंने कथावाचक छोटे भाई को बना दिया है, जिससे उसमें और जोर पैदा हो गया है। उनका एक-एक वर्णन मजेदार है। एक छोटा-सा वर्णन देखिए : "भाई साहब ने प्राणांतक परिश्रम किया था। कोर्स का एक-एक शब्द चाट गए थे, दस बजे रात तक इधर, चार बजे भोर से उधर, छः से साढ़े नौ तक स्कूल जाने के पहले।" इस वर्णन में 'इधर' और 'उधर' काल-सूचक ये दोनों शब्द हँसी के फव्वारे छोड़ते हैं !

इस कहानी में असली द्वंद्व दो भाइयों के चरित्र के बीच है। छोटे भाई का चरित्र एक स्वाभाविक बालक वा किशोर का चरित्र है, जबकि बड़े भाई का चरित्र एक कृत्रिम वा आरोपित चरित्र है, जिसमें किशोरावस्थासुलभ चंचलता का लेश नहीं है। छोटा भाई भी अपने क्रीड़ाप्रेम पर पश्चात्ताप करता है, लेकिन वह अपनी स्वाभाविकता छोड़ नहीं पाता। उधर छोटे भाई को परीक्षाओं में शानदार सफलता मिलती जाती है, तो बड़ा भाई भी झेंपता है, लेकिन वह स्वाभाविक हो नहीं पाता, पहले की तरह सबकुछ भूलकर रात-दिन पढ़ाई में लगा रहता है। इन दोनों चरित्रों के टकराव से ही कहानी आगे बढ़ती है। एक दिन एक विचित्र घटना हो जाती है। छोटे भाई को कनकौए उड़ाने का शौक हो जाता है। एक शाम वह एक कटा हुआ कनकौआ लूटने दौड़ा जा रहा था कि उसे बड़ा भाई मिल गया और उसे उपदेश पिलाने लगा। छोटा भाई उसके उपदेश का कायल हो गया। आगे का हाल प्रेमचंद के ही शब्दों में सुनने योग्य है : "भाई साहब ने मुझे गले से लगा लिया और बोले—मैं कनकौए उड़ाने को मना नहीं करता। मेरा जी भी ललचता है; लेकिन करूँ क्या, खुद बेराह चलूँ तो तुम्हारी रक्षा कैसे करूँ ? यह कर्तव्य भी तो मेरे सिर है ! संयोग से उसी वक्त एक कटा हुआ कनकौआ हमारे ऊपर से गुजरा। उसकी डोर लटक रही थी। लड़कों का एक गोल पीछे-पीछे दौड़ा चला आता था। भाई साहब लंबे हैं ही। उछलकर उसकी डोर पकड़ ली और बेतहाशा होस्टल की तरफ दौड़े। मैं पीछे-पीछे दौड़ रहा था।" स्पष्टतः अंत में बड़े भाई की किशोर-वृत्ति जोर मारती है और कृत्रिम आचरण के खोल को तोड़कर बाहर आ जाती है। फिर दो भाइयों के बीच का द्वंद्व मिट जाता है, क्योंकि दोनों किशोर-मनोविज्ञान के समान वा सामान्य धरातल पर चले आते हैं। यह द्वंद्व का समाधान है, लेकिन कहानी में उठाई गई समस्या

का वैसा आदर्शवादी समाधान नहीं, जैसा प्रेमचंद की आरंभिक कहानियों में देखने को मिलता है। वह समाधान जहाँ प्रायः कृत्रिम होता था, वह नैतिक हो, या सामाजिक, यह समाधान नैसर्गिक है, जिसके लिए नैतिकतावादी और समाजशास्त्रीय आलोचना के पक्षधर उन्हें कोस भी सकते हैं ! कहानी का अंत आकस्मिक ढंग से होता है, लेकिन यह वैसी आकस्मिकता नहीं है, जिसके पीछे कोई तर्क न हो। बड़े भाई के आकस्मिक व्यवहार के पीछे किशोर-मनोविज्ञान का पूरा तर्क है, जिसे वह बड़ी मुश्किलों से अब तक दबाता आ रहा था। एक दिन अनुकूल परिस्थिति पाकर वह तर्क अपनी प्रबलता सिद्ध कर देता है। यह अंत नाटकीय प्रतीत होता है, लेकिन कहानी के संकट की इस रूप में परिणति मोपासाँ की अपेक्षा चेखव के निकट है, बावजूद इसके कि चेखव के यथार्थवाद के एक दौर में प्रेमचंद कटु आलोचक थे। अपने यथार्थ-बोध की परिपक्वता के साथ कहानियों में वे उनके काफी निकट आ गए थे।

कहानी के प्रसंग में प्रेमचंद ने दो बातें और कही हैं। एक तो यह कि "बुरा आदमी भी बिलकुल बुरा नहीं होता, उसमें कहीं न कहीं देवता अवश्य छिपा होता है, यह मनोवैज्ञानिक सत्य है। उस देवता को खोलकर दिखा देना सफल आख्यायिका का काम है" और दूसरी यह कि "आज लेखक केवल कोई रोचक दृश्य (घटना) देखकर कहानी लिखने नहीं बैठ जाता। उसका उद्देश्य स्थूल सौंदर्य नहीं। वह तो कोई ऐसी प्रेरणा चाहता है, जिसमें सौंदर्य की झलक हो, और इसके द्वारा वह पाठक की सुंदर भावनाओं का स्पर्श कर सके।" प्रस्तुत कहानी में बड़े भाई के भीतर भी 'देवता' यानी किशोरावस्था की चंचलता और क्रीड़ाप्रेम छिपा है, जो बहुत दबाने पर भी मौका पाकर प्रकट हो जाता है। यही उसके चरित्र के 'सौंदर्य की झलक' है, जिसके चित्रण के द्वारा प्रेमचंद पाठकों की सुंदर भावनाओं का स्पर्श करते हैं। मानना पड़ेगा कि आदर्श से 'सौंदर्य' तक की उनकी यह यात्रा एक निरंतर विकासमान लेखक की अत्यंत सार्थक सृजन-यात्रा है।

यहाँ मुझे शिक्षा के आदर्श पर लिखा गया पं. चंद्रधर शर्मा गुलेरी का एक लेख याद आ रहा है। लेख का समापन उन्होंने विचित्र प्रकार से किया है। लिखा है कि वे एक पाठशाला के वार्षिकोत्सव में बुलाए गए, तो वहाँ प्रधानाध्यापक के आठ वर्ष के पुत्र ने अपने विविध विषयों के ज्ञान से लोगों को चमत्कृत कर दिया। पूछने पर उसने अपना उद्देश्य 'यावज्जन्म लोक-सेवा करना' बतलाया, पर जब एक वृद्ध सज्जन ने अपने ज्ञान के लिए उससे इनाम माँगने को कहा, तो उसने अपने भीतर थोड़ा संघर्ष करने के बाद कहा—'लड्डू'। इस पर गुलेरीजी की टिप्पणी है : "पिता और अध्यापक निराश हो गए। इतने समय तक मेरा श्वास घुट रहा था। अब मैंने सुख की साँस भरी। उन सबने बालक की प्रवृत्तियों का गला घोंटने में कुछ उठा नहीं रखा था। पर बालक बच गया। उसके बचने की आशा है क्योंकि

वह 'लड्डू' की पुकार जीवित वृक्ष के हरे पत्तों का मधुर मर्मर था, भरे काठ की अलमारी की सिर दुखानेवाली खड़खड़ाहट नहीं।'' प्रेमचंद ने जिसे 'देवता' और 'सौंदर्य' कहा है, वही गुलेरीजी का 'जीवित वृक्ष के हरे पत्तों का मधुर मर्मर' है !

कहने की आवश्यकता नहीं कि कथा-शिल्प और कथा-दृष्टि के क्षेत्र में प्रेमचंद आज भी अपराजेय हैं।

1993

राहुलजी की अर्थवत्ता

राहुलजी ने अनेक स्थलों पर गौतम बुद्ध को बुद्धिवादी कहा है। वे स्वयं उसी परंपरा के विद्वान् और लेखक थे। उनका काल हिंदी का छायावाद-काल था, जिसमें बुद्धिवाद के विरुद्ध एक आंदोलन चलाया जा रहा था। प्रसादजी के बौद्धिक होने में किसी को संदेह नहीं, लेकिन वकालत उन्होंने आनंदवाद की थी, जो कि अबुद्धिवाद के अलावा और कुछ नहीं। कहा जा सकता है कि उन्होंने संपूर्ण बुद्धि का नहीं, बल्कि उसके उस हिस्से का विरोध किया है, जिससे मनुष्य का अकल्याण होता है। लेकिन यह स्मरणीय है कि उन्होंने वैज्ञानिक प्रगति पर आधारित संपूर्ण औद्योगिक सभ्यता का निषेध किया है। उनके इस चिंतन की परिणति आगे चलकर दिनकर की विज्ञान-विरोधी मान्यता में हुई। बुद्धिवाद-विरोधी इस आध्यात्मिक और रहस्यात्मक वातावरण में हिंदी के जिन तीन लेखकों ने बुद्धि की मशाल को प्रज्वलित रखा और भावना में बहने की अपेक्षा तर्क पर बल दिया, वे हैं—प्रेमचंद, आचार्य शुक्ल और राहुलजी। इनमें राहुलजी विशिष्ट हैं, क्योंकि उनके पास बुद्धिवाद के समर्थन में अत्यंत श्रम से अर्जित की गई एक पूरी वैचारिक व्यवस्था थी। आज जबकि हमारे समाज में नए सिर से अबुद्धिवाद की हवा बहने लगी है, धार्मिकता के उत्थान के रूप में, तो उनके संघर्ष को याद करना जरूरी है।

बुद्धिवादिता क्या है ? 'साम्यवाद ही क्यों ?' नामक पुस्तक में राहुलजी कहते हैं कि सारी दुनिया के विचार पक्ष और विपक्ष में बँटे हुए हैं। ऐसी स्थिति में किसी भी सम्मति को पकड़कर चलना उचित नहीं है। आपको अपनी बुद्धि स्वतंत्र रखनी होगी और उसी को अंतिम निर्णायक मानना होगा। दूसरे शब्दों में, हमें अपना मालिक किसी और को बनाने के बदले खुद बनना होगा। 'दिमागी गुलामी' नामक पुस्तक में भी उनका कहना है कि जितनी शताब्दियाँ हम पीछे की ओर जाएँगे, लोगों में बेवकूफी का परिमाण भी उतना ही अधिक पाएँगे। हर एक चीज पर हमें बुद्धिपूर्वक विचार करना है। न किसी पोथी की बात माननी है, न किसी बड़े आदमी की। तब

हमें अपने ही अपना रास्ता साफ दिखलाई पड़ने लगेगा। यही असली बुद्धिवादिता है, बशर्ते कि हम इसे अनुभववाद से न उलझाएँ। राहुलजी की इन बातों से यह भी स्पष्ट है कि उन्हें विचारों में किसी प्रकार की अस्पष्टता, उलझाव या दुमुँहापन बर्दाश्त न था। उन्होंने अपना संपूर्ण लेखन सच्चाई के प्रचार को ध्यान में रखकर किया, किन्हीं 'टैक्टिक्स' के तहत नहीं। इसका कारण यह था कि वे जनता के महान् शिक्षक थे और उसे किसी भुलावे में रखकर उसके उद्देश्य से भटकाना न चाहते थे। उन्होंने देखा था कि यदि जनसाधारण को सही बात बतलाई जाए तो कितनी भी क्रांतिकारी होने पर वह उसे आसानी से ग्रहण कर सकता है, क्योंकि उसके जीवन के कड़वे अनुभव उसे प्रमाणित करते हैं। 'भागो नहीं (दुनिया को) बदलो' में दुखराम पूछता है कि दर्शन क्या है, तो राजबली भैया, जो कि राहुलजी का प्रतिनिधित्व करते हैं, उत्तर देते हैं कि वह अँधेरी कोठरी में उस काली बिल्ली को पकड़ना है, जो कि उसमें नहीं है ! लेकिन लोग समझते हैं कि वहीं पहुँचकर विद्या का अंत होता है। यह है भाववादी दर्शन पर, जिसका आरंभ और अंत शून्य से होता है, उनकी बेलाग टिप्पणी।

यह टिप्पणी गलत नहीं है, क्योंकि भाववादी दर्शन का स्रोत जैसे अबौद्धिक है, वैसे ही अबुद्धिवादिता का बहुत बड़ा स्रोत भाववादी दर्शन। स्वभावतः ईश्वर और धर्म ने उसे आधार प्रदान किया है और उसने ईश्वर और धर्म को। आकस्मिक नहीं कि राहुलजी ने अपने लेखन में ईश्वर और धर्म की पूरी खबर ली है और उसकी जकड़बंदी से जनता को मुक्त करने का भरसक प्रयास किया है। 'साम्यवाद ही क्यों ?' में उन्होंने साफ शब्दों में कहा है कि मनुष्य-जाति के शैशव की मानसिक दुर्बलताओं और उससे उत्पन्न मिथ्या-विश्वासों का समूह ही धर्म है। धर्म और ईश्वर में वे अटूट संबंध बतलाते हैं और कहते हैं कि ईश्वर भी मनुष्य के शैशव-काल के भयभीत अंतःकरण की सृष्टि का एक विकसित रूप है। यह मानते हुए भी कि ईश्वर का अस्तित्व काल्पनिक होने पर भी अतीत में उससे कितने ही लोगों को संतोष और सहारा मिला होगा, वे इस तथ्य पर बल देते हैं कि उसके कारण मनुष्य को लाखों यातनाएँ सहनी पड़ी हैं। हिंदी के अनेक साहित्येतिहासकारों और विद्वानों की यह मान्यता रही है कि एकेश्वरवाद ने सामाजिक एकता स्थापित करने में अधिक योग दिया है, जबकि राहुलजी की मान्यता है कि एक ईश्वर माननेवाले धर्मों की अपेक्षा अनेक देवता माननेवाले धर्म हजार गुना उदार रहे हैं। उनके ईश्वरों की संख्या असीमित होने से वहाँ औरों का समावेश आसानी से हो सकता था, किंतु एकेश्वरवादी वैसा करके अपने अकेले ईश्वर के अस्तित्व को खतरे में नहीं डाल सकते थे। वे कहते हैं, दुनिया के एकेश्वरवादी धर्मों के पिछले दो हजार वर्षों के इतिहास को उठाकर देख डालिए, मालूम होगा कि वे सभ्यता, कला, विद्या, विचार-स्वातंत्र्य और स्वयं मनुष्य के प्राणों के भी सबसे बड़े शत्रु थे। वैज्ञानिक दृष्टिवाले इतिहासकारों का कहना है

कि ईश्वर की कल्पना राजा के अस्तित्व में आने के बाद उसी को देखकर की गई। राहुलजी का कहना है कि ईश्वर को मानना इस बात को भी मानने के लिए प्रेरित करता है कि संसार के मालिक उस ईश्वर की तरह यहाँ भी एक राजा या कर्ता-धर्ता होना चाहिए !

'तुम्हारी क्षय' नामक पुस्तक में भी उन्होंने ईश्वर के खयाल को अंधकार की उपज कहा है और बतलाया है कि उसका विश्वास एक छोटे बच्चे के भोले-भाले विश्वास से बढ़कर कुछ नहीं है। अंतर इतना ही है कि छोटे बच्चे का शब्दकोश, दृष्टांत और तर्कशैली जहाँ सीमित होती है, वहाँ बड़ों की कुछ विकसित। अज्ञान और असमर्थता के अतिरिक्त यदि कोई और भी आधार ईश्वर पर विश्वास के लिए है, तो वह है धनिकों और धूर्तों की अपनी स्वार्थ-रक्षा का प्रयास। समाज में होते हजारों अत्याचारों और अन्यायों को वैध साबित करने के लिए उन्होंने ईश्वर का बहाना ढूँढ़ निकाला है। धर्म की धोखाधड़ी चलाने और उसे न्यायपूर्ण साबित करने के लिए ईश्वर का खयाल बहुत सहायक है। पूँजीवादियों के बारे में उनका कहना है कि यदि ईश्वर का खयाल पहले से न होता तो वे उसका आविष्कार करते।

आज धर्म के पक्ष में एक लहर आई हुई है। दक्षिणपंथी, वामपंथी और मध्यमपंथी सभी अपने को अधिक से अधिक धार्मिक या कम से कम धर्म के प्रति अविरोध-भाव रखनेवाले सिद्ध करने पर लगे हुए हैं। जनता की धर्म-भावना को चोट पहुँचाना जैसे अपराध माना जा रहा है और धर्मनिरपेक्षता की व्याख्या अधिक से अधिक धर्मसापेक्ष रूप में की जा रही है। धार्मिक उदारता को ही सामाजिक और राष्ट्रीय एकता का आधार बतलाते हुए सर्वधर्मसमभाव पर बहुत जोर है, इस तथ्य को नजरअंदाज करते हुए कि धर्म के कारण ही दंगे होते हैं, उसी के कारण देश का बँटवारा हुआ और पंजाब हो या कश्मीर, वह अलगाववाद का प्रमुख आधार है। ऐसे वक्त में राहुलजी का यह कहना वाकई अंधकार में प्रकाश की तरह लगता है कि हिंदुस्तानियों की एकता मजहबों के मेल पर नहीं, बल्कि मजहबों की चिता पर होगी। कौए को धोकर हंस नहीं बनाया जा सकता। कमली धोकर रंग नहीं चढ़ाया जा सकता। मजहबों की बीमारी स्वाभाविक है। उसका, मौत को छोड़कर इलाज नहीं। आज कबीर का बहुत नाम लिया जाता है। कहा जाता है कि कबीर द्वारा प्रचारित राम-रहीम की एकता को लोग मान लें, तो समाज में सांप्रदायिक सौहार्द कायम हो सकता है। 'भागो नहीं (दुनिया को) बदलो' में राहुलजी ने कहा है कि वह सौहार्द इस आधार पर कायम नहीं हो सकता, क्योंकि झगड़े की जड़ राम-रहीम नहीं, बल्कि वे शोषक हैं, जिन्होंने उसे पैदा किया। जबतक वे रहेंगे, झगड़ा मिट नहीं सकता।

पूँजीवाद का विकास यानी अधिक व्यापक रूप में शोषण का प्रसार वैज्ञानिक प्रगति और यंत्रों के आविष्कार के साथ हुआ है। इसी ने बेकारी को भी जन्म दिया है। स्वभावतः महात्मा गाँधी सहित संसार के अनेक विचारकों ने यह सोचा है कि

क्यों नहीं यंत्रों को ही संसार से विदा कर दिया जाए। लेकिन राहुलजी इसे पीछे की ओर लौटना कहते हैं और इसे असंभव बतलाते हैं। उनका कहना है कि यंत्र उन ऊँचे दिमागों का आविष्कार है, जिन्हें बड़ा से बड़ा दंड देकर भी काम करने से रोका नहीं जा सकता। यह विकासशील मानव-मस्तिष्क की उपलब्धि को अस्वीकार करना भी होगा। उनका दृढ़ विश्वास है कि मुक्ति यदि हो सकती है, तो वह विज्ञान की सहायता से ही, उसे छोड़कर नहीं। बढ़ती हुई जनसंख्या की जरूरतों को पूरा कर सकना विज्ञान के अलावा और किसी के वश में नहीं। और विज्ञान तथा यंत्रों को छोड़ना आसान भी नहीं है। उन्हें छोड़ने को न पूँजीपति तैयार होंगे, न सरकार। फिर इसके अलावा रास्ता क्या है कि विज्ञान के लाभों को लेते हुए, उसकी तरक्की के रास्ते को खुला रखते हुए, हम पूँजीवाद द्वारा खड़ी की गई विपत्तियों को दूर करने का प्रयास करें ?

राहुलजी की बुद्धिवादिता के केंद्र में इस देश की साधारण जनता है। वह जनता अमूर्त न होकर पूरी तरह से मूर्त है। वह शारीरिक और दिमागी श्रम करनेवाली गाँव और शहर की किसान, मजदूर और शिक्षित मध्यवर्गीय जनता है। राहुलजी तमाम दर्शनों, विचारधाराओं और योजनाओं को उसी की कसौटी पर चढ़ाकर देखते थे और उसी से तय करते थे कि क्या सही और क्या गलत है। आम तौर पर लोग समझते हैं कि जनता के साथ वे मार्क्सवादी होने के बाद प्रतिबद्ध हुए। उसके पहले वे वैष्णव साधु, आर्यसमाजी प्रचारक या फिर एक बौद्ध भिक्षु थे। इस तरह वे उनके विकास के एक सरल रूप की कल्पना करते हैं। लेकिन वास्तविकता यह है कि उनका विकास बहुत जटिल है और उस विकास का प्रेरक तत्त्व साधारण जनता है। उसी के हित के मार्ग की तलाश में वे एक वैचारिक मंजिल से आगे बढ़कर दूसरी मंजिल पर पहुँचते रहे और उसी कारण एक मंजिल पर रहते हुए दूसरी मंजिलों पर पहुँचने की तैयारी करते रहे। 'बाईसवीं सदी' को मार्क्सवादी युटोपिया कहा जाता है, लेकिन इसकी रूपरेखा राहुलजी ने 1918 में तैयार की थी, जबकि वे वैष्णव तो थे ही, आर्यसमाजी भी थे, साथ ही बौद्धधर्म की तरफ भी झुक रहे थे। यह पुस्तक 1924 के आरंभ में लिखी गई, जबकि वे एक कांग्रेसी के रूप में जेल की सजा काट रहे थे। बौद्ध वे 1930 में हुए और विधिवत् कम्युनिस्ट 1939 में, जबकि 'साम्यवाद ही क्यों ?'-जैसी पुस्तक वे 1934 में ही लिख चुके थे। विद्वानों का कहना है कि उनका बौद्धधर्म और दर्शन से संबंधित जो कार्य है, वह काफी गंभीर है, लेकिन मार्क्सवादी के रूप में उन्होंने जो भी लिखा है, वह प्रचारात्मक है। यह बात पूरी तरह से सही है, लेकिन इस प्रसंग में ज्ञातव्य यह है कि दोनों प्रकार का लेखन वे साथ-साथ कर रहे थे। विद्वानों को प्रभावित करने के लिए वे दर्शन के विवेचन में लगे थे और जनता को शिक्षित करने के लिए सरल भाषा और सरल तर्क-पद्धति का सहारा लेते हुए प्रचारात्मक पुस्तकें लिखने में। यह जनता उनके जीवन में एक

सामान्य तत्त्व है, जो उन्हें प्रेरित ही नहीं करती है, बल्कि अत्यंत बेचैन बनाकर रखती है। डा. काशीप्रसाद जायसवाल उनकी जन-प्रतिबद्धता से इतने प्रभावित थे कि उन्होंने लिखा है कि 'राहुल सांकृत्यायन जनता के आदमी हैं, एक प्रकार से गाँधी से भी अधिक ऊँचे स्तर के।' इस जनता के लिए उन्होंने दर-दर की खाक छानी, सारा पांडित्य छोड़कर सामाजिक-राजनीतिक कार्यकर्ता का बाना धारण किया और सिर पर जमींदार की लाठी का प्रहार झेला, जो अंतिम दिनों में स्मृति-भ्रंश का कारण बनकर उनके लिए जानलेवा साबित हुआ।

ऐसा नहीं है कि जनकल्याण के सारे रास्तों का पता इस या उस विचारक के द्वारा लगा लिया गया है। नए विचारक की मौलिकता इसी बात में देखी जाती है कि जनसंपर्क से प्राप्त अनुभवों के आधार पर उसने जनकल्याण के किस नए रास्ते की ओर संकेत किया है। राहुलजी के जनपक्षी चिंतन का एक पहलू, जो आज अत्यधिक प्रासंगिक है, वह है, जिसमें उन्होंने 'शोषितों के समाजवाद' पर विचार किया है। उनकी पुस्तक 'आज की राजनीति' 1949 के उत्तरार्ध में लिखी गई। यह वह समय था, जबकि भारत स्वतंत्र हो चुका था और उसके सामने नवनिर्माण की समस्या दरपेश थी। राहुलजी ने समय के इस महत्त्वपूर्ण बिंदु पर साढ़े तीन सौ पृष्ठों की एक पुस्तक लिखकर देश के भावी निर्माण की पूरी रूप-रेखा प्रस्तुत की और यह उद्घाटित किया कि किस रास्ते पर चलने से जनसाधारण का कल्याण होगा। इस पुस्तक में दो अध्याय साथ-साथ हैं : पहले 'समाजवाद की आवश्यकता' और उसके बाद 'शोषितों का समाजवाद'। पहले अध्याय का आधार जहाँ मार्क्सवाद है, वहाँ दूसरे अध्याय का आधार इस देश की अपनी स्थिति और उससे प्राप्त राहुलजी का अपना अनुभव। महत्त्वपूर्ण बात यह है कि वे दोनों समाजवाद में कोई विरोध नहीं देखते, क्योंकि उनके लिए ' 'ब्राह्मण-क्षत्री-लाला' एक आर्थिक वर्ग है, जिसके पास धन, शिक्षा और संस्कृति है।' ज्ञातव्य यह है कि 'लाला' में उन्होंने तत्कालीन पूर्वी युक्तप्रांत और बिहार के कायस्थों को तो रखा ही है, तत्कालीन पश्चिमी युक्तप्रांत के बनियों को भी रखा है, क्योंकि वे भी 'लाला' कहे जाते हैं। इन जातियों के द्वारा जो शोषित हैं, वे नान्ह यानी छोटी जातियाँ हैं, जिनमें अछूत और दलित यानी हरिजन भी आते हैं। अपने इस चिंतन का संकेत राहुलजी काफी पहले से देते आ रहे थे।

हरिजनों के मंदिर-प्रवेश का उसकी निरर्थकता के कारण विरोध उन्होंने उसी समय किया था। 'दिमागी गुलामी' के एक लेख में वे कहते हैं कि उनकी मूल समस्या आर्थिक है, जो उनके लिए भारतवर्ष के सभी मंदिर खोल देने के बाद भी हल नहीं हो सकती। स्वभावतः उन्होंने बहुत सख्ती से कहा कि मंदिरों के द्वार खोलने के लिए प्रचार करने में हमें समय नहीं खोना चाहिए। यह कार्य व्यर्थ ही नहीं, खुद हरिजनों के लिए खतरनाक भी है। यह पुरोहितों की चालाकी और धर्मांधता ही है, जो कि उनकी अधोगति का कारण है। इन सरल मनुष्यों को ऐसी सरल सस्ती ओषधि

न दीजिए। पुजारी, धर्म और मंदिर को जहन्नुम में जाने दीजिए। अगर आपके सामने अपने देश और अपने लिए कोई सच्चा आदर्श है, तो उनकी आर्थिक विषमताओं का अध्ययन कीजिए और उनको दूर करने की चेष्टा कीजिए। आज जब बिहार में हरिजनों को मंदिर का पुजारी बनाकर और 'शंकराचार्य' नियुक्त कर उनकी समस्या का समाधान प्रस्तुत किया जा रहा है, तो राहुलजी के शब्द जोरों से याद आते हैं। उन्होंने नौकरियों में हरिजनों के लिए आरक्षण की व्यवस्था को भी समस्या का समाधान नहीं माना है। 'भागो नहीं (दुनिया को) बदलो' में उन्होंने कहा है कि ओस चाटने से प्यास नहीं बुझेगी। उनका कहना है कि लोटे से पानी भरने में जिंदगी बीत जाएगी, लेकिन सारे छोटे-बड़े ताल और गड्ढे न भरेंगे, जबकि एक बार बाढ़ आ जाए, तो सभी भर जाएँगे !

'शोषितों का समाजवाद' शीर्षक अध्याय का आधार मार्च, 1949 के आरंभ में तत्कालीन युक्तप्रांत में बालिग मताधिकार के आधार पर संपन्न होनेवाला ग्रामपंचायतों का चुनाव है। उसमें नान्ह जातियाँ संगठित होकर एक शक्ति के रूप में उभरी थीं और अधिकांश पंचायतों पर कब्जा कर लिया था। राहुलजी ने उसे एक नई शक्ति के उभार के रूप में देखा, जिसमें यह संभावना थी कि वह सभी संकीर्णताओं को तोड़ फेंके। बड़ी जातिवाले इसे घृणित जातिवादिता कह रहे थे, जैसे वे स्वयं दूध के धुले थे ! राहुलजी ने नान्ह जातियों के उत्थान को उनके युगों के राज्य के लिए एक चुनौती और मौत का वारंट बतलाया। बड़ी जातिवाले यह भी कह रहे थे कि नान्ह जाति के लोग राज-काज नहीं चला सकते, क्योंकि उनमें न वैसी शिक्षा है, न वैसी योग्यता। राहुलजी ने कहा कि यह ठीक वही दलील है, जो अंग्रेज दिया करते थे। उन्होंने अंबेदकर और जगजीवन राम का नाम लेकर कहा कि केंद्रीय मंत्रिमंडल में उनके समान योग्य और दक्ष कोई मंत्री नहीं, फिर उनकी क्षमता में कैसे संदेह किया जा सकता है ! सामाजिक न्याय का नारा बुलंद करनेवाले आज के किसी भी नेता से आगे बढ़कर शोषितों के पक्ष में उन्होंने अपने ये विचार सामने रखे : सभी पिछड़े हुओं को अवसर और सहायता देना सरकार का कर्तव्य होना चाहिए। यदि इस कर्तव्य को आज की सरकारें नहीं पाल रही हैं, तो भविष्य की सरकारों को पालना होगा। हर साल बीस हजार छात्रवृत्तियाँ शोषित बालक-बालिकाओं को मिल जानी चाहिए। फिर देखिए कि उनमें पंद्रह साल में लाखों की संख्या में शिक्षित और हजारों की संख्या में प्रतिभाशाली ग्रेजुएट, डाक्टर और इंजीनियर पैदा हो जाते हैं। सरकारी नौकरियों में जब तक संख्या के अनुपात से नान्ह जातियों के आदमी नहीं आ आते, तब तक ब्राह्मण-क्षत्री-लाला का एक भी आदमी भर्ती न किया जाए। पंद्रह साल में वे तीन चौथाई हो जाएँगे। बड़ी जातियों के लड़के अपनी प्रतिभा दिखलाना चाहें तो डाक्टरी, इंजीनियरिंग आदि क्षेत्र उनके लिए खुले हुए हैं। देश के उद्योगीकरण के लिए लाखों इंजीनियरों की आवश्यकता

होगी, वहाँ उनके लिए भी काम है।

लेकिन प्रशासन पर नान्ह जातियों का प्रभुत्व स्थापित हो जाने को ही राहुलजी 'शोषितों का समाजवाद' नहीं कहते। उनका विश्वास था कि पूँजीपतियों के जाल से निकलकर शीघ्रता से देश का उद्योगीकरण नान्ह जाति की सरकार अच्छी तरह कर सकती है। नान्ह जाति में सभी पुरुष और सभी स्त्रियाँ काम करनेवाले हैं। सभी हँसुआ-कुदाल चला सकते हैं। वे नियम बना सकते हैं कि कोई लड़का तब तक परीक्षा में पास न समझा जाए, जब तक कि वह एक साँस में आधा घंटा कुदाल न चला सके, मन-भर का बोझ लेकर घंटे में दो मील न जा सके। इस बात की आशा क्या बड़ी जातिवालों से की जा सकती है, जिनका आदर्श है मक्खन-मलाई की तरह का कोमल हाथ ? दामोदर, कोसी, घग्घर, नर्मदा, ताप्ती, गोदावरी, कृष्णा, कावेरी और महानदी की विशाल योजनाओं में जो सैकड़ों पहाड़-जैसे बाँध बाँधे जाएँगे, वे क्या इन मेहनती हाथों के लिए भार मालूम होंगे ? बड़ी जातिवालों के लिए तो यह समझना भी मुश्किल है कि पचास करोड़ हांथों का प्रतिदिन आठ घंटे चलना रोज एक अरब पूँजी पैदा करना है। राहुलजी ने अपना यह विश्वास भी व्यक्त किया कि पूँजीपति घड़ियालों के प्रभाव से ब्राह्मण-क्षत्री-लाला की नहीं, नान्ह जाति की सरकारें ही अलग रह सकती हैं। इसके अलावा पंचायती खेती के लिए भी बड़ी जातियाँ कभी तैयार नहीं हो सकतीं। नान्ह जाति ही उसमें आगे बढ़ सकती है। नान्ह जाति के लोगों के पास खेत से भी अधिक अपना जाँगर है, जो साल-भर में अधिकतर बेकार पड़ा रहता है। वे चाहेंगे कि बैसाख-जेठ में भी खेत खाली न रहें और जमीन के भीतर बहते पानी को पंपों से ऊपर लाकर खेतों को फसल की हरियाली से ढक दिया जाए। जिनमें न जमींदार हैं, न ताल्लुकेदार, न दूसरे की कमाई पर जीनेवाले किसान या निष्ठुर सूदखोर, वे ही नान्ह वस्तुतः खेती का नवनिर्माण कर सकते हैं। वे ही राष्ट्र-निर्माण में कार्य करने के लिए सबको मजबूर कर सकते हैं, क्योंकि उनमें कोई कामचोर नहीं। आगे उन्होंने यह भी कहा कि शोषित जातियों को आगे बढ़ते देखकर बड़ी जाति के ईमानदारों को घबड़ाने की आवश्यकता नहीं, क्योंकि शोषित जातियाँ जो भी करेंगी, वह देश के सभी शोषित मानवों के लिए एक-सा लाभदायक सिद्ध होगा।

अंत में राहुलजी ने यह विचार प्रकट किया : हमारे देश में युगों से शोषितों के हित की बात सुनने की कभी चेष्टा नहीं की गई। बुद्ध ने जोर लगाया, किंतु थोड़े ही दिनों तक उसमें कुछ सफलता रही। रैदास और कबीर भुक्तभोगी थे। उनकी भी बातें मनोरंजन-मात्र रह गईं। लेकिन आज उन बातों की अवहेलना नहीं की जा सकती। आज शोषित शक्तिधर हैं, कल वह शक्ति रूप लेने जा रही है। वह शक्ति एक नवीन और अत्यंत सुंदर दुनिया का निर्माण करने जा रही है। उस दुनिया में मानव-मात्र के सुख और शांति का ध्यान रहेगा। आज के शोषकों की संतानें भी

उससे लाभ उठाएँगी। इसलिए सबको उसका स्वागत करना चाहिए।

सर्वहारा के समाजवाद का जो हश्र हुआ, उससे भिन्न शोषितों के समाजवाद का हश्र होगा, इस आशा के लिए कोई ठोस आधार नहीं है। फिर यह प्रश्न उठता है कि राहुलजी के बुद्धिवाद की, जिसका मूर्त रूप वैज्ञानिक समाजवाद है, आज क्या अर्थवत्ता रह गई है ? मुझे ऐसा लगता है कि प्लेटो से लेकर मार्क्स तक एक युटोपिया से चालित रहे हैं। युटोपिया भी दो तरह का होता है : एक वह, जिसमें लेखक वास्तविकता से पलायन करता है और दूसरा वह, जिसमें पुनर्निर्माण की प्रेरणा होती है। दूसरी तरह का युटोपिया एक बेहतर समाज की योजना और कार्यक्रम प्रस्तुत करता है। इसके अलावा इसमें भविष्य में जाकर उससे विरोध उपस्थित करते हुए वर्तमान की तीखी आलोचना और उसके प्रति अस्वीकार का भाव जाग्रत करने का गुण भी होता है। प्लेटो ने 'रिपब्लिक' के माध्यम से अपने आदर्श राज्य की परिकल्पना प्रस्तुत की थी, जबकि मार्क्स ने वैसा कोई युटोपिया नहीं लिखा। लेकिन मार्क्स का संपूर्ण लेखन इस बात का गवाह है कि उनके सारे शब्द और कर्म एक आदर्श समाज की परिकल्पना से प्रेरित थे और उसी को साकार करने के लिए समर्पित। राहुलजी ने तो 'बाईसवीं सदी' के नाम से वस्तुतः एक युटोपिया से ही अपने लेखकीय जीवन का प्रारंभ किया। उस युटोपिया को अच्छा नहीं समझा जाता, जिसमें बिना किसी संघर्ष अथवा संकट के भविष्य के स्वर्णिम लोक को धरती पर उतार लाया जाता है। उस दृष्टि से 'बाईसवीं सदी' बढ़िया युटोपिया नहीं, लेकिन उसे राहुलजी के शेष कृतित्व से जोड़कर देखें, तो वह बढ़िया युटोपिया साबित होता है। मेरा तो कहना है कि उनकी 'साम्यवाद ही क्यों ?' को ही नहीं, 'आज की राजनीति' नामक पुस्तक को भी, जिसमें जैसा कि कहा जा चुका है, स्वतंत्रता के बाद राष्ट्रीय पुनर्निर्माण की एक पूरी परिकल्पना मौजूद है, युटोपिया ही मानना चाहिए। आज कथित समाजवादी व्यवस्था ध्वस्त हो गई है, मार्क्सवाद पर पुनर्विचार हो रहा है, लेकिन उससे न मार्क्स के आदर्श-स्वप्न की अर्थवत्ता समाप्त हुई है, न राहुलजी के आदर्श-स्वप्न की।

'बाईसवीं सदी' में बाईसवीं सदी के सेबग्राम के बरअक्स, जिसमें सड़क के किनारे सुंदर मकानों की कतारें बनी हुई हैं, 1923 के एक उत्तर भारतीय गाँव का यह विस्तृत चित्र है : मिट्टी के कच्चे मकान, जिनमें कहीं-कहीं मकान की मिट्टी गिर गई है। कहीं एक कोना खिसक पड़ा है। पूस की छत और खपरैल टूटी-फूटी पड़ी हुई है। दस घर में शायद दो घर ऐसे होंगे, जिनमें बरसात की बूँदें भीतर न टपकती हों। जगह-जगह पतली-पतली गलियों में कूड़ा-कर्कट फेंका हुआ है, वहीं नाबदान का सड़ा पानी बह रहा है। लड़के वहीं पाखाने के लिए बैठ जाते हैं। बरसात के दिनों में तो और भी सड़-सड़कर कीचड़ और दुर्गंध की भरमार हो जाती थी। बस्ती के चारों ओर लगे हुए खेत ही लोगों के पाखाना जाने की जगहें थीं। कुत्ते जगह-जगह फिरते रहते थे। किसी प्रकार मुश्किल से, जिस रास्ते से गाड़ी जा सके,

वही उस समय की सड़क थी। इस तरह यह पुस्तक यथार्थ से दूर ले जानेवाली नहीं, बल्कि अधिक तीव्रता से उसका साक्षात्कार करानेवाली पुस्तक है। राहुलजी का आदर्श-स्वप्न भारत ही नहीं, पूरे विश्व के बारे में है। बाईसवीं सदी में पूरा भूमंडल एक ही राष्ट्र है। उसमें सभी जगह समता का राज्य है। धर्म के नाम पर, जातियों के नाम पर, धन और प्रभुता के नाम पर, गोरे और काले के नाम पर, जो अत्याचार पहले होते थे, कितनी ही मानव-संतानें दूसरों के पैरों के नीचे आजन्म कुचली जाती थीं, उन सबका अब नाम नहीं। अब सभी मनुष्य बराबर हैं, सभी स्त्री-पुरुष बराबर हैं। सभी जगह श्रम और भोग का समत्व मूलमंत्र रखा गया है। अब भूमंडल में न जमींदार हैं, न सेठ-साहूकार हैं; न राजा है, न प्रजा; न धनी हैं, न निर्धन; न ऊँच हैं, न नीच। सारे भूमंडल के निवासियों का एक कुटुंब है। पृथ्वी की सभी स्थावर-जंगम संपत्ति उसी कुटुंब की संपत्ति है। 'साम्यवाद ही क्यों ?' में भी राहुलजी कहते हैं, साम्यवाद का ध्येय है, सारे देश या विश्व को एक सम्मिलित परिवार बना देना और देश की सारी संपत्ति को उस परिवार की संपत्ति करार देना।

कहा जाता है कि मार्क्सवाद युटोपिया नहीं, विज्ञान है। एंगेल्स ने एक पूरी पुस्तक लिखकर युटोपियन और वैज्ञानिक समाजवाद का फर्क बतलाया था। आज इस बात को बेहतर ढंग से समझा जा सकता है कि मार्क्सवाद युटोपिया ही है, लेकिन जैसा कि कहा जा चुका है, युटोपिया और युटोपिया में फर्क होता है। मार्क्सवादी युटोपिया के साथ न्याय करने के लिए उसे मानववादी युटोपिया के रूप में देखना जरूरी है। यहाँ ऊपरी ब्योरों का कोई महत्त्व नहीं है, महत्त्व है उसके भीतर निहित स्वतंत्रता, समानता और सुंदरता के भाव का। राहुलजी में हम एक सुखी समाज की कल्पना पाते हैं, जिससे उनका संपूर्ण लेखन और जीवन परिचालित रहा। यह आकस्मिक नहीं है कि उनकी रुचि 'साम्यवाद क्यों' में जितनी थी, उतनी 'साम्यवाद कैसे' में नहीं। 'साम्यवाद ही क्यों ?' की भूमिका में उन्होंने लिखा है कि ''लेखक के एक मित्र ने बात चलते वक्त कहा था—'साम्यवाद ही क्यों' अच्छा होगा, किंतु आपको 'साम्यवाद कैसे होगा' इस पर भी लिखना चाहिए। लेखक के असमर्थता जाहिर करने पर, उन्होंने असंतोष प्रकट किया। मैंने उस पर कई बार सोचा, किंतु अपने को उसके लिए बिलकुल अयोग्य और ना-तैयार पाया।'' इससे स्पष्ट है कि उनकी हार्दिक संपत्ति उनका आदर्श-स्वप्न था। एक तरफ उदात्त आदर्श-स्वप्न और दूसरी तरफ कुत्सित वास्तविकता। इन दोनों के बीच के संबंध और संघर्ष की कल्पना की जा सकती है। उसी में राहुलजी का संपूर्ण कृतित्व निर्मित हुआ। उसकी यह सबसे बड़ी अर्थवत्ता है, जो कभी धूमिल नहीं होगी।

1993

मार्क्सवादी आलोचना का संकट

साहित्य में संकट की चर्चा अक्सरहा सुनाई देती है। ज्यादा बार वह संकट नकली होता है, कम बार असली। दुर्भाग्य से इस बार का संकट नकली नहीं है। लेकिन यह संकट भी अखिल साहित्यव्यापी नहीं। जो लेखक सार्वभौम नैतिक मूल्यों को लेकर साहित्य रचते हैं, वे आज भी संकट-मुक्त हैं। शायद उनके लिए कभी कोई संकट नहीं होता, क्योंकि उनके लेखन से किसी को कष्ट नहीं पहुँचता। संकट पैदा हुआ है उन लेखकों के लिए, जिनके मूल्य वर्गीय यानी वर्ग-विशेष के हित में स्वीकृत मूल्य रहे हैं। आलोचना के प्रसंग में संकट की चर्चा इसलिए है कि उसका विचारों से सीधा सरोकार होता है। रचना कैसी भी क्यों न हो, वर्गीय या वर्गातीत, वह राजनीतिक घटना-क्रमों से उस कदर प्रभावित नहीं होती। उसकी तुलना में आलोचना का, जिसे साहित्य का ज्ञान-कांड कहा जाता है, उनसे कमोबेश प्रभावित होना लाजिमी है। आज कठघरे में डा. रामविलास शर्मा खड़े हैं, त्रिलोचन नहीं, जिन्होंने एक लेखक के यह पूछने पर कि अब आप मार्क्सवाद के बारे में क्या कहते हैं, यह उत्तर दिया कि 'जो पहले कहते थे !' मतलब यह कि यह संकट मूलतः विचारों का संकट है, संवेदना का नहीं।

मार्क्सवादी साहित्य प्रतिबद्ध साहित्य माना जाता रहा है। मार्क्सवादी साहित्य-जगत् में प्रतिबद्धता की चर्चा लेनिन के प्रसिद्ध लेख 'पार्टी संगठन और पार्टी साहित्य' से शुरू हुई थी। उसमें कहा गया था कि साहित्य को सर्वहारा के साझा उद्‌देश्य का अंग होना चाहिए और उसे पार्टी-यंत्र का दाँता और पेच बन जाना चाहिए। इन विचारों की रोशनी में प्रतिबद्धता की व्याख्या पार्टी-सदस्यता के रूप में की गई। काफी दिनों के बाद यह तथ्य सामने आया कि लेनिन ने उक्त लेख एक खास प्रसंग में पार्टी से संबद्ध सृजनात्मक लेखन करनेवाले लेखकों और पत्रकारों के लिए लिखा था, सभी क्रांतिकारी लेखकों के लिए नहीं। लेकिन सोवियत संघ में हाल-हाल तक इस बात पर जोर दिया जाता रहा कि वह लेख सभी क्रांतिकारी लेखकों को संबोधित

है। हाँ, इतना सुधार जरूर हुआ कि बाद के युग में प्रतिबद्धता की व्याख्या पार्टी-सदस्यता से हटकर विचारधारात्मक संबद्धता के रूप में की गई। आज विचारधारा पर भी प्रश्नचिह्न लगा हुआ है। आज न केवल यह विचारणीय है कि विचारधारा वह कोई भी क्यों न हो, संपूर्ण जीवन को समेट सकती है या नहीं, बल्कि यह भी कि कहीं मार्क्सवाद में ही तो त्रुटियाँ नहीं हैं। कहा जाता है कि संकीर्णता मार्क्सवाद में नहीं, उसे लागू करने के ढंग में थी और वही विफल हुआ है, मार्क्सवाद नहीं, लेकिन क्या मार्क्स, एंगेल्स और लेनिन के निष्कर्षों और प्रस्थापनाओं में कहीं कोई संकीर्णता नहीं है ? करीब पचहत्तर वर्ष पुरानी समाजवादी व्यवस्था को ध्वस्त कर पूँजीवाद का पुनरागमन क्या यह नहीं संकेत देता कि पूँजीवाद के चरित्र-निरूपण और समाजवाद के चरित्र-निर्धारण में उक्त महान् सिद्धांतकारों से गंभीर गलतियाँ हुई हैं ?

एक बात और है। मुक्तिबोध ने ज्ञानात्मक संवेदना और संवेदनात्मक ज्ञान की बात कही है। उनका 'ज्ञान' बहुत कुछ मार्क्सवाद ही है। क्या यह संभव है कि एक लेखक, जिसका क्षेत्र और लक्ष्य बिलकुल भिन्न होता है, एक दार्शनिक, समाजशास्त्री और राजनीतिज्ञ की तरह विचारधारा का पूर्ण ज्ञान अर्जित कर सृजन-कर्म में प्रवृत्त हो और तमाम चीजों को ठीक से समझते हुए अपने को असंगतियों और अंतर्विरोधों से मुक्त रखे ? हम गलत विचारधारा के बावजूद किसी लेखक को महान् लेखन करते देखते हैं, तो उसके मानववाद की दुहाई देते हैं। क्या यही मानववाद लेखक का असली क्षेत्र नहीं है ? क्या गेटे की इस उक्ति को फिर से दुहराने की जरूरत नहीं है कि सारे सिद्धांत और दर्शन पीले पड़ जाते हैं, लेकिन जीवन का मूल्यवान् वृक्ष हमेशा हरा रहता है ?

साहित्य में मार्क्सवाद और यथार्थवाद ये दोनों लगभग पर्यायवाची शब्द हैं। गोर्की ने 'समाजवादी यथार्थवाद' की अवधारणा की प्रस्तावना की थी, जिसे लूकाच ने बहुत विकसित किया। उन्होंने यथार्थवाद को प्रकृतवाद से अलगाते हुए उसकी दो मंजिलें बतलाईं—बुर्जुआ और समाजवादी। उनके अनुसार बुर्जुआ साहित्य की एक प्रवृत्ति ह्रासोन्मुख या आधुनिकतावादी थी, तो दूसरी आलोचनात्मक यथार्थवादी। स्थिति की विडंबना इस रूप में सामने आई कि बीसवीं शताब्दी के समाजवादी समाज में रचे जानेवाले साहित्य से अधिक महत्त्वपूर्ण उन्हें उन्नीसवीं शताब्दी के पूँजीवादी यूरोप में रचा गया साहित्य प्रतीत हुआ। उन्होंने बीसवीं शताब्दी के कथित ह्रासोन्मुख साहित्य को आधुनिकतावादी कहकर न केवल उसे यथार्थवाद के बरअक्स खड़ा कर दिया, बल्कि उन्नीसवीं शताब्दी के आलोचनात्मक यथार्थवादी कथा-साहित्य में प्रयुक्त रूप-विधान को लगातार आदर्श के रूप में प्रक्षेपित करते रहे। स्पष्ट शब्दों में उन्होंने कहा कि हमें टॉमस मान चाहिए, काफ्का नहीं। इसका परिणाम यह हुआ कि मार्क्सवादी साहित्य में यथार्थवाद का झंडा फहराने लगा और साहित्य में दूसरे कलात्मक प्रयोगों के लिए दरवाजा बंद हो गया। एक धारणा यह बन गई कि यथार्थवाद से भिन्न

जो अन्य कला-रूप हैं, वे बुर्जुआ हैं !

सिद्धांत-रूप में लूकाच ने भी माना था कि यथार्थ भिन्न कलात्मक रूपों में भी प्रकट हो सकता है, लेकिन उन कलात्मक रूपों का उन्होंने कभी विस्तार से निरूपण नहीं किया। ऑफिसियल सौंदर्यशास्त्रीय चिंतन में भी इसे स्वीकार किया गया कि यथार्थवाद कोई रूढ़ शैली नहीं, बल्कि क्लासिसिज्म और रोमांटिसिज्म की तरह एक पद्धति है, जो अनेक रूपों को स्वीकार कर चल सकता है, लेकिन यथार्थवाद के एक रूढ़ रूप की दृढ़ स्थापना के बाद उसे हिलाना संभव न हुआ। आज यथार्थवाद की कोटियाँ न केवल पुरानी पड़ गई हैं, बल्कि जीवन के व्यापक और जटिल यथार्थ के साक्षात्कार में बाधक सिद्ध हो रही हैं। मायकोव्स्की, ब्रेख्त और नेरुदा इस बात के प्रमाण हैं कि जिसे गोर्की से लेकर लूकाच तक ने पतनशील साहित्य कहा है, उसकी अनेक विशेषताओं को आत्मसात् किए बिना ताजगी और स्फूर्ति से भरे साहित्य की रचना संभव नहीं है। आज जो बात राजनीति में घटित हो रही है, उसका संकेत काफी पहले से साहित्य देता आ रहा है। इस मुकाम पर हमें इस बात को अच्छी तरह से समझ लेना है कि कभी-कभी यह दुनिया बेहतर ढंग से तब समझ में आती है, जब यह साहित्य में आकर बिलकुल बदल जाती है ! निश्चय ही इस बात को भी यथार्थवाद की सीमा में समेटने का प्रयास किया गया, तो उसके परंपरागत साँचे टूट जाएँगे और 'यथार्थवाद' यथार्थवाद न रह जाएगा।

यथार्थवाद के चरित्र-निरूपण के क्रम में लूकाच ने 'समाजवादी परिप्रेक्ष्य' की बहुत चर्चा की है। इससे मार्क्सवादी लेखक का राजनीति से अनिवार्य रूप से संबंध स्थापित हो जाता है। डा. रामविलास शर्मा की बात छोड़ दें, ब्रेख्त और बेंजामिन ने भी लेखक के राजनीतिक दृष्टिकोण पर बहुत जोर दिया है। ये सारे लेखक द्वितीय विश्वयुद्ध के दौर के लेखक हैं, जो फासिस्ट जुल्म के शिकार थे। इस कारण उनका राजनीति को विशेष महत्त्व देना समझ में आता है, लेकिन इसके आधार पर यह प्रस्थापना करना कि लेखक को अनिवार्यतः राजनीतिक होना चाहिए, बहुत सही नहीं है। राजनीति के इस विशेष आग्रह की परिणति दलगत राजनीति में हुई, जिसका विरोध वात्स्यायन-जैसे लेखक यह कहकर करते रहे कि लेखक में राजनीतिक चेतना हो, यह तो ठीक है, पर राजनीतिक मतवाद नहीं। मुक्तिबोध ने दलगत राजनीति को बाह्यानुरोध माना, लेकिन उत्साह में यहाँ तक कहा कि वे बाह्यानुरोध क्रांतिकारी लेखकों के लिए आंतरिक अनुरोध बन जाते हैं !

इन बाह्यानुरोधों के आधार पर साहित्य की आलोचना चलती रहेगी, तो आलोचना का क्या हश्र होगा, यह डा. शर्मा के मुक्तिबोध-संबंधी आलोचना से ही नहीं केदारनाथ अग्रवाल-संबंधी आलोचना से भी स्पष्ट है। केदार का प्रसंग सही संदर्भ में आया है। कविताएँ उन्होंने राजनीतिक भी लिखी हैं, लेकिन कवि वे मूलतः प्रकृति और प्रेम के हैं, इनके साथ लोकजीवन के। तात्पर्य यह कि उन-जैसे प्रगतिशील

कवि का सही आलोचनात्मक मूल्यांकन भी राजनीतिक दृष्टिकोण की कसौटी पर नहीं हो सकता, फिर यह कसौटी सार्वभौम कैसे हो सकती है ?

आज मार्क्सवादी राजनीतिक दृष्टिकोण की सीमा स्पष्ट है। मार्क्सवादी आलोचना इस सीमा को छोड़कर ही आगे जा सकती है। यह सही है कि साहित्य अपने काल के माध्यम से ही अनंत काल में प्रवेश करता है, तथापि वक्ती राजनीति और स्थायी राजनीति के फर्क को मानना होगा। राजनीति मुक्तिबोध में भी है और नागार्जुन में भी। लेकिन एक की राजनीति जहाँ वक्ती नहीं है, तीसरी दुनिया के साधारण मनुष्य की नियति से जुड़ी हुई है, उसकी स्वतंत्रता और उस स्वतंत्रता की रक्षा के संघर्ष से, वहाँ दूसरे की राजनीति प्रायः अपने देश की रोज-ब-रोज की राजनीति है। यह बिलकुल आकस्मिक नहीं है कि डा. शर्मा नागार्जुन को निराला के बाद हिंदी का सर्वश्रेष्ठ कवि घोषित करते हुए मुक्तिबोध को उनसे ही नहीं, केदारनाथ अग्रवाल से भी नीचे स्थान देते हैं। यह उस मार्क्सवादी आलोचना का संकट है, जो दलगत राजनीति को कसौटी के रूप में व्यवहृत करती है। इस राजनीति की धज्जियाँ स्वयं ब्रेख्त और लूकाच ने ऑफिसियल समाजवाद का विरोध करके उड़ा दी थीं। लूकाच को तो उसके लिए सोवियत संघ की सेना द्वारा गिरफ्तार भी होना पड़ा था और जेल की हवा भी खानी पड़ी थी।

अंत में मैं एक बात और कहना चाहता हूँ। मार्क्स ने साहित्य की पवित्रता की रक्षा के लिए उसे जीविकोपार्जन का साधन बनाने का विरोध किया था और कहा था कि साहित्यिक कृतियाँ अपना साध्य आप होती हैं। इसके बावजूद मार्क्सवादी लेखकों ने साहित्य को सामाजिक संघर्ष में एक अस्त्र के रूप में प्रचारित किया और उसे जीविकोपार्जन का न सही, क्रांति का साधन बना दिया। इसका अनिवार्य परिणाम यह हुआ कि जो साहित्य सामाजिक संघर्ष में अस्त्र बनने में असमर्थ था, उस पर न केवल आक्रमण किया गया, बल्कि उसे पतनशील कहकर उसकी घोर उपेक्षा की गई। जैसा कि एक तिरस्कृत मार्क्सवादी सौंदर्यशास्त्री ने कहा है, संकट-काल में तो फ्राइंग-पैन भी अस्त्र के रूप में व्यवहृत हो सकता है, फिर साहित्य क्यों नहीं, लेकिन इसका यह मतलब नहीं है कि साहित्य प्रथमतः और अंततः अस्त्र है। कलावाद का विरोध भी इस अस्त्रवादी धारणा का ही परिणाम है। इतिहास इस बात का गवाह है कि 'कला के लिए कला' इस सिद्धांत का उत्थान ही हुआ था पूँजीवाद में साहित्य के व्यावसायिक उपयोग के विरोध में, उसकी स्वायत्तता की रक्षा के लिए, लेकिन इस बात को बिलकुल भुलाकर उसे पूँजीवाद का रक्षक घोषित किया गया। कलावाद का यह विरोध बढ़ते-बढ़ते कला और रूप-मात्र के विरोध तक पहुँच गया। ब्रेख्त को 'रूपवाद' शब्द का असावधानी के साथ किया गया प्रयोग पसंद नहीं था। वे रूप के क्षेत्र में नए-नए प्रयोगों को इतना महत्त्व देते थे कि कहते थे कि किसी पुरानी अच्छी चीज से शुरुआत करने से अच्छा है, किसी नई चीज से शुरुआत करना, भले

वह बुरी क्यों न हो। 'फार्मलिज़्म' के विरोधियों को जवाब देने के लिए उन्होंने 'कंटेंटिज़्म' शब्द का आविष्कार किया !

आज सोचने की बात यह है कि बिना कला के, बिना रूप के और बिना सौंदर्य के क्या कला और साहित्य संभव है। निश्चय ही रूढ़िवादी मार्क्सवादी भी कला, रूप और सौंदर्य का महत्त्व स्वीकार करते हैं, लेकिन वे इनकी सता सर्वोपरि मानने को तैयार नहीं होते। वे वस्तु और रूप में जैसे वस्तु को प्राथमिक मानते हैं, वैसे ही रूप की परिणति वस्तु में देखने को उत्सुक रहते हैं। कला और साहित्य की परिणति किसी संदेश या संज्ञान में होनी चाहिए, या सौंदर्य में ? सौंदर्य क्या अनिवार्यतः सौंदर्यवाद है ? रवींद्रनाथ ने कहा था कि कला और साहित्य की भूमि भौतिक उपयोगिता की परिधि से बाहर की भूमि है। क्या जो भी उस भूमि पर होता है, वह जीवन और जगत् से बाहर हो जाता है ? क्या यही वह भूमि नहीं है, जिस पर पहुँचे बिना यथार्थवादी साहित्य भी साहित्य नहीं हो सकता ? और यदि वह साहित्य यथार्थवादी नहीं है, तो क्या उसकी कोई सार्थकता ही नहीं है ? क्या सौंदर्य अपने आप में सर्वाधिक मानवीय वस्तु नहीं है और सौंदर्य-सृष्टि क्या कला और साहित्य का चरम साध्य नहीं है ? मेरा खयाल है कि ये प्रश्न मार्क्सवादी आलोचना के मार्ग का सबसे बड़ा संकट हैं और मार्क्सवादी विचारधारा की कथित असफलता के बाद ये बहुत तीखे रूप में उभरकर सामने आ गए हैं।

1991

रचना और आलोचना का संबंध

आम तौर पर यह समझा जाता है कि रचना और आलोचना सर्वथा दो विधाएँ हैं और इस कारण दोनों एक-दूसरे से बिलकुल पृथक् हैं। शास्त्रों में भी कारयित्री और भावयित्री प्रतिभा का जिक्र है, जिसका मतलब यह है कि दोनों से दो नितांत भिन्न प्रकार की कृतियों का जन्म होता है। लेकिन वास्तविकता यह है कि रचना और आलोचना दोनों उतनी पृथक् वस्तुएँ नहीं। रचना में भी आलोचना के तत्त्व होते हैं और आलोचना में भी रचना के तत्त्व। रचना करते समय रचनाकार की आलोचना-बुद्धि भी सजग होती है, जिससे वह अपनी रचना में बहुत बातें छोड़ता और बहुत बातें जोड़ता चलता है। इस काम में उसकी सहायता पूर्वसंचित आलोचनात्मक निष्कर्ष और ज्ञान करते हैं। यह जरूर है कि रचनाकार जितना बड़ा होगा, उसकी आलोचना-बुद्धि भी उतनी ही गहन और प्रखर होगी। कुछ बहुत प्रतिभाशाली रचनाकार जो बहुत आगे नहीं जा सके, उसका एक बड़ा कारण यह है कि उनकी आलोचना-बुद्धि सीमित थी। प्रगतिशील कवियों में मुक्तिबोध सबसे आगे गए, क्योंकि वे रचना के लिए केवल कारयित्री प्रतिभा पर ही अवलंबित न थे, उसमें उनकी भरपूर सहायता उनकी अत्यंत विकसित भावयित्री प्रतिभा भी करती थी।

दूसरी तरफ आलोचना में रचना का भी उसी तरह योगदान होता है। न केवल यह कि रचना में अभिव्यक्त संवेदना के प्रति आलोचक का ग्रहणशील होना आवश्यक होता है, बल्कि यह भी कि उसकी प्रतिपादन-शैली ऐसी होनी चाहिए कि लगे, वह भी भिन्न ढंग से कोई रचना ही कर रहा है। सिर्फ उसके साधन भिन्न हैं। ऐसी आलोचना की भाषा भी पंडिताऊ न रहकर सृजनात्मक हो जाती है। ताज्जुब नहीं कि इधर सृजनात्मक आलोचना का एक नया मुहावरा ही चल पड़ा है। शुक्लजी और द्विवेदीजी की आलोचना में पांडित्य की कमी नहीं है, लेकिन वहाँ पर वह अपने उत्कर्ष पर पहुँच जाती है, जहाँ उसमें रचना के तत्त्व प्रभूत मात्रा में होते हैं।

यह बात और है कि हिंदी में ऐसे रचनाकार भी हैं, जो आलोचना को छूते

भी नहीं। वे सिर्फ लिखते हैं और न पुरानी आलोचना पढ़ते हैं, न नई आलोचना। दिलचस्प यह है कि ऐसे निस्पृह रचनाकार भी इस इच्छा से पीड़ित रहते हैं कि आलोचना में उनका जिक्र हो, उन पर आलोचनात्मक लेख लिखे जाएँ, हो सके तो पूरी की पूरी पुस्तक भी। इसी तरह ऐसे आलोचक भी हैं, जो रचना से कम से कम सरोकार रखते हैं और आलोचना को एक स्वयंसंपूर्ण संसार मानकर उसी में विहार करते रहते हैं। ऐसे आलोचक निश्चय ही आज के उन विद्यार्थियों से बेहतर नहीं हैं, जो टेक्स्ट बुक नहीं पढ़ते और परीक्षाओं में केवल नोट पढ़कर काम चला लेते हैं। ऐसे आलोचकों के प्रसंग में दिलचस्प यह है कि ये रचनाकारों के मुँह से अपनी प्रशंसा सुनने को आतुर रहते हैं। ये रचनाकार को ही अपनी कसौटी मानते हैं, पर रचना पढ़ना वक्त बर्बाद करना समझते हैं।

पुरानी पुस्तकों में यह कहकर रचना और आलोचना का फर्क बतलाया गया है कि रचना का आधार जहाँ जीवन होता है, वहाँ आलोचना का आधार रचना। इसे रचना और आलोचना के संबंध के रूप में भी देखा जा सकता है, क्योंकि आलोचना का अस्तित्व ही रचना पर निर्भर करता है, बावजूद इसके कि आलोचना सीधे जीवन से सरोकार रखे बिना अपने उद्देश्य में कृतकार्य नहीं हो सकती। लेकिन यहाँ मैं इस स्वीकृत तथ्य से थोड़ा हटकर इस बात पर जोर देना चाहता हूँ कि बिना 'रचना' के साक्षात्कार के आलोचना नहीं हो सकती। यदि आलोचना में रचना से साक्षात्कार को महत्त्व न दिया गया, तो आलोचना के कभी रचना के संदर्भ में, कभी किसी विचार में, या फिर कभी किसी अन्य चीज में भटक जाने का खतरा उत्पन्न हो जाएगा और तब रचना के संबंध में गलत निष्कर्ष निकलेंगे। मैं यह नहीं कहता कि रचना का कोई संदर्भ नहीं होता, या आलोचना के मार्ग पर हर तरह के विचार को छोड़कर चलना चाहिए, या उसमें किसी अन्य चीज को महत्त्व ही नहीं देना चाहिए, लेकिन मैं रचना पर विचार करने के क्रम में 'रचना' के ऊपर किसी चीज को रखने के पक्ष में नहीं हूँ। रचना समाज, व्यक्ति, विचार, अनुभूति, भाषा आदि से ही बनी होती है, तथापि वह अपना एक स्वतंत्र अस्तित्व रखती है। आलोचना में उसी अस्तित्व से आँखें चार होनी चाहिए, फिर जो प्राप्त हो, उसका विश्लेषण और मूल्यांकन अपेक्षित होगा।

यहाँ पूछा जा सकता है कि आखिर 'रचना' क्या है, जिसके साक्षात्कार करने पर इतना जोर दिया जा रहा है ? 'रचना' को परिभाषित करना कठिन है, क्योंकि वह किसी एक उपादान में नहीं, विभिन्न उपादानों से निर्मित एक 'संरचना' में निहित होती है, जो कि रचनाकार के रचनात्मक अनुभव की देन होती है। यह संरचना भी कोई बहुत सुनिश्चित चीज नहीं है, क्योंकि इसका न केवल कोई रूढ़ स्वरूप नहीं होता, बल्कि अनेक बार तो प्रचलित अर्थ में वह संरचनाविहीन होती है। ऐसी स्थिति में रचना को एक ही तरह से परिभाषित किया जा सकता है, यानी यह कहकर कि

वह एक 'सौंदर्यात्मक संवेदना' है। यदि इसे ठीक से समझ लिया जाए तो फिर विचारधारा, अंतर्विरोध, असंगति आदि का कोई खास महत्त्व न रह जाएगा। इसे न समझने पर या इसे कम महत्त्व देने पर और इसे गौण मानने से घटिया रचनाकार श्रेष्ठ और श्रेष्ठ रचनाकार घटिया साबित हो जाते हैं। यही रामविलासजी की भी ट्रैजेडी है और 'कामायनी' के प्रसंग में मुक्तिबोध की भी। रामविलासजी ने 'संवेदना' की उपेक्षा कर विचारधारा के आधार पर (हालाँकि मुक्तिबोध की विचारधारा की उनकी समझ भी गलत है) मुक्तिबोध को नागार्जुन और केदार से हीन कवि सिद्ध किया है और मुक्तिबोध ने विश्वदृष्टि के आधार पर 'कामायनी' को वह महत्त्व नहीं दिया, जिसकी वह अधिकारी है।

रचना सौंदर्यात्मक संवेदना है, इसका यह मतलब नहीं है कि वह रूपगत सौंदर्य तक सीमित होती है। सौंदर्यात्मक संवेदना का विस्तार बहुत ज्यादा है। उसमें व्यक्ति, समाज, विचारधारा आदि तमाम चीजें समाविष्ट हो सकती हैं। कहा जा सकता है कि वह वह पिंड है, जिसमें संपूर्ण ब्रह्मांड प्रतिबिंबित हो सकता है। डबरे पर सूरज का बिंब। जब रचना को सौंदर्यात्मक संवेदना कहकर परिभाषित किया जाता है, तो उसका एक ही उद्देश्य होता है—उसकी उस विशेषता को सर्वोपरि महत्त्व देना, जिसमें व्यक्ति, समाज, विचारधारा आदि तमाम चीजों का अतिक्रमण करने की क्षमता होती है। यह अतिक्रमण सच्चे अर्थों में सीमातिक्रमण है। जो रचना सौंदर्यात्मक संवेदना से युक्त होती है, वह उक्त तमाम चीजों की सीमाओं का अतिक्रमण कर सकती है। सीमातिक्रमण का मतलब स्पष्ट रूप में उन तमाम चीजों से छुटकारा पा लेना नहीं, बल्कि उन सीमाओं से छुटकारा पाना है, जो रचना को मात्र वैयक्तिक, सामाजिक वा विचारधारात्मक अभिव्यक्ति बनाकर छोड़ देती हैं।

सौंदर्यात्मक संवेदना में 'सौंदर्य' और 'संवेदना' दोनों शब्द महत्त्वपूर्ण हैं। 'सौंदर्य' का संबंध कलात्मक सृजन से है और 'संवेदना' का भावगत अनुभूति से। यह मानी हुई बात है कि बिना सृजनशीलता के कोई रचना नहीं हो सकती और सौंदर्य इस सृजनशीलता में ही होता है। यह सृजनशीलता अनुभूति से अनिवार्य रूप से संबद्ध है। अनुभूति इसे सक्रिय बनाती है और यह अनुभूति को रूपाकार प्रदान करती है। अनुभूति की विशेषता यह है कि वैचारिक उलझनों वा अंतर्विरोधों में फँसकर भी वह अचूक होती है। शमशेर ने कभी कविता के संबंध में कहा था कि उसमें मात्र स्वीकार होता है, अस्वीकार का प्रश्न ही नहीं उठता। जब उन्होंने ऐसा कहा था तो उनके ध्यान में कविता में व्यक्त यह अनुभूति या संवेदना ही थी। तब प्रश्न उठता है कि क्या हम कविता में व्यक्त किसी भी सौंदर्यात्मक संवेदना—वह अकेलेपन की संवेदना हो या अनास्था की—को स्वीकार ही करें, अस्वीकार नहीं ? यहाँ मार्क्स के इस कथन को याद करना चाहिए कि अकेलापन भी समाज की ही देन होता है ! इस तरह अकेलेपन की कविता भी सामाजिक कविता ही होती है, भले उसका

सामाजिक संदर्भ, उसमें पूरी तरह से प्रकट न हो। इससे यह भी सिद्ध है कि वाकई 'रचना' वा सौंदर्यात्मक संवेदना बहुत दूर तक फैली होती है। उसकी जड़ें जमीन में दूर-दूर तक जाती हैं और उसकी शाखाएँ भी आसमान में दूर-दूर तक लहराती हैं।

लेकिन इससे यह निष्कर्ष निकालना भी गलत होगा कि आलोचना में मात्र रचना का महत्त्व है और आलोचक का काम अपने सारे ज्ञान-विज्ञान से पीछा छुड़ाकर उसी का अनुसरण करना है। यदि ज्ञान-विज्ञान की कोई उपयोगिता हो सकती है तो यही कि उससे रचना का अनुसरण करने में कुछ मदद मिले। रचना और आलोचना का ऐसा संबंध सही संबंध नहीं हो सकता। वह एक सरलीकृत संबंध होगा, जबकि वह बहुत ही जटिल संबंध है। आलोचना वस्तुतः रचना और विचार यानी आलोचक के विविध प्रकार के ज्ञान का द्वंद्व है। जैसे रचनाकार विभिन्न रूपों में अपने अनुभव और ज्ञान को विस्तार देता हुआ अपनी रचनाशीलता को समृद्ध करता है, आलोचक भी आलोचना में अपने व्यापक ज्ञान का उपयोग करता है। इसमें बस इतनी सावधानी बरती जानी चाहिए कि कहीं विचार रचना पर हावी न हो जाए। यदि ऐसा हुआ तो वह मूल्यांकन 'रचना' का न होकर उसमें अभिव्यक्त किए गए विचारों और दूसरी चीजों का मूल्यांकन होगा, जो नितांत गैररचनात्मक हो सकती हैं। अभिप्रायपरक और प्रभावपरक दोनों हेत्वाभासों से बचने का, जहाँ तक आवश्यक है, उपाय भी यही है कि आलोचक अपनी तमाम क्षमताओं से काम लेते हुए भी अपने को 'रचना' पर ही केंद्रित करे।

यह सोचना गलत है कि 'रचना' को अंतिम प्रमाण मानने से वह रूपवाद के चक्कर में पड़ जाएगा और देश और समाज अथवा पीड़ित मानवता की दृष्टि से रचना का मूल्यांकन न कर सकेगा। कहा जा चुका है कि 'सौंदर्यात्मक संवेदना' बहुत ही व्यापक वस्तु है। इसकी कसौटी पर सूरदास और बिहारी तथा प्रसाद और बच्चन का फर्क बहुत आसानी से बतलाया जा सकता है, यानी उसके माध्यम से यह दिखलाया जा सकता है कि किस कवि की संवेदना में मानवीय व्यापकता और गहराई कितनी है। अभी एक नए कवि से बातचीत हो रही थी, जो इस बात से क्षुब्ध थे कि एक क्रांतिकारी आलोचक उन लोगों की कविता को 'स्त्रैण' कह रहे हैं, क्योंकि उसमें प्रेम को जो महत्त्व दिया गया है, वह युद्ध या वर्ग-संघर्ष को नहीं। युद्ध के साथ प्रेम का महत्त्व भी स्वीकृत है, क्योंकि युद्ध प्रेम की रक्षा और स्थापना के लिए ही किया जाता है, लेकिन उक्त कवि ने जो पते की बात मुझे बतलाई, वह यह कि प्रेम भी एक संघर्ष हो सकता है। जिस सौंदर्य को बहुत सीमित समझा जाता है, उसकी व्याप्ति वाकई बहुत ज्यादा है।

अभी हाल में पटने में आयोजित एक विचार-गोष्ठी में एक मार्क्सवादी आलोचक ने कहा कि जब हम हिंदी में प्रगतिशील रचनाकारों और आलोचकों का मिलान करते

हैं, तो पता चलता है कि आलोचकों की संवेदना रचनाकारों की संवेदना की तुलना में काफी पिछड़ी हुई है। रचनाकार निरंतर अपनी संवेदना को फैलाते रहे, जबकि आलोचकों की संवेदना में कोई विकास देखने को नहीं मिलता। यदि हिंदी के प्रगतिशील रचनाकारों की रचनाओं के आधार पर कोई सौंदर्यशास्त्र तैयार किया जाए, तो वह प्रगतिशील आलोचकों के सौंदर्यशास्त्र की तुलना में ज्यादा भरा-पूरा और सही होगा। ऐसा क्यों है ? आज यह एकदम स्पष्ट है। रचनाकारों ने जहाँ अपनी संवेदना का भरोसा किया और अपने को खुला रखा, वहाँ आलोचक अपने को उनकी रचना से भी अलग रखकर विचारधारा से, कभी-कभी राजनीतिक पार्टी से भी, बाँधकर चलते रहे। स्वभावतः उनकी संवेदना स्थिर हो गई और उनका सौंदर्यशास्त्र संकीर्ण हो गया। इसका एक उदाहरण रामविलासजी द्वारा किया गया केदार के काव्य का मूल्यांकन है। केदार की संवेदना और सौंदर्य-भावना उन्हें भिन्न दिशाओं में ले जाती है, जिससे वे प्रेम और करुणा की विलक्षण काव्य-सृष्टियाँ करते हैं, लेकिन रामविलासजी हैं, जो पार्टी लाइन को पकड़कर उनकी राजनीतिक कविताओं का मूल्यांकन करते हैं और उस आधार पर छायावादोत्तर हिंदी कविता में उनका क्रांतिकारी महत्त्व सिद्ध करते हैं !

कहा जाता है कि असफल कवि आलोचक हो जाते हैं। सत्य यह भी है कि आलोचना का 'अनुशासन' आलोचक की संवेदना को गतिहीन बनाने लगता है और उसकी कविता का स्रोत सूखने लगता है। तात्पर्य यह कि असफल कवि ही आलोचक नहीं हो जाते, आलोचक भी 'असफल कवि' हो जाते हैं। आलोचना-कर्म करते हुए धीरे-धीरे आलोचक की रस-ग्राहकता नष्ट होती जाती है और अंत में वह केवल सिद्धांतकार या शास्त्रज्ञ बनकर रह जाता है। उसके भीतर का कवि पूरी तरह से मर जाता है, जिसकी प्रेरणा पर ही उसने आलोचना लिखना शुरू किया था। ऐसी स्थिति में एक ही उपाय है। वह यह कि श्रेष्ठ कवि बनने के लिए रचनाकार श्रेष्ठ आलोचना से अपना घनिष्ठ संबंध स्थापित करें और आलोचक जड़ता से बचने के लिए अपने को श्रेष्ठ और नई रचना से निरंतर जोड़ते चलें। कवि आलोचक न हों, पर आलोचना से संबंध बनाए रखकर वे अपने अनुभव से ही नहीं, ज्ञान से भी श्रेष्ठ 'आलोचना' का प्रणयन कर सकते हैं, जैसे कॉलरिज और इलियट, और आलोचक रचना से घनिष्ठ संबंध जोड़कर नगेंद्र और रामविलासजी-जैसे जड़ शास्त्रज्ञ आलोचक होने से बच सकते हैं।

1992

परिशिष्ट

आधुनिक हिंदी कविता का इतिहास : एक प्रारूप

1. भारतेंदु-युग

भारतीय पुनर्जागरण की शुरुआत बंगाल में और उन्नीसवीं शताब्दी के आरंभ में हुई। इसके नेता राममोहन राय थे। अंग्रेजों के हाथों भारत की जो पराजय हुई थी, उसने भारतीय समाज की दुर्बलता को प्रत्यक्ष बना दिया था। जो चिंतनशील भारतीय थे, उन्होंने उस दुर्बलता को दूर करने का उपाय ढूँढ़ना शुरू किया। इतिहासकारों का कहना है कि इसमें उन्हें आधुनिक पाश्चात्य चिंतन से विशेष सहायता प्राप्त हुई। वे पश्चिम की जिन चीजों से विशेष रूप से प्रभावित हुए, वे थीं आधुनिक विज्ञान तथा विवेकशीलता और मानवतावाद के सिद्धांत। इसके अलावा भारतीय समाज में जो नए वर्ग अस्तित्व में आए थे, जैसे पूँजीपति-वर्ग, मजदूर-वर्ग और आधुनिक बुद्धिजीवी वर्ग, उन्होंने भी आधुनिकीकरण की माँग की थी। कारण यह कि उनकी हितरक्षा के लिए यह आवश्यक था।

हिंदी के भारतेंदुयुगीन साहित्य को भारतीय पुनर्जागरण से सीधे जोड़कर देखा जाता रहा है, लेकिन इधर डा. रामविलास शर्मा ने एक नई अवधारणा प्रस्तुत की है और उसे 'हिंदी नवजागरण' का नाम दिया है। उन्होंने इस नवजागरण की विशेषता यह बतलाई है कि यह हिंदी क्षेत्र में सन् सत्तावन के विद्रोह के बाद शुरू हुआ। सन् सत्तावन के विद्रोह के संबंध में यह ऐतिहासिक तथ्य है कि यह मुख्यतः हिंदी क्षेत्र में घटित हुआ था। देश के दूसरे हिस्से भी इससे प्रभावित हुए थे, लेकिन छिटपुट रूप में। दूसरी बात यह कि सामंतों और जमींदारों के ऊपर लाखों किसानों और दस्तकारों ने इस विद्रोह में भाग लिया था, जिससे इसका चरित्र मूलतः उपनिवेश-विरोधी और जनतांत्रिक था। डा. शर्मा के अनुसार भारतेंदु-युग इस नवजागरण की दूसरी मंजिल है। हिंदी नवजागरण की एक विशेषता यह भी है कि यह जिन लोगों द्वारा चलाया गया था, उनमें धर्म और समाज के क्षेत्र में काम करनेवाले लोग नहीं, बल्कि लेखक, कवि और संपादक थे। लेकिन हिंदी में ऐसे विद्वान् भी हैं, जो हिंदी नवजागरण को शेष भारतीय पुनर्जागरण से अनिवार्य रूप से संबद्ध मानते हैं और उसका स्रोत

सत्तावन के विद्रोह को न बतलाकर बंगाल के पुनर्जागरण को ही बतलाते हैं। डा. नामवर सिंह का कहना है कि भारतेंदुयुगीन साहित्य के पीछे जहाँ बंगाल के सांस्कृतिक जागरण की प्रेरणा अत्यंत स्पष्ट है, वहाँ उसका सत्तावन के विद्रोह से सीधा संबंध कहीं नहीं दिखलाई पड़ता। यह ठीक है कि इस विद्रोह को लेकर हिंदी क्षेत्र में ही सबसे ज्यादा लोकगीत रचे गए, लेकिन हकीकत बयान की जाए तो शिष्ट साहित्य में उसकी चर्चा न के बराबर है। वे हिंदी नवजागरण का संबंध इस विद्रोह से अधिक भक्ति-आंदोलन से देखते हैं।

नामवरजी वाजिब शंका उठाते हैं कि जब भारतेंदुयुगीन साहित्य का उत्स सत्तावन का विद्रोह है, तो उसमें देशभक्ति और राजभक्ति की धाराएँ समानांतर क्यों बहती हैं ? क्या इसका कारण वह आतंक है, जो उस विद्रोह को सख्ती से दबाने के बाद अंग्रेजों ने इस देश में कायम किया था, और जिसका वर्णन भारतेंदु ने अपनी इन पंक्तियों में किया है—"कठिन सिपाही द्रोह-अनल जो जल बल नासी।/जिन भय सिर न हिलाय सकत कहुँ भारतवासी" ? लेकिन यह सहसा विश्वसनीय नहीं है कि जिन भारतेंदु ने यह कहा था कि जब तक सौ दो सौ मुनष्य बदनाम न होंगे, दरिद्र न होंगे, कैद न होंगे वरन् जान से न मारे जाएँगे, तब तक कोई भी देश न सुधरेगा, वही निष्ठापूर्वक राजभक्ति भी करते रहे। लेकिन यह सच्चाई है और इस बात से उसे नहीं ढँका जा सकता कि वे सत्तावन के विद्रोह के बाद महारानी विक्टोरिया की घोषणा द्वारा फैलाए गए भ्रम के शिकार हो गए थे। वास्तविकता यह है कि विक्टोरिया का शासन शुरू से ही ईस्ट इंडिया कंपनी के शासन से भी खराब साबित हुआ था और जनता को उसे लेकर कभी कोई भ्रम नहीं हुआ। तात्पर्य यह कि पुनर्जागरण हो या हिंदी नवजागरण, उसका चरित्र जटिल था और उसे बिना उसका सरलीकरण किए उसकी जटिलता में ही समझना श्रेयस्कर होगा।

नवजागरण के जटिल व संश्लिष्ट चरित्र के ही अनुरूप भारतेंदु-युग का साहित्य भी संश्लिष्ट चरित्रवाला है। खास बात यह कि यह संश्लिष्टता सबसे ज्यादा इस युग की कविता में दिखलाई पड़ती है। रामचंद्र शुक्ल ने कहा था कि भारतेंदु के गद्य-साहित्य में जो नयापन है, वह उनके काव्य-साहित्य में नहीं। उनका यह कथन प्रसिद्ध है कि भारतेंदु की कविताओं के विस्तृत संग्रह के भीतर 'आधुनिकता' कम ही मिलेगी। एक बात तो साफ है कि भारतेंदु-युग का गद्य-साहित्य जहाँ खड़ीबोली में रचा गया, वहाँ उसका काव्य-साहित्य मुख्यतः ब्रजभाषा में है। नामवरजी ने हिंदी गद्य को हिंदी नवजागरण की सबसे बड़ी देन बतलाया है। इस दृष्टि से भारतेंदु-युग की कविता बहुत पीछे पड़ जाती है। यह कविता हिंदी कविता की परंपरागत भावधारा से भी, जो कि भक्ति और श्रृंगार की भावधारा थी, दृढ़ता से जुड़ी हुई है। इस युग के कवि, वे स्वयं भारतेंदु हों या प्रेमघन, या प्रतापनारायण, या जगमोहन सिंह, या अंबिकादत्त व्यास, सभी भक्तिकाल और रीतिकाल के रंग में कविताएँ लिखते थे।

इन कवियों ने स्वभावतः पदों में भी रचना की और कवित्त, सवैयों तथा दोहों में भी। और तो और, इन्हें समस्यापूर्ति का भी शौक था और कई कवियों की प्रतिभा तो उसी में निखरकर सामने आई थी। हिंदी कविता के पाठक जानते हैं कि भारतेंदु, प्रेमघन और प्रतापनारायण के कुछ सुंदरतम छंद समस्यापूर्ति के लिए ही रचे गए थे। लेकिन इन तमाम बातों के साथ यह विचारणीय है कि क्या सचमुच भारतेंदुयुगीन गद्य और पद्य-साहित्य के बीच की विभाजक रेखा अलंघ्य है ? क्या सचमुच इस युग का गद्य-साहित्य नवचेतना की देन है और उसका पद्य-साहित्य ह्रासोन्मुख सामंती संस्कृति की ?

यहाँ कुछ तथ्यों की तरफ ध्यान ले जाना चाहिए। एक तो यह कि इस युग के कवियों ने जिस ब्रजभाषा का प्रयोग किया, वह पुरानी रूढ़ ब्रजभाषा न होकर बोलचाल की ब्रजभाषा है, यानी यह ब्रजभाषा अपना जीवन-रस रीतिकालीन काव्यग्रंथ से न प्राप्त कर लोकभाषा से प्राप्त करती है। इसका सबसे बढ़िया उदाहरण प्रतापनारायण मिश्र की कविता है, जिसकी भाषा पर बैसवाड़ी की गहरी छाप है। यह यों ही नहीं है कि आज के जनकवि नागार्जुन ने तब के जनकवि भारतेंदु के प्रति श्रद्धांजलि अर्पित करते हुए यह बात भी कही है कि "हिंदी की है असली रीढ़ गँवारू बोली/यह उत्तम भावना तुम्हीं ने हममें घोली।" लोकभाषा और लोकजीवन का आकर्षण भारतेंदु-युग के कवियों को लोककविता के रूपों तक खींचकर ले गया और उन्होंने मुक्तभाव से लावनी, कजली, खयाल और होली की रचना की। दूसरी बात यह कि इन कवियों की धर्मभावना भारत की प्राचीन धर्मभावना न होकर मध्ययुगीन धर्मभावना है, जिसमें प्रेम की प्रधानता है। यह प्रेम निश्चय ही मध्ययुग की मिली-जुली संस्कृति की देन है। स्वभावतः इसमें कट्टरता न होकर एक वैष्णव और सूफी उदारता है।

भारतीय पुनर्जागरण और राष्ट्रीय आंदोलन में एक प्रबल पुनरुत्थानवादी रुझान भी था। पुनर्जागरण के एक महत्त्वपूर्ण नेता दयानंद थे, जिन्होंने पुराणों को गप्प कहकर उनका बहिष्कार करने की बात कही थी और हिंदीभाषी जनता को वेदों की ओर मुड़ने का उपदेश दिया था। यह अकारण नहीं है कि भारतेंदु ने दयानंद का विरोध किया और अपना संबंध पुराणों पर आधारित सूर-तुलसी की वैष्णव भावधारा से जोड़ा। अंतिम बात यह कि इस युग की धार्मिक कविता हो या शृंगारिक, उसमें कमोबेश कवियों के अपने व्यक्तित्व की अभिव्यक्ति देखने को मिलती है। यह निश्चय ही नए युग का असर है, जो कभी-कभी उनके कवित्त-सवैयों में एक गीतात्मक तन्मयता ला देता है। पुरानी भाषा और पुराने छंदों में लिखी गई भारतेंदु की कविता में कभी-कभी एक बिलकुल नए सौंदर्यबोध का दर्शन होता है। कृष्ण ने अपने घर राधा को पहली बार देखा। उन्होंने दृष्टिनिक्षेप किया ही था कि राधा ने शर्माकर अपना मुख छिपा लिया। कृष्ण ने आधा ही मुख देखा था, आधा मुख देखने की साध उनके मन में

ही रह गई ! यदि हम बालकृष्ण भट्ट का 'सच्ची कविता' शीर्षक निबंध देखें, तो पाएँगे कि उसमें उन्होंने कविता का रीतिवादी नहीं, बल्कि स्वच्छंदतावादी दर्शन प्रस्तुत किया है।

भारतेंदु-युग की कविता के जिस रूप को प्रगतिशील माना गया है, वह है उसका सामाजिक और राष्ट्रीय रूप। शुक्लजी ने भी इसी कविता की प्रशंसा ऊँचे शब्दों में की है और यह लक्ष्य किया है कि इसमें सबसे ऊँचा स्वर देशभक्ति की वाणी का था। वे इसे अतिरिक्त महत्त्व इस कारण देते हैं कि इसने परिवर्तित परिस्थितियों से कविता के माध्यम से हिंदीभाषियों का रागात्मक सामंजस्य बिठाने का प्रयास किया। साथ ही इसमें नवीन काव्य-रूप का इस्तेमाल किया गया, जिसे वे पद्यात्मक निबंध कहते हैं और जिसमें वे सरसता भी पाते हैं, द्विवेदीयुगीन कविता-जैसी मात्र इतिवृत्तात्मकता नहीं। सामाजिक कुरीतियों के अलावा अकाल, टैक्स और महामारी को विषय बनाकर, जो अंग्रेजी हुकूमत की देन थी, भारी संख्या में कविताएँ लिखी गईं। भारतेंदु-युग के कई कवि नाटककार भी थे। वे नाटकों में तो देश-दशा पर प्रकाश डालनेवाली कविताएँ देते ही थे, अलग से भी वैसी कविताएँ लिखते थे। राजनीति में इस युग के कवियों की गहरी रुचि थी, जिससे वे राजनीतिक घटनाओं पर अक्सर ही कविताएँ लिखा करते थे। उनमें राजभक्ति और देशभक्ति के तत्त्व विचित्र प्रकार से मिले हुए होते थे। भारतेंदु में 'हाय पंचनद, हा पानीपत' वाला राष्ट्रीयता का जो स्वर है, वह कभी-कभी आधी शताब्दी के अंतराल को भेदकर दिनकर-जैसे राष्ट्रीय कवि की कविता में सुनाई पड़ता है।

इस युग के कवियों की एक अन्यतम विशेषता थी हास्य और व्यंग्य की सृष्टि। इसका लक्ष्य विदेशी शासक भी होते थे और देशी पोंगापंथी भी। ऐसी कविता लिखने में सबसे ज्यादा महारत प्रतापनारायण मिश्र को हासिल थी। उनका लहजा ही कुछ ऐसा था कि उससे स्वाभाविक रूप से हास्य और व्यंग्य उत्पन्न होता था। उनकी 'बुढ़ापा' और 'तृप्यन्ताम'-जैसी कविताएँ प्रसिद्ध हैं लेकिन जब वे देश-दशा का चित्रण करनेवाली कविता लिखते थे, तो उसमें एक ऐसा प्रभाव उत्पन्न कर देते थे, जो त्रासद होता था। 'कछू दोष दै मारहिं अरु रोवन नहिं देई' उन्हीं की पंक्ति है। प्रेमघन का 'जीर्ण जनपद'-जैसा काव्य हिंदी कविता में यथार्थवाद के विकास का मार्ग प्रशस्त करता है। होली-जैसा लोककाव्य-रूप भी देश-दशा के चित्रण के लिए इसतेमाल किया गया। उदाहरण के लिए 'डफ बाज्यो भरत भिखारी को' होली को देखा जा सकता है, जो संभवतः राधाचरण गोस्वामी की रचना है और जो एक अकाल पड़ने के बाद 'हिंदी-प्रदीप' में छपी थी। भारतेंदु की मुकरियाँ अपनी वेधकता के कारण आज भी प्रसिद्ध हैं।

ब्रजभाषा और खड़ीबोली के अंतर्विरोध का हल अंतिम रूप से बीसवीं शताब्दी में द्विवेदी-युग में सामने आया, लेकिन उसकी प्रक्रिया भारतेंदु-युग में ही शुरू हो गई

थी। यह असंभव था कि गद्य और पद्य-साहित्य दोनों दो माध्यमों में रचे जाते रहें और रचनाकार अपनी एक ही संवेदना को एक स्थान पर ब्रजभाषा में व्यक्त करें और दूसरे स्थान पर खड़ी बोली में। यह द्वैत ज्यादा दिनों तक न चल सकता था, इसलिए भारतेंदु, प्रेमघन और प्रतापनारायण तीनों ने खड़ी बोली में काव्य-रचना-संबंधी प्रयोग किए और आज कोई कह नहीं सकता कि उनके वे प्रयोग जारी रहते, तो भाषागत अंतर्विरोध उन्नीसवीं शताब्दी में ही हल न हो गया होता। भारतेंदु-युग में ही श्रीधर पाठक-जैसे कवि खड़ीबोली का कविता में अत्यंत सुंदर प्रयोग करने लगे थे। उससे पहले यह काम और बेहतर ढंग से नजीर कर चुके थे। क्या यह ब्रजभाषा में रचित हिंदी के परंपरागत काव्य का भारी बोझ ही था, जिसे अपने माथे से पटककर भारतेंदु-युग के कवि गद्य की तरह खड़ीबोली में पद्य न रच सके ? भारतेंदु ने खड़ीबोली में 'दशरथविलाप'-जैसी प्रांजल कविता ही नहीं लिखी थी, 'डंका कूच का बज रहा मुसाफिर जागो रे भाई'-जैसे लोकप्रिय गीत भी रचे थे। प्रेमघन की भी 'आनंद-अरुणोदय' शीर्षक उल्लेख योग्य कविता खड़ीबोली में ही रचित है। प्रतापनारायण भी अपने पत्र 'ब्राह्मण' में खड़ीबोली में काव्यरचना को प्रोत्साहन देने लगे थे। तात्पर्य यह कि इन कवियों में नए माध्यम को अपनाने के लिए जो क्षमता चाहिए, उसकी कमी नहीं थी, लेकिन इन्होंने नए माध्यम में प्रयोग करने से बेहतर समझा पुराने माध्यम को ही यथासंभव नया बना देना। ये कवि वस्तुतः एक रचनात्मक संघर्ष में पड़े हुए कवि हैं, जिनकी ऊर्जा से कोई अप्रभावित नहीं रह सकता।

वात्स्यायनजी ने लिखा है कि भारतेंदु-युग की कविता में विस्तार तो है, लेकिन न गहराई है और न ऊँचाई। मेरा खयाल है कि भारतेंदु-युग की कविता अपनी परीक्षा के लिए एक नए सौंदर्यात्मक प्रतिमान की माँग करती है, जो कि राष्ट्रीय नवजागरण से ही प्राप्त किया जा सकता है, अन्यत्र से नहीं। उन्हीं की यह बात ज्यादा सही है कि उसमें नई जोती हुई जमीन की खुशबू है। यह ताजगी भारतेंदु-युग की संपूर्ण कविता में है, सिर्फ उसके नए भाषा-प्रयोगों में नहीं।

2. द्विवेदी-युग

भारतेंदु-युग की कविता की तीन प्रवृत्तियाँ अत्यंत स्पष्ट थीं—भक्ति और शृंगार की, समाज-सुधार और देशभक्ति की तथा खड़ीबोली के प्रयोग की। भक्ति और शृंगार में भी नवीनता के तत्त्व थे, लेकिन बाकी दो प्रवृत्तियाँ पूरी तरह से नवीन थीं। बाद में उन्हीं का विकास हुआ।

आम तौर पर यह समझा जाता है कि द्विवेदी-युग में आकर पूर्ववर्ती भक्ति और शृंगार की परंपरा का उन्मूलन हो गया, लेकिन वास्तविकता यह है कि ब्रजभाषा और रीतिकाव्य-विरोधी अभियान के बावजूद किसी न किसी रूप में इस युग में भी वह परंपरा चलती रही। रामचंद्र शुक्ल ने द्विवेदी-युग के कुछ कवियों को दो-रंगी कवि कहा है। ये वे कवि थे, जो ब्रजभाषा और खड़ीबोली दोनों में कविताएँ लिखते थे। उनकी ब्रजभाषा की कविता शृंगार, वीर और भक्ति रस की होती थी और उनकी खड़ीबोली की कविता का विषय समाज-सुधार, राष्ट्रीय भावना और नए नैतिक मूल्य हुआ करते थे। इन कवियों में नाथूराम शंकर शर्मा, राय देवीप्रसाद 'पूर्ण' और गयाप्रसाद शुक्ल 'सनेही'-जैसे सधे हुए कवि थे। इन कवियों की द्वैभाषिक कविताओं और उनमें पाए जानेवाले स्वरूपगत अंतर को देखकर यह प्रश्न उठता है कि भाषा का कविता में क्या इतना महत्त्व होता है कि उससे भाव निर्धारित होने लगते हैं ? इस दृष्टि से इन कवियों की कविताएँ काव्य-सृजन-संबंधी एक बहुत महत्त्वपूर्ण प्रश्न का उत्तर देती हैं और उसमें भाषा का महत्त्व स्थापित करती हैं।

हरिऔध-जैसे कवि भी पहले ब्रजभाषा में ही कविता करते थे, उनका यह उपनाम उन्हीं दिनों की यादगार है, लेकिन बाद में उन्होंने उस माध्यम को बिलकुल छोड़ दिया और खड़ीबोली में ही कविता लिखने लगे। लेकिन इस युग में दो ऐसे कवि भी हैं, जिन्होंने ब्रजभाषा में ही अपना संपूर्ण काव्य रचा और माध्यम-परिवर्तन की बात कभी सोची भी नहीं। ये कवि थे—जगन्नाथदास 'रत्नाकर' और सत्यनारायण 'कविरत्न'। इन्होंने अपनी कविता में ब्रजभाषा का बहुत ही सुगढ़ और सुंदर प्रयोग

किया है। 'रत्नाकर' का 'उद्धवशतक' और 'कविरत्न' का 'हृदय-तरंग' ये दोनों ही काव्य-ग्रंथ हिंदी क्षेत्र में लोकप्रिय हुए, यह एक उल्लेखनीय तथ्य है। ब्रजभाषा-काव्य के पंडित भी यह मानते हैं कि 'रत्नाकार' की कविता ब्रजभाषा के पुराने बड़े-बड़े कवियों की टक्कर की होती थी, बल्कि उनमें भी उन-जैसी सूझ और उक्ति-वैचित्र्य कम ही देखने को मिलता है। 'कविरत्न' तो जीवन-भर ब्रज जनपद के अपने गाँव में ही रहे। इससे उनकी कविता में लोकभाषा और लोकसंस्कृति के रस का आना स्वाभाविक था। 'रत्नाकर' की तरह 'कविरत्न' ने भी प्रायः पुराने विषयों को लेकर ही अपना काव्य रचा, लेकिन उनमें यत्र-तत्र नए युग की झाँकी बहुत प्रबल रूप में दिखलाई पड़ी। इससे काव्य-सृजन-संबंधी एक दूसरा तथ्य सामने आता है कि माध्यम ही कविता को निर्धारित नहीं करता, अंतर्वस्तु यदि नवीन हुई, तो वह पुराने माध्यम में भी किसी न किसी अंश में प्रकट होकर रहती है।

लेकिन जैसा कि ऊपर संकेत किया गया है, द्विवेदी-युग में आकर भारतेंदु-युग की शेष दो प्रवृत्तियों ने बहुत विकास किया। भारतेंदु-युग की कविता भारतीय पुनर्जागरण अथवा हिंदी नवजागरण की कविता थी, जबकि द्विवेदी-युग की कविता राष्ट्रीय स्वाधीनता-आंदोलन की कविता। यह दौर बंग-भंग और बहिष्कार एवं स्वदेशी के आंदोलन का दौर था, जिसके नेता गोखले और तिलक थे। बंग-भंग की घटना ने बंगाल में विरोध की जिस चेतना को जन्म दिया था, वह एक तो दूसरे प्रांतों में भी फैली और दूसरे, उसने जिस बहिष्कार एवं स्वदेशी-आंदोलन का सूत्रपात किया था, उसने व्यापक रूप ग्रहण किया। तात्पर्य यह कि बहिष्कार केवल विदेशी वस्त्र के बहिष्कार तक सीमित न रहकर सभी विदेशी वस्तुओं के बहिष्कार तक पहुँचा और स्वदेशी आंदोलन भी केवल भारतीय वस्त्रों के प्रयोग तक सीमित न रहकर भारतीय भाषाओं तक के प्रयोग के आग्रह के रूप में प्रकट हुआ। भारतीय समाज को एकताबद्ध और गतिशील करने के लिए सामाजिक रचनात्मक कार्यक्रम को राष्ट्रीय आंदोलन का अनिवार्य अंग माना गया। द्विवेदीयुगीन कविता की मुख्यधारा इसी नवजाग्रत राष्ट्रीय और सामाजिक वातावरण को प्रतिबिंबित करती है। इस मुख्यधारा के सर्वश्रेष्ठ कवि मैथिलीशरण गुप्त हैं, जिन्होंने अपनी 'जयद्रथ-वध' और 'भारत-भारती'-जैसी कृतियों से हिंदी कविता में वस्तुतः एक नए युग का प्रवर्तन किया।

वैसे तो गुप्तजी अपने युग के ही नहीं, संपूर्ण आधुनिक हिंदी कविता के एक श्रेष्ठ कवि के रूप में मान्य हैं, लेकिन हिंदी आलोचना में उन्हें लेकर अनेक प्रश्न उठाए जाते रहे हैं। द्विवेदी-युग में प्रबंध और मुक्तक दोनों प्रकार की कविताएँ लिखी गई हैं, लेकिन प्रबंध-कविता का जोर अधिक है। शुक्लजी ने नए ढंग की मुक्तक-कविता को 'पद्यात्मक निबंध' का नाम दिया और कहा कि भारतेंदु-युग में तो इसमें सरसता बनी रही, लेकिन उसके बाद वह पूरी तरह से इतिवृत्तात्मक हो गई। शुक्लजी के इस कथन में सच्चाई है, लेकिन 'भारत-भारती' के प्रसंग में कही गई उनकी इस

बात पर लोगों का ध्यान कम गया है कि उसके पद्यों के बीच-बीच में *मार्मिक तथ्यों का समावेश* बहुत साफ और और सीधी-सादी भाषा में होने से यह पुस्तक स्वदेश की ममता से पूर्ण नवयुवकों को बहुत प्रिय हुई। यही बात इस युग की दूसरी मुक्तक-कविताओं के बारे में भी समझनी चाहिए। गुप्तजी ने अपने प्रबंध-काव्यों के लिए महाभारत और रामायण-जैसे पौराणिक काव्यों से जो सामग्री ली है, उसके बारे में एक महत्त्वपूर्ण लेखक ने लिखा है कि उनकी चेतना पुराकालीन थी। वास्तविकता यह है कि राष्ट्रीय नवजागरण ने अतीत की ओर देखने की जो दृष्टि प्रदान की थी, वह पुनरुत्थान के तत्त्वों से किंचित् युक्त होते हुए भी पर्याप्त आधुनिक थी। गुप्तजी के हाथों में पड़कर 'साकेत' की उर्मिला और सीता तथा 'यशोधरा' की यशोधरा-जैसी पुरानी नारियाँ ही आधुनिक नहीं हो गई हैं, 'जयद्रथ-वध' के युद्ध ने भी स्वतंत्रता-संग्राम का रूप ले लिया है। नए युग की छाया हरिऔध के 'प्रिय-प्रवास' में भी दिखलाई पड़ती है। भले रामचरित उपाध्याय के 'रामचरित-चिंतामणि' जैसे काव्य में उसे ढूँढ़ना पड़े।

गुप्तजी पर एक आरोप यह है कि देशभक्ति के साथ-साथ उन्होंने भारतेंदु-युग की राजभक्ति की परंपरा को भी जारी रखा है। निश्चय ही 'भारत-भारती' में कई ऐसे पद्य हैं, जिनमें अंग्रेजी हुकूमत की प्रशंसा की गई है, लेकिन इसके साथ यह भी सच है कि उसमें उसकी आलोचना भी निर्भ्रांत शब्दों में की गई है और पाठकों के मन पर प्रभाव देशभक्ति का ही पड़ता है, राजभक्ति का नहीं। गुप्तजी-जैसे प्रखर राष्ट्रीय कवि में अत्यंत अल्प मात्रा में ही सही, राजभक्ति क्यों ? इस संबंध में ज्ञातव्य है कि बीसवीं शताब्दी के आरंभिक दशकों में हमारा स्वाधीनता-आंदोलन 'अंग्रेजी हुकूमत के अंतर्गत ही स्वशासन' की माँग से आगे नहीं गया था। तिलक-जैसे गरमदलीय नेता के लिए भी 'स्वराज्य' का मतलब औपनिवेशिक स्वराज्य ही था। 1914 में जेल से छूटकर बाहर आने के बाद उन्होंने अंग्रेजी हुकूमत के प्रति अपनी निष्ठा दुहराई थी और भारतीय जनता से अपील की थी कि वह संकट की घड़ी में उसका साथ दे। ऐसी स्थिति में गुप्तजी या इस युग के दूसरे कवियों से पूर्ण स्वराज्यवाली राष्ट्रीय चेतना की माँग करना जरूरत से ज्यादा माँग करना है। राय देवीप्रसाद 'पूर्ण' की 'बसंत-वियोग' शीर्षक लंबी कविता तो समाप्त ही इस आकाशवाणी के साथ होती है कि विक्रम की बीसवीं शताब्दी में जब पश्चिमी शासन होगा, तब भारत की उन्नति का आयोजन होगा ! गुप्तजी पर एक आरोप यह भी है कि उनकी राष्ट्रीयता हिंदू राष्ट्रीयता है। इसमें कोई शक नहीं कि वे सनातनी हिंदू थे, लेकिन उनका हिंदुत्व सांप्रदायिकता से रहित उदार हिंदुत्व था। वे सर्वधर्मसमभाव से युक्त सच्चे वैष्णव थे, जिसमें इस लोक का आग्रह प्रबल था। यह अकारण नहीं है कि उन्होंने 'यशोधरा' में बौद्ध मतवाद के विरुद्ध यशोधरा के माध्यम से वैष्णव मतवाद को खड़ा कर दिया है। उनका वैष्णव मतवाद भी गार्हस्थ्य जीवन की उपेक्षा के प्रति अत्यंत आलोचनात्मक

था, जैसा कि उनके काव्य 'विष्णुप्रिया' में दिखलाई पड़ता है। एक आलोचक ने ठीक ही लिखा है कि गुप्तजी के काव्य में नैतिकता के तत्त्व हैं, वे समन्वित होकर धर्म की व्याप्ति नहीं प्राप्त करते। यह बात उनकी आलोचना में कही गई है, लेकिन इसे उनके काव्य का सकारात्मक पक्ष मानना चाहिए। गुप्तजी वस्तुतः नई मानवीय नैतिकता के प्रतिष्ठाता थे, धार्मिक मिथकीयता से उनकी चेतना आक्रांत नहीं थी। यदि ऐसा होता, तो वे ईश्वरीय पात्रों को मानवीय व्यक्तित्व नहीं प्रदान कर पाते।

भारतेंदु-युग की एक प्रवृत्ति खड़ीबोली का प्रयोग थी, जिसे इतिहासकारों ने विशेष महत्त्व नहीं दिया है। उस युग में यह प्रवृत्ति कमजोर रही हो, लेकिन उसमें इतनी अधिक संभावना थी कि बाद में उसने कविता में ब्रजभाषा को अपदस्थ कर निर्विवाद रूप से उसका स्थान ले लिया। भारतेंदु-युग के कवि इस संभावना को समझने लगे थे। इसी कारण कविता में खड़ीबोली का विरोध छोड़कर वे उसके प्रति उदार हो गए थे और स्वयं उसमें कविताएँ लिखने लगे थे। कविता में खड़ीबोली का प्रयोग जो धीरे-धीरे अनिवार्य हो गया, वह इसीलिए नहीं कि किसी भाषा में अधिक दिनों तक गद्य और पद्य-रचना के माध्यमों में द्वैत नहीं चल सकता, बल्कि मुख्यतः इसलिए कि खड़ीबोली एक नए उभरते हुए हिंदी राष्ट्र की भाषा थी। इस नए राष्ट्र की आत्मा खड़ीबोली में ही व्यक्त हो सकती थी, ब्रजभाषा में नहीं।

द्विवेदी-युग के कवियों को इस बात का श्रेय दिया जाता है कि उन्होंने खड़ीबोली का कविता में प्रयोग ही नहीं किया, नए काव्य-माध्यम के रूप में उसे स्वीकृति भी दिलाई। इन कवियों में गुप्तजी ही अग्रगण्य हैं, यद्यपि नए माध्यम का प्रयोग हरिऔध से लेकर ठाकुर गोपालशरण सिंह और जगदंबाप्रसाद मिश्र 'हितैषी' तक ने अत्यंत विदग्धता के साथ किया था। 'प्रियप्रवास' में प्रायः संस्कृतनिष्ठ भाषा का प्रयोग हुआ है, लेकिन उसमें प्रांजल खड़ीबोली के नमूने भी मिलते हैं। 'प्रियप्रवास' के बाद की बोलचाल की भाषा में लिखी गई हरिऔध की कविताओं को देखने से यह स्पष्ट हो जाता है कि खड़ीबोली को काव्योपयुक्त बनाने में उनका भी योगदान है। 'सनेही' को जैसे ब्रजभाषा के प्रयोग में सफलता मिली थी, वैसे ही खड़ीबोली के प्रयोग में भी। गोपालशरण सिंह और 'हितैषी' की खड़ीबोली सरस और सजीव भी है। श्रीधर पाठक और उनकी स्वच्छंदतावादी परंपरा के रामनरेश त्रिपाठी-जैसे कवि इस दृष्टि से भी अलग से उल्लेखनीय हैं।

गुप्तजी की भाषा पर इस युग के निर्माता 'सरस्वती'-संपादक पं. महावीरप्रसाद द्विवेदी के गद्य का प्रभाव है। द्विवेदीजी स्वयं भी कवि थे और उन्होंने वर्णिक तथा मात्रिक दोनों ही छंदों में कविताएँ लिखी थीं, साथ ही उनमें संस्कृतनिष्ठ और सरल दोनों ही प्रकार की भाषाओं का प्रयोग किया था, तथापि गुप्तजी की काव्य-भाषा पर उनकी गद्य-भाषा का प्रभाव पड़ा, जिसकी विशेषता थी व्यवस्थित वाक्यविन्यास। गुप्तजी ने उस गद्य को पद्य में ढालने का असंभव कार्य कर दिखाया। उन्होंने शुरू

में हरिगीतिका और गीतिका-जैसे किंचित् दीर्घ आकार के छंद लिए, जिनमें खड़ीबोली के वाक्य अपने मुकम्मल रूप में सफलतापूर्वक प्रयुक्त हो सके। कुछ आलोचक उनके इस कार्य का सिर्फ ऐतिहासिक महत्त्व बतलाते हैं, क्योंकि उसी के बल पर बाद में कवित्वपूर्ण छायावादी काव्य-भाषा रची जा सकी। यदि गुप्तजी की कविता में सिर्फ खड़ीबोली का सफल प्रयोग होता, उसमें उत्कट सृजनात्मकता न होती, तो वे हिंदी क्षेत्र के लाखों पाठकों के मन में राष्ट्रीयता, सामाजिकता और नैतिकता की भावना का संचार न कर पाते। यह जरूर है कि वह सृजनात्मकता एक खास दौर और खास प्रकार की सृजनात्मकता है, जिसकी समुचित पड़ताल होना अभी बाकी है।

3. स्वच्छंद-धारा

स्वच्छंदता के तत्त्व भारतेंदु-युग की हिंदी कविता में भी थे, लेकिन श्रीधर पाठक में आकर वे पूर्ण विकास को प्राप्त हुए। श्रीधर पाठक भारतेंदु-युग के ही कवि थे, उसके आखिरी दौर के, इसलिए उनमें स्वभावतः उस युग की भी प्रवृत्तियाँ पाई जाती हैं। समाज-सुधार की वही भावना और राष्ट्रीयता की वही चेतना। उन्होंने बाल-विधवा पर भी कविता लिखी और देशभक्तिपूर्ण गीत भी रचे। देशभक्ति के साथ राजभक्ति भी उनमें देखने को मिलती है। अपनी कविता में एक तरफ वे गोखले की प्रशस्ति करते हैं, तो दूसरी तरफ जार्ज पंचम की वंदना भी। भाषा और काव्य-रूप भी उन्होंने भारतेंदु-युग के कवियों की तरह ही अपनाए। ब्रजभाषा के साथ खड़ीबोली भी और कवित्त-सवैयों के साथ नए ढाँचे की कविताएँ भी। उनके ब्रजभाषा के छंद बहुत मनोहर होते थे, लेकिन आधुनिक हिंदी कविता में उनका असली महत्त्व उनकी खड़ीबोली की कविताओं के कारण है, जिनमें उभरकर आनेवाले स्वच्छंदता के तत्त्वों के द्वारा उन्होंने द्विवेदी-युग में एक भिन्न काव्य-धारा का प्रवर्तन किया।

भारतेंदु-युग की पूर्ववर्ती कविता वस्तु और रूप दोनों ही दृष्टियों से बहुत कुछ रूढ़िबद्ध हो गई थी। भारतेंदु-युग के कवियों ने उस रूढ़िबद्धता को बहुत कुछ तोड़ा, लेकिन जैसा कि साहित्येतिहासकारों ने कहा है, उन्हें वस्तु के क्षेत्र में जितनी सफलता मिली, उतनी रूप के क्षेत्र में नहीं। आचार्य शुक्ल के अनुसार स्वच्छंदता की चेतना सर्वप्रथम श्रीधर पाठक में ही दिखलाई पड़ी। कवियों की चेतना को परखने का उनका एक तरीका यह था कि वे यह देखते थे कि प्रकृति के साथ कवि ने कैसा संबंध बनाया है। इस दृष्टि से श्रीधर पाठक में उन्हें प्रचुर नवीनता दिखलाई पड़ी, क्योंकि उन्होंने लीक से हटकर गाँव-देहात की प्रकृति का अपनी कविता में वर्णन किया था। आचार्य शुक्ल स्वच्छंदता का एक प्रमाण यह भी मानते थे कि कवि नगरोन्मुख न होकर ग्रामोन्मुख हो, जिससे कि लोकभाषा और लोकगीतों से रस प्राप्त कर वह रूढ़िबद्ध कविता को पुनर्जीवन प्रदान कर सके। श्रीधर पाठक ने ब्रजभाषा में जो

कविताएँ लिखीं, उनमें भी अपनी स्वच्छंद प्रवृत्ति का परिचय दिया। उन्होंने अंग्रेजी के स्वच्छंदतावादी कवियों के पूर्ववर्ती गोल्डस्मिथ की तीन कथात्मक कृतियों का हिंदी में 'एकांतवासी योगी,' 'श्रांत पथिक' और 'ऊजड़ ग्राम' के नाम से रूपांतर किया था। इनमें से आरंभिक दो खड़ीबोली में हैं और अंतिम ब्रजभाषा में। 'एकांतवासी योगी' लोकप्रचलित लावनी की लय पर रचा गया है, जैसे 'जगत-सचाई-सार' शीर्षक उनकी कविता सुथरे-साइयों के सधुक्कड़ी ढंग पर। 'ऊजड़ ग्राम' को ब्रजभाषा में रचने का कारण कवि ने यह बतलाया है कि बूढ़ी ब्रजभाषा और उजड़े हुए गाँव इन दोनों में समानता है ! श्रीधर पाठक की खड़ीबोली सरल ही नहीं, बोलचाल की खड़ीबोली है, जिसमें पर्याप्त लचीलापन है। वे वस्तुतः नवनवोन्मेषशाली प्रतिभावाले कवि थे, जिससे वे कविता में नए-नए रूपगत प्रयोग करने में सफल हुए। अपनी 'सांध्य-अटन' शीर्षक कविता में तो उन्होंने मुक्तछंद का पूर्वाभास दिया है।

द्विवेदी-युग के कवियों में स्वच्छंद चेतना के महत्त्वपूर्ण कवि रामनरेश त्रिपाठी हैं। उन्होंने फुटकर कविताएँ भी लिखी हैं, लेकिन उनकी ख्याति का आधार उनके तीन छोटे-छोटे काव्य हैं—'मिलन,' 'पथिक' और 'स्वप्न'। इनमें भी 'पथिक' को सर्वाधिक लोकप्रियता प्राप्त हुई। इन तीनों की अंतर्वस्तु देशभक्ति ही है, जिसे उन्होंने मैथिलीशरण गुप्त की लीक से हटकर काल्पनिक कथाओं के माध्यम से प्रस्तुत किया है। यह उनकी स्वच्छंद प्रवृत्ति का ही परिचायक है। त्रिपाठीजी की एक अन्यतम विशेषता प्रकृति का उसकी सक्रियता में वर्णन है। दूसरे, उनकी प्रकृति सामान्य न होकर स्थान-विशेष की प्रकृति है। उदाहरणार्थ 'पथिक' की प्रकृति दक्षिण भारत की प्रकृति है और 'स्वप्न' की प्रकृति उत्तराखंड की। उनकी कविता अनुभूतिप्रवण तो है ही, उसकी भाषा अत्यंत प्रांजल है। द्विवेदीजी ने बोलचाल की भाषा में कविता लिखने पर जोर दिया था, लेकिन उनके लिए इसका मतलब सिर्फ ब्रजभाषा के स्थान पर खड़ीबोली का प्रयोग करना था। हरिऔध और गुप्तजी की भाषा खड़ीबोली तो है, लेकिन बोलचाल की भाषा नहीं। बोलचाल की भाषा में वस्तुतः स्वच्छंदतावादी कहे जानेवाले कवियों ने काव्य-रचना की। त्रिपाठीजी ने ज्यादातर मात्रिक छंदों का प्रयोग किया है, लेकिन कुछ कविताएँ उन्होंने वर्णिक छंदों में भी लिखी हैं। हरिऔध के 'प्रियप्रवास' के छंदों से त्रिपाठीजी के ऐसे छंदों की तुलना करने पर दोनों की भाषा का अंतर स्पष्ट हो जाता है। त्रिपाठीजी के वाक्य व्यवस्थित होते हैं, कहीं-कहीं अरुद्धचरणांत भी, लेकिन वे गुप्तजी की पद्धति पर निर्मित बिलकुल नहीं हैं। उनमें हिंदी का बहुत ही निखरा हुआ रूप मिलता है, साथ ही उसका उर्दूमिश्रित रूप भी। हिंदी का उर्दूमिश्रित रूप वहाँ दिखलाई पड़ता है, जहाँ उन्होंने उर्दू बहरों में कविता लिखी है, जैसे 'मैं ढूँढ़ता तुझे था जब कुंज और बन में।/तू खोजता मुझे था तब दीन के वतन में।।' खड़ीबोली के लचीले रूप की रक्षा के लिए उन्होंने मात्रा-संबंधी छूट भी ली है, जिसकी कल्पना गुप्तजी के प्रसंग में नहीं की जा सकती। इसके अलावा

गुप्तजी-जैसे कवि जहाँ बहुत गंभीर हैं, वहाँ त्रिपाठीजी में भारतेंदुयुगीन कवियों की वह जिंदादिली कमोबेश बची हुई है, जिसका स्रोत शिक्षित मध्यवर्ग नहीं, बल्कि साधारण जनता है। ग्राम-संस्कृति से अतिशय लगाव का ही यह परिणाम था कि उन्होंने लोकगीतों के संग्रह का काम शुरू किया, तो उनकी सरसता के कायल होकर स्वयं काव्य-रचना लगभग बंद ही कर दी।

हिंदी ओलाचना में इस बात की बार-बार चर्चा की जाती है कि गुप्तजी ने छायावाद के प्रभाव में 'झंकार' के गीतों की रचना की और 'साकेत' के नवम सर्ग को प्रगीतात्मक रूप दे दिया, लेकिन इस बात का उल्लेख बहुत कम किया जाता है कि वे द्विवेदीयुगीन कविता की इतिवृत्तात्मकता का अतिक्रमण कर उसमें स्वच्छंद कविता की कल्पनाशीलता, मार्मिकता और अर्थव्यंजकता लाने के लिए स्वयं प्रयत्नशील थे। छायावाद के आरंभ के पूर्व ही उन्होंने 'नक्षत्रनिपात', 'अनुरोध', 'पुष्पांजलि' और 'स्वयंआगत'-जैसी प्रगीतात्मक कविताएँ लिखी थीं, जिनकी पंक्तियाँ आचार्य शुक्ल ने अपने 'इतिहास' में उद्धृत की हैं। गुप्तजी के साथ स्वच्छंदता के मार्ग पर आगे बढ़नेवाले दूसरे महत्त्वपूर्ण कवि मुकुटधर पांडेय थे, जिनकी आरंभिक कविताओं में 'आँसू' और 'उद्धार'-जैसी कविताएँ उल्लेखनीय हैं। जैसा कि हमने देखा है, स्वच्छंदता के तत्त्व श्रीधर पाठक और रामनरेश त्रिपाठी में भी हैं, लेकिन आचार्य शुक्ल ने सच्चे अर्थों में गुप्तजी और मुकुटधर पांडेय को ही हिंदी कविता की नई धारा का प्रवर्तक माना है।

हिंदी के विद्वान् इन कवियों को छायावाद का पूर्ववर्ती घोषित करते हैं, लेकिन वस्तुस्थिति यह है कि ये *छायावाद* के पूर्ववर्ती न होकर एक स्वतंत्र स्वच्छंद-धारा के कवि हैं। इसका प्रमाण यह है कि इस धारा में तुरत बाद माखनलाल चतुर्वेदी, बालकृष्ण शर्मा 'नवीन' और सुभद्राकुमारी चौहान-जैसे महत्त्वपूर्ण कवि उत्पन्न होते हैं, जो छायावाद के समानांतर काव्य-रचना करते रहते हैं। इन्हीं कवियों के साथ सियारामशरण गुप्त का भी उल्लेख होना चाहिए, जिनकी रचनाएँ इनसे भी पहले से छपने लगी थीं। एक खास बात यह है कि जिन कवियों को हम उत्तर-छायावादी कहते हैं, उदाहरणार्थ दिनकर, बच्चन, भगवतीचरण वर्मा, नरेंद्र शर्मा, अंचल और सुमन, वे छायावादी कवियों की तुलना में स्वच्छंदतावादी कवियों के अधिक निकट पड़ते हैं। यह आकस्मिक नहीं है कि गुप्तजी के 'जयद्रथ-वध' का असर लेकर अपना प्रथम काव्य 'प्रणभंग' रचने के बावजूद दिनकर माखनलाल को अपना साहित्य-गुरु मानते हैं और अज्ञेय गुप्तजी को अपना काव्यगुरु मानते हुए भी शब्द-प्रयोग और काव्य-शिल्प की शिक्षा सियारामशरण गुप्त से लेते हैं। यहाँ यह कहने की जरूरत नहीं होनी चाहिए कि अज्ञेय ने भी उत्तर-छायावादियों के साथ ही लिखना शुरू किया था। उनसे अपना रास्ता उन्होंने बाद में अलग किया। कुछ विद्वानों ने राष्ट्रीय चेतनावाले कवियों को लेकर हिंदी में एक राष्ट्रीयतावादी धारा की कल्पना की है, लेकिन सच्चाई यह है

कि वे कवि मूलतः स्वच्छंद-धारा के कवि हैं, किसी अन्य धारा के नहीं। यदि उन्हें राष्ट्रीयतावादी धारा का कवि माना गया, तो उनकी ढेर सारी महत्त्वपूर्ण कविताओं को उनकी मुख्यधारा से अलग की कविताएँ मानना पड़ेगा।

बीसवीं शताब्दी के दूसरे दशक के अंतिम वर्षों में भारतीय स्वाधीनता-आंदोलन में किसान की शिरकत शुरू होती है और वह उग्रता के दौर में प्रवेश करता है। माखनलाल और 'नवीन' तिलक के अनुयायी थे, लेकिन महात्मा गाँधी ने राष्ट्रीय चेतना का जो व्यापक प्रसार किया था, उसने भी उन्हें गहराई से प्रभावित किया था। ये दोनों ही हिंदी के विलक्षण कवि हैं। माखनलालजी में देशभक्ति की जो भावना है, वह बलिदान की भावना से भरी हुई है। उनमें जो तड़प है, वह हिंदी के किसी दूसरे कवि में नहीं मिलती। उनमें धर्मभावना भी प्रबल थी, लेकिन उसे उन्होंने देशभक्ति की भावना से अभिन्न कर दिया था। उनकी कविताओं में पता ही नहीं चलता कि उनकी देशभक्ति कब ईशभक्ति का रूप ले लेती है और ईशभक्ति कब देशभक्ति का। उनकी ये पंक्तियाँ प्रसिद्ध हैं—"अरे अशेष ! शेष की गोदी/तेरा बने बिछौना-सा !/आ मेरे आराध्य ! खिला लूँ/मैं भी तुझे खिलौना-सा !" माखनलालजी में देशभक्ति और ईशभक्ति की भावना के साथ प्रेमभावना भी उतनी ही तीव्र रूप में मिलती है। इसके साथ उन्होंने जहाँ कहीं प्रकृति-वर्णन किया है, वह भी बहुत रमणीय है। भाषा की वे कभी परवाह नहीं करते थे और उनकी वेगपूर्ण भावधारा उनके छंदों को भी बहा ले जाती थी। स्वभावतः उन्होंने जो कविता लिखी, वह नैसर्गिकता और स्वच्छंदता का प्रतिमान है। सृजनात्मकता उनमें इतने प्रचंड रूप में थी कि वे सहज भाव से मुक्तिबोध की याद दिलाते हैं। यह अस्वाभाविक नहीं है कि वे मुक्तिबोध के आदिप्रेरकों में से हैं।

'नवीन' में भी उन्हीं-जैसी देशभक्ति और बलिदान का भाव मिलता है। श्रद्धा उनके मन में गाँधी ही नहीं, विनोबा के प्रति भी थी, लेकिन प्रकृति से वे उग्र राष्ट्रप्रेमी थे। इसी कारण सत्याग्रह-आंदोलन की असफलता पर उन्होंने अपनी वह प्रसिद्ध कविता लिखी, जिसकी पंक्तियाँ हैं—"आज खड्ग की धार कुंठिता है, खाली तूणीर हुआ/विजय-पताका झुकी हुई है/लक्ष्यभ्रष्ट यह तीर हुआ।" शोषितों और पीड़ितों के लिए भी उनके मन में अपार सहानुभूति थी, उन्होंने मजदूरों के बीच काम भी किया था, लेकिन वे मार्क्स की अपेक्षा गाँधी को ही इस देश की जलवायु के अनुकूल समझते थे। माखनलालजी की तरह ही 'नवीन' जी में भी गहरी धर्मभावना है, जो कभी-कभी रहस्यात्मक रूप में भी प्रकट होती है, लेकिन उन्होंने अपने आराध्य को कभी मनुष्य के ऊपर नहीं रखा। उनके पास एक अत्यंत संवेदनशील प्रेमी-हृदय भी था, जिसकी हूक उनकी कविताओं में बराबर सुनाई पड़ती है। उनकी प्रेम-भावना में ऐंद्रियता भी प्रचुर मात्रा में है। कविता उनके लिए 'व्यक्तिगत उन्माद' की अभिव्यक्ति थी, इसलिए उनमें भाव और भाषा दोनों का बहुत ही विशिष्ट रूप देखने को मिलता

है। उनकी भाषा न केवल बहुत ओजपूर्ण और अकृत्रिम है, बल्कि वह कभी-कभी बिलकुल लोकभाषा से मिलकर बहने लगती है।

माखनलाल और 'नवीन' इन दोनों की कविता में जो खास चीज दिखलाई पड़ती है और जो पाठकों को बहुत आकर्षित करती है, वह है उनमें पाई जानेवाली मस्ती। यह मस्ती उनकी स्वच्छंद-भावना और राष्ट्र के प्रति उनकी उत्सर्ग-भावना की देन है। इन कवियों को राष्ट्र-प्रेम के आगे कुछ न सूझता था और वे अपनी जान हथेली पर लिए चलते थे। माखनलालजी ने एक कविता में कहा है–"होता हूँ कुर्बान, बताओ/किस कीमत पर लोगे जान ?" इसी तरह 'नवीन' जी ने भी कहा है–"हम संक्रांतिकाल के प्राणी, बदा नहीं सुखभोग/घर उजाड़कर जेल बसाने का है हमको रोग।" इन्हीं कवियों की परंपरा में सुभद्राकुमारी चौहान आती हैं, जिन्होंने राष्ट्र-प्रेम और परिवार-प्रेम की कविताएँ लिखी हैं और कभी-कभी इन दोनों के बीच की सीमा-रेखा को लगभग मिटा दिया है। उनकी कविताएँ सरल और निश्छल अभिव्यक्ति के लिए प्रसिद्ध हैं, लेकिन मस्ती उनके लहजे में भी है, जिसका पता हमें उनकी ऐसी पंक्तियों से चलता है–"निःसंतान मरे राजाजी/रानी शोक-समानी थी/बुंदेले हरबोलों के मुँह/हमने सुनी कहानी थी।" यही मस्ती हमें बाद में धूल उड़ाते आते हुए उत्तर-छायावादियों में दिखलाई पड़ती है। माखनलाल और 'नवीन' की तरह ही सियारामशरण गुप्त भी हिंदी के अत्यंत महत्त्वपूर्ण स्वच्छंदतावादी कवि हैं। उनकी स्वच्छंदता की ही देन है उनकी कविता में पाया जानेवाला विषयगत और रूपगत वैविध्य। राष्ट्रीयता, सामाजिकता और नैतिकता की भावना उनमें भी अत्यंत प्रबल थी, लेकिन यहाँ जो कुछ है, वह क्लासिकी संयम और अनुशासन से युक्त। भाषा स्वच्छ जलवाली शांत गति से बहती नदी की तरह है, जिसमें अनेक वस्तुओं और भावनाओं के सुंदर बिंब झलमलाते रहते हैं। प्रबंध हो या मुक्तक, वे सर्वत्र अपने सुगढ़ भाषा-शिल्प के कारण विशिष्ट हैं।

हिंदी कविता की स्वच्छंद-धारा उसकी बहुत ही महत्त्वपूर्ण धारा है, जो कि एक तरफ द्विवेदी-युग और दूसरी तरफ छायावाद-युग की धाराओं के बीच दबी रही है। जरूरत है इस धारा के महत्त्व को फिर से समझकर हिंदी कविता में उसे वह स्थान प्रदान करने की, जो उसे हिंदीभाषी प्रदेश की जनता ने अपने जातीय जीवन में दे रखा है।

4. छायावाद

आचार्य शुक्ल ने आधुनिक हिंदी कविता में स्वच्छंदतावाद के उत्थान का विवरण प्रस्तुत किया है और कहा है कि उसके विकास में छायावाद बाधक हुआ। उनका यह कथन प्रसिद्ध है कि मैथिलीशरण गुप्त, मुकुटधर पांडेय आदि के द्वारा स्वच्छंद नूतन धारा चली ही थी कि रवींद्रनाथ की उन कविताओं की धूम हुई, जो अधिकतर पाश्चात्य ढाँचे का आध्यात्मिक रहस्यवाद लेकर प्रकट हुई थीं। यह वाद क्या आया, एक बने-बनाए रास्ते का दरवाजा खुल पड़ा और हिंदी के कुछ नए कवि एकबारगी ही उधर प्रवृत्त हो गए। यह अपना क्रमशः बनाया हुआ रास्ता नहीं था ! जैसा कि पहले कहा जा चुका है, कुछ दूसरे विद्वान् स्वच्छंदतावाद को छायावाद की पीठिका मानते हैं। वास्तविकता यह है कि आचार्य शुक्ल द्वारा निरूपित स्वच्छंदतावाद और छायावाद दो चीजें हैं और उनमें कोई पूर्वापर संबंध नहीं है। इसका प्रमाण यह है कि कथित स्वच्छंदतावादी और छायावादी कविताएँ दो स्तरों पर प्रायः एक-दूसरे के समानांतर रची गई हैं। निश्चय ही इससे यह अर्थ निकालना गलत होगा कि दोनों ने कभी एक-दूसरे को किसी भी रूप में और किसी भी अंश में प्रभावित नहीं किया। उक्त स्वच्छंदतावाद और छायावाद एक व्यापक स्वच्छंदतावाद का अंग हैं, जो कि आधुनिक युग में उपनिवेश और सामंत-विरोधी जनतांत्रिक चेतना के साथ साहित्य के क्षेत्र में आविर्भूत हुआ था।

छायावाद को दो महायुद्धों के बीच की कविता भी कहा गया है। यह कहना अत्यंत युक्तिसंगत है, बशर्ते इसके पीछे स्थित मंतव्य को समझा जाए। हजारीप्रसाद द्विवेदी ने किंचित् विस्तार से यह बतलाया है कि छायावाद की मुख्य प्रेरणा प्रथम विश्वयुद्ध के परिणामों से आई थी। इस युद्ध ने हिंदी के नवशिक्षित युवकों पर साम्राज्यवाद के ध्वंसक रूप को पूर्णतः अनावृत कर उनमें उपनिवेश-विरोधी चेतना की प्रबल तरंग उत्पन्न कर दी। छायावाद उनके 'बंधनमुक्त चित्त' की ही अभिव्यक्ति है। द्विवेदीजी ने ठीक ही कहा है कि 1920 में महात्मा गाँधी के नेतृत्व में जो असहयोग

आंदोलन शुरू हुआ, वह मात्र राजनीतिक आंदोलन न होकर एक महान् सांस्कृतिक आंदोलन था। छायावाद की अंतिम सीमा जो द्वितीय विश्वयुद्ध बतलाई जाती है, उसकी युक्तियुक्तता इस बात में है कि फ़ासिज़्म-विरोध के साथ हिंदी कविता में एक नई वर्गीय चेतना का समावेश होता है, जो धीरे-धीरे उसके भीतरी और बाहरी दोनों रूपों को बदल देती है। इसमें वह असंतोष भी शामिल है, जो सुधारवादी और समझौतावादी राष्ट्रीय राजनीति के प्रति हिंदी कवियों में उस काल में देखने में आया था।

आचार्य शुक्ल ने स्वच्छंदतावाद को स्वाभाविक और छायावाद को आयातित विदेशी वस्तु कहा है। विदेश से यह वस्तु बँगला के माध्यम से भी आई थी और सीधे अंग्रेजी के माध्यम से भी। आचार्य शुक्ल को विदेशी वस्तु-मात्र से परहेज न था। जिस स्वच्छंदतावाद को उन्होंने अपना कहा है, उसके मूल में भी बँगला और अंग्रेजी कविताओं के हिंदी में प्रकाशित होनेवाले अनुवादों की प्रेरणा थी, लेकिन उससे हिंदी कविता का अपना स्वरूप विकृत नहीं हुआ था। सारा प्रभाव अपनी भाषा और भाव के मेल में था। विकृति वा अनुकृति छायावाद में दिखलाई पड़ी, जिससे वह हिंदी कविता के पाठकों के लिए ही नहीं, विद्वानों के लिए भी बिलकुल अजनबी प्रतीत हुआ। इस संबंध में दो बातें ज्ञातव्य हैं। एक तो यह कि समाज की तरह साहित्य में भी विकास कभी-कभी छलाँग लगाकर होता है। उस समय उस विकास को क्रांति कहते हैं। स्वच्छंदतावाद निश्चय ही हिंदी कविता का स्वाभाविक विकास था, जबकि छायावाद ने उसमें क्रांति उपस्थित कर दी थी। इसी कारण छायावादी कविता की अंतर्वस्तु और उसकी अभिव्यक्ति-प्रणाली दोनों ही बहुत कुछ आकस्मिक प्रतीत हुईं। आज गहराई से विचार करने पर यह स्पष्ट हो जाता है कि छायावाद और पूर्ववर्ती हिंदी कविता के बीच का संबंध-सूत्र अत्यंत दृढ़ है। छायावाद को द्विवेदीयुगीन कविता की प्रतिक्रिया में भी उत्पन्न कहा गया है, लेकिन एक तथ्य यह भी है कि उसमें द्विवेदीयुगीन कविता की रीति-विरोधी भावधारा को तर्कसंगत परिणति प्राप्त हुई है। यह अकारण नहीं है कि रामविलास शर्मा ने निराला को महावीरप्रसाद द्विवेदी का सर्वाधिक योग्य उत्तराधिकारी बतलाया है।

दूसरी बात यह है कि साहित्य का विकास पारस्परिक घात-प्रतिघात से ही होता है। ज्यों-ज्यों दुनिया छोटी होती जा रही है और विभिन्न देशों की परिस्थितियों को निर्मित करनेवाले तत्त्वों में समानता आती जा रही है, एक देश के साहित्य के दूसरे देश के साहित्य से प्रभावित होने की संभावना बढ़ती जा रही है। यह प्रक्रिया कोई नई नहीं है, भले आधुनिक काल में तेज हो गई हो। भक्ति-काव्य को जैसे सूफीमत ने प्रभावित किया था, वैसे ही रीति-काव्य को फारसी की कविता ने। छायावाद के बाद की नई कविता पर विदेशी विचार और भावधाराओं का और गहरा प्रभाव है। इस तरह विदेशी प्रभाव का निषेध नहीं किया जा सकता। वह निषेध वांछनीय भी

नहीं है, यद्यपि इसका ध्यान अवश्य रखा जाना चाहिए कि विदेशी प्रभाव हिंदी कविता के अपने स्वरूप को विकृत न करे। छायावादी रहस्यवाद और लाक्षणिकता आरंभ में विजातीय प्रतीत हुए थे, लेकिन बहुत शीघ्र छायावादी कवियों ने बाहरी तत्त्वों को आत्मसात् कर अपने को हिंदी की जातीय परंपरा का अंग बना लिया।

काफी दिनों तक छायावाद के संबंध में यह भ्रम रहा कि वह रहस्यवाद है। कभी अंग्रेजी के 'मिस्टिसिज़्म' शब्द का अनुवाद ही किया गया था—'छायावाद'। शुरू में जिस तरह की छायावादी कविताएँ लिखी जा रही थीं, उससे यह भ्रम होना स्वाभाविक भी था। आचार्य शुक्ल-जैसे इतिहासकारों ने इस भ्रम को और पुष्ट किया, जब उन्होंने विषयवस्तु के क्षेत्र में छायावाद की विशेषता रहस्य की प्रवृत्ति बतलाई। इस दृष्टि से उनके लिए छायावाद में कोई विषयगत नवीनता न थी। उसमें उन्हें जो नवीनता दिखलाई पड़ी, वह उसके अतिशय लाक्षणिक होने में। स्वभावतः उन्होंने उसे शैली मात्र माना। लेकिन थोड़ा ही आगे बढ़ने पर उनके सामने भी यह स्पष्ट हो गया कि छायावाद केवल रहस्यवाद तक सीमित नहीं है और उसमें प्रेम, वेदना, सौंदर्य, शृंगार, अतृप्ति, अवसाद और निराशा की भी प्रवृत्तियाँ हैं, जिनका लौकिक जीवन से संबंध है, किसी अलौकिक सत्ता से नहीं। अब उन्होंने अपनी परिभाषा का विस्तार किया और कहा कि लाक्षणिक और चित्रात्मक भाषा में जो भी अभिव्यक्ति की जाती है, वह छायावाद के अंतर्गत है। आश्चर्य यह देखकर होता है कि आचार्य शुक्ल को इस बात का आभास पहले से था कि छायावाद के अंतर्गत ऐसी रचनाएँ भी की जा रही हैं, जिनका प्रकृत रहस्यवाद से कोई संबंध नहीं है ! प्रमाण के लिए उनकी हिंदी शब्दसागर की 'हिंदी साहित्य का विकास' शीर्षक भूमिका देखनी चाहिए, जो कि उनके 'इतिहास' का प्रथम प्रारूप मानी जाती है।

और आगे बढ़ने पर जब 'प्रसाद' जी की 'लहर' और पंतजी की 'गुंजन' नामक कृतियाँ प्रकाशित हुईं, तो उन्होंने इस बात पर हर्ष प्रकट किया कि छायावादी कवि अपने बँधे घेरे से निकलकर जीवन और जगत् के व्यापक क्षेत्र में प्रवेश कर रहे हैं। निराला से उन्हें विशेष शिकायत न थी, क्योंकि उनके अनुसार उनकी कविता का क्षेत्र पहले से ही कुछ विस्तृत था। उन्होंने लिखा है कि छायावाद को रहस्यवाद तक ही सीमित कर देने पर उसका प्रतिनिधि केवल महादेवीजी होंगी। आचार्य शुक्ल हों या हिंदी के दूसरे आलोचक, छायावाद को लेकर उनमें यह उलझन इसलिए दिखलाई पड़ती है कि उन्होंने उसका शील-निरूपण करते समय अपना ध्यान प्रायः उसके आरंभिक और विशिष्ट रूप पर ही केंद्रित रखा है और उसे प्रवर्धमान और समग्र रूप में नहीं देखा। हिंदी आलोचना में पहली बार डा. नामवर सिंह ने 'छायावाद' नामक अपनी पुस्तक में छायावादी कविता पर उसकी संपूर्णता में विचार किया है और उसकी अनेकानेक प्रवृत्तियों का निरूपण करते हुए यह कहा है कि वे प्रवृत्तियाँ व्यक्ति-स्वातंत्र्यरूपी केंद्र पर बने हुए अनेक वृत्तों की तरह हैं। निश्चय ही उनके

ध्यान में 'झरना' से लेकर 'कामायनी' तक, 'परिमल' से लेकर 'अनामिका' तक, 'पल्लव' से लेकर 'युगांत' तक और 'नीहार' से लेकर 'दीपशिखा' तक की छायावादी कविता की यात्रा रही है।

आधुनिक हिंदी कविता का पाठक भारतेंदु-युग से चलता हुआ जब छायावाद तक पहुँचता है, तो प्रथम दृष्टि में तो उसे ऐसा ही प्रतीत होता है कि छायावाद में आकर हिंदी कविता की अर्थ-भूमि बहुत संकुचित हो गई है और उसमें रहस्य, प्रकृति और प्रेम यही दो-तीन विषय रह गए हैं। यह बात तब और खटकती है, जबकि वह यह देखता है कि छायावादी कविता का रचना-काल वह है, जिसमें न केवल देश में उग्र स्वाधीनता-संग्राम छिड़ा हुआ था, बल्कि समाज में भी कई प्रकार के सुधार-आंदोलन चल रहे थे। इस संबंध में ज्ञातव्य यह है कि ऐसा भ्रम इसलिए होता है कि छायावादी कवियों की शैली इतिवृत्तात्मक न होकर 'मेटाफोरिकल' या रूपकात्मक थी। इस कारण वे जो कुछ निवेदन करते थे, वह अभिधेयात्मक रूप में नहीं, बल्कि लाक्षणिक वा व्यंग्यात्मक रूप में। इसी शैली में उन्होंने अपने व्यक्तिगत जीवन से लेकर समाज और राष्ट्र तक की बातें कहीं। उनकी यह शैली उनके उस बंधनमुक्त चित्त की देन थी, जो कल्पना के आकाश में ऊँची उड़ानें भर रहा था। निराला ने स्पष्टतः कविता को 'कल्पना के कानन की रानी' कहकर संबोधित किया था।

इस कल्पना ने न केवल छायावादी काव्य-भाषा को तितली के पंखों की तरह रंगीन बना दिया, बल्कि कविता की अंतर्वस्तु में भी ऐसा परिवर्तन उपस्थित कर दिया कि पहली नजर में उसे पहचानना मुश्किल हो गया। लेकिन सधी हुई आँखें आज देख लेती हैं कि छायावादी कविता में पूर्ववर्ती कविता की तरह घटनाओं के ब्यौरे न हों, लेकिन उसमें स्वाधीनता की नवयुगीन चेतना बहुत गहरे रूप में मौजूद है। स्वाधीनता की ऐसी चेतना द्विवेदीयुगीन कवियों में नहीं थी, क्योंकि उनका व्यक्तित्व छायावादी कवियों की तरह स्वतंत्र नहीं था। उनकी कविता विषय से आक्रांत है, जिस कारण उसमें न कल्पना की ऊँचाई है, न अनुभूति की गहराई। छायावादी कविता में ये दोनों ही चीजें कवि-व्यक्तित्व से आई हैं, जिससे उसमें पाठकों को प्रभावित करनेवाला ही नहीं, संचालित कर देनेवाला गुण उत्पन्न हो गया है। आचार्य शुक्ल छायावाद पर कलावाद का प्रभाव मानते थे, लेकिन उस सीमा तक नहीं, जहाँ पहुँचकर कविता मात्र नीरस सौंदर्य-सृष्टि बनकर रह जाती है। संपूर्ण छायावादी कविता कवि की निजी प्रतिक्रिया है, लेकिन यह प्रतिक्रिया केवल निजी विषयों तक सीमित न होकर समाज और देश ही नहीं, संपूर्ण विश्व तक फैली हुई है।

छायावाद का प्रथम उन्मेष 'प्रसाद' जी के 'झरना' नामक कविता-संग्रह की कविताओं में हुआ था। 'लहर' की कविताओं में जाकर उन्होंने विस्तृत अर्थभूमि पर पदक्षेप किया, जिसकी चरम परिणति 'कामायनी' में हुई। 'कामायनी' उनका ऐसा

काव्य है, जिसमें उन्होंने व्यक्ति-समीक्षा के माध्यम से सभ्यता-समीक्षा की है। किसी भी दूसरे छायावादी कविता का काव्य-फलक इतना विस्तृत नहीं है। 'प्रसाद' जी के काव्य की विशेषता उसकी ऐंद्रियता और उसमें उपस्थित एक लोकोन्मुख विश्वदृष्टि है। निराला छायावाद के ऐसे कवि हैं, जिनमें विषयगत और शैलीगत विविधता सबसे ज्यादा है। उनकी कविता की शक्ति का स्रोत उनकी परस्पर विरोधी प्रवृत्ति है। वे वैयक्तिक होते हुए भी सामाजिक, स्वच्छंद होते हुए भी शास्त्रीय और कल्पनाशील होते हुए भी यथार्थवादी हैं। 'जुही की कली'-जैसी कविता से आरंभ होनेवाली उनकी काव्य-यात्रा 'राम की शक्ति-पूजा' में अपनी मंजिल पर पहुँचती है। सुमित्रानंदन पंत में स्वच्छंदता के तत्त्व सबसे ज्यादा हैं, लेकिन दार्शनिक स्तर पर उनमें अन्वेषण की जो प्रवृत्ति मिलती है, वह अत्यंत दुर्लभ है। 'पल्लव' छायावाद की आरंभिक प्रवृत्तियों का सबसे बढ़िया उदाहरण है, और 'युगांत' उसकी परवर्ती प्रवृत्तियों का। उनकी भाषा निरंतर परिष्कृत और समर्थ होती गई है। महादेवीजी के रहस्यवाद का भी एक सामाजिक आधार है और उनकी कविता भी कई अर्थभूमियों पर संचरण करती है, जिसकी ओर पाठकों और विद्वानों का ध्यान जाना चाहिए। उनकी अन्यतम विशेषता उनकी अखंड प्रगीतात्मकता और भाषा का माधुर्य एवं प्रांजलता है। 'नीहार' का कुहासा 'दीपशिखा' तक आते-आते बहुत कुछ छँट जाता है और महादेवीजी की कविता की मानवीय भूमि आँखों के आगे पूर्णतः झलक उठती है।

अपने वैभव के कारण छायावादी कविता उचित ही हिंदी के भक्ति-काव्य से तुलनीय मानी गई है। भाव और भाषा दोनों ही क्षेत्रों में इसमें काव्य-गुण का जो विकास हुआ, वह संपूर्ण हिंदी कविता के इतिहास में अत्यंत विस्मयकारी है।

5. उत्तर-छायावादकाल

छायावाद को लेकर अपने ढंग का विवाद था, उत्तर-छायावादकाल को लेकर अपने ढंग का विवाद अभी तक बना हुआ है। नाम से तो यही लगता है कि यह छायावाद का परवर्ती काल है, हजारीप्रसाद द्विवेदी ने इसे छायावाद का दूसरा उन्मेष कहा भी है, लेकिन अन्य अनेक विद्वान् इस प्रसंग में उनसे भिन्न मत रखते हैं। कथित उत्तर-छायावादी कवियों में दिनकर शीर्षस्थानीय हैं। वे कवि होने के साथ-साथ आलोचक भी थे। उन्होंने इस काल को उत्तर-छायावादकाल की जगह छायावादोत्तर काल कहना पसंद किया है। वे छायावादी कवियों के दाय को अस्वीकार करने के पक्ष में नहीं थे, लेकिन अपने काल को वे छायावाद का बढ़ाव न मानकर एक स्वतंत्र काल मानते थे। उन्हीं का साक्ष्य लें, तो उनकी दृष्टि में उनका रचनात्मक संघर्ष यह था कि वे सुमित्रानंदन पंत के स्वप्न को मैथिलीशरण गुप्त की स्पष्टता के साथ कैसे अभिव्यक्त करें !

वस्तुस्थिति यह है कि इस काल के कवि छायावादी कवि न होकर स्वच्छंदतावाद की परंपरा के कवि हैं। इनका बहिरंग और अंतरंग संबंध स्वच्छंदतावादी कवियों से ही दिखलाई पड़ता है। स्वच्छंदतावादी कवियों में रहस्य की अपेक्षा इस भौतिक जगत् का आकर्षण प्रबल था, उनमें उग्र राष्ट्रीय चेतना थी, उनकी प्रेम और शृंगार-भावना में प्रचुर ऐंद्रियता थी, उनकी कविता का विषय वैविध्यपूर्ण था, अतिशय लाक्षणिकता के वे विरुद्ध थे और जिंदादिली, फक्कड़पन तथा मस्ती उनके शब्दों से छलकी पड़ती थी। कथित उत्तर-छायावादी कवियों में ये तमाम चीजें अनेक बार और निखरे हुए रूप में दिखलाई पड़ती हैं। दिनकर ने तो अपना संबंध माखनलाल चतुर्वेदी से जोड़ा ही है, बच्चन-जैसे कवियों ने भी पूर्व-स्वच्छंदतावादी कवियों का ऋण स्वीकार किया है, जो विशेष ध्यातव्य है। एक स्थान पर वे कहते हैं : "प्रकृति-प्रेमी पंत की भाषा विशिष्टता-संपन्न होकर भी संघर्ष की भाषा नहीं थी, और न थी रहस्यवादी महादेवी की भाषा। राष्ट्रवादियों के स्वर की प्रखरता सतही थी। गहराई आगे चलकर पहले

माखनलाल चतुर्वेदी ने और बाद को 'दिनकर' ने दी। संघर्ष की भाषा, व्यक्ति और समाज के संघर्ष की भाषा, बोलने का कुछ अभ्यास 'नवीन' और भगवतीचरण वर्मा कर रहे थे। जाने-अनजाने अपने इन्हीं दो अग्रजों से संकेत पाकर मैंने जिस माध्यम को यथाशक्ति परिपूर्ण करके 1933 में 'मधुशाला' में दिया उसने हिंदी काव्य संसार में एक नई आवाज का आभास दिया।'' इस उद्धरण में माखनलाल और 'नवीन' के नाम महत्त्वपूर्ण हैं, क्योंकि उनसे बच्चन-काव्य का संबंध प्रायः अदृष्ट रहा है। 'राष्ट्रवादियों' से उनका आशय मैथिलीशरण गुप्त-जैसे कवियों से है और भगवतीचरण वर्मा का उल्लेख उन्होंने इसलिए किया है कि वे उनसे थोड़ा पहले अपना मस्तीभरा लहजा लेकर काव्यक्षेत्र में आ गए थे।

यहाँ यह भी स्मरणीय है कि स्वच्छंदतावादी कवि माखनलाल और 'नवीन' ही नहीं, किसी हद तक मैथिलीशरण और रामनरेश त्रिपाठी भी हैं, जिन्होंने फुटकर कविताओं के साथ-साथ प्रबंध-काव्यों की भी रचना की है। ऐसी स्थिति में दिनकर का प्रबंध-काव्य रचना पूर्व-स्वच्छंदतावादी कवियों के साथ उनके संबंध को असिद्ध नहीं करता। मैं अपने व्यक्तिगत अनुभव से कह सकता हूँ कि दिनकर प्रबंधकार के रूप में मैथिलीशरण के साथ रामनरेश त्रिपाठी का भी महत्त्व स्वीकार करते थे और ताज्जुब नहीं कि उन्होंने उनसे भी प्रभाव ग्रहण किया हो। तात्पर्य यह कि उन-जैसे कवि पंत-निराला की अपेक्षा माखनलाल-नवीन के निकट तो हैं ही, मैथिलीशरण-रामनरेश त्रिपाठी के भी निकट हैं।

इस प्रसंग में रामचंद्र शुक्ल का मत ज्यादा संगत प्रतीत होता है। उन्होंने स्वच्छंद-धारा को छायावाद के भी समानांतर प्रवहमान दिखलाया है और दिनकर तथा बच्चन को स्पष्ट शब्दों में छायावादी की जगह स्वच्छंद कवि कहते हुए उनका संबंध माखनलाल और 'नवीन' की परंपरा से जोड़ा है। उलझन वहाँ होती है, जहाँ उन्होंने स्वच्छंद-धारा के तीन महत्त्वपूर्ण कवियों—भगवतीचरण, नरेंद्र शर्मा और रामेश्वर शुक्ल 'अंचल' को छायावादी कवियों की श्रेणी में रखा है। इन कवियों की आरंभिक कविताओं का अध्ययन करने के पश्चात् उलझन दूर हो जाती है और शुक्लजी का श्रेणिनिर्धारण सही प्रतीत होता है। भगवतीचरण वर्मा की आरंभिक कविताएँ छायावाद से इतना मेल खाती थीं कि कुछ लोगों ने महादेवी वर्मा और रामकुमार वर्मा के साथ उन्हें रखकर छायावाद की बृहत्त्रयी की तरह एक लघुत्रयी की भी कल्पना कर ली थी। नरेंद्र शर्मा का किस्सा यह है कि उनकी आरंभिक कविताओं पर पंत का ऐसा प्रभाव था कि निराला उन्हें 'पंत स्कूल के प्रतिनिधि कवि' कहा करते थे। 'अंचल' ने तो स्वयं लिखा है कि उनकी काव्ययात्रा ऐसी कविताओं की रचना से शुरू हुई थी, जिनमें जीवन के यथार्थ की जगह छायावादी अनुभूतिशून्यता और काल्पनिकता की प्रधानता थी और कवि का आग्रह केवल चित्र-निर्माण पर था, जीवंत भावनाओं के संप्रेषण पर नहीं। इन सभी कवियों ने बाद में अपना प्रकृत पथ पहचाना और दिनकर तथा

बच्चन के साथ हिंदी कविता की स्वच्छंद-धारा का विकास किया।

एक दिलचस्प तथ्य यह है कि जैसे स्वच्छंदतावाद और छायावाद ने एक-दूसरे को प्रभावित किया, वैसे ही छायावाद और कथित उत्तर-छायावाद ने भी। माखनलाल और 'नवीन' पर तो छायावाद का प्रभाव है ही, निराला और पंत पर भी स्वच्छंदतावाद का प्रभाव है। यह छायावाद का प्रभाव ही है, जो माखनलाल और 'नवीन' की कविता को व्यंजना में श्रीधर पाठक और रामनरेश त्रिपाठी से आगे ले जाता है। मुकुटधर पांडेय ने एक स्थान पर कहा है कि जब वे कविता लिख रहे थे, तो उन्हें प्रसाद स्कूल का कवि कहा जाता था। मैथिलीशरण ने तो बाद में छायावाद का मुखर प्रभाव लेकर 'झंकार' नाम से गीतों का एक संग्रह ही रच डाला। उनके 'साकेत' के नवम सर्ग के गीतों पर भी छायावाद का असर बतलाया जाता है। दूसरी तरफ विषय के क्षेत्र में निराला, जो छायावाद की सीमाओं का अतिक्रमण करते हैं और पंत जो कई क्षेत्रों में स्वच्छंदता का परिचय देते हैं उसका कारण भी हिंदी की क्रमागत स्वच्छंदतावादी कविता हो सकती है। शुक्लजी ने तो 'प्रसाद' जी के 'झरना' के प्रथम संस्करण की कविताओं पर भी स्वच्छंदतावाद की 'नूतन पद्धति' का प्रभाव लक्षित किया है। क्रिया-प्रतिक्रिया का यह सिलसिला आगे भी जारी रहता है और कथित उत्तर-छायावादी कवि छायावादियों का प्रभाव लेते हैं, तो अपनी कविताओं से निर्मित नवीन वातावरण से उन्हें भी प्रभावित करते हैं। भगवतीचरण, दिनकर और बच्चन से लेकर नरेंद्र शर्मा, 'अंचल' और शिवमंगल सिंह 'सुमन' तक की कविता छायावाद का प्रभाव अत्यंत शोधित रूप से ग्रहण करती है, तो निराला-पंत भी बाद में रहस्यात्मकता और लाक्षणिकता दोनों से छुटकारा पाकर जीवन के और करीब आते हैं और अपेक्षाकृत सरल भाषा में कविताएँ लिखते हैं। इसे परवर्ती स्वच्छंदतावादी कविता की महत्त्वपूर्ण उपलब्धि के रूप में देखना चाहिए।

उत्तर-छायावादी काव्य को 'मस्ती का काव्य' कहा गया है। इस मस्ती का स्रोत क्या है, यह मालूम करने के लिए साहित्येतिहासकारों और आलोचकों ने काफी मेहनत की है। नगेंद्र ने बच्चन की कविता का संबंध वासना और भोग से जोड़ा है और रामविलास शर्मा ने यौन अतृप्ति से। कहने की आवश्यकता नहीं कि कथित उत्तर-छायावादी काव्य में ऐंद्रिय प्रेम का आकर्षण प्रचुर मात्रा में है, लेकिन उसमें जो जिंदादिली और फक्कड़पन है, उसकी व्याख्या नगेंद्र और रामविलासजी के सूत्रों से नहीं हो सकती। माखनलाल और 'नवीन' के काव्य का अनुशीलन करने से जो तथ्य उभरकर सामने आता है, वह यह है कि उनकी मस्ती उनकी उत्सर्ग-भावना की देन थी। वे चूँकि स्वाधीनता-आंदोलन के उस दौर के कवि थे, जो धीरे-धीरे काफी उग्र हो चुका था, इसलिए उनमें पहले के राष्ट्रीयतावादी कवियों की तुलना में एक बलिदान का भाव है। यही भाव दिनकर में आकर बहुत बढ़ जाता है। जहाँ तक बच्चन की बात है, उनकी 'मधुशाला' केवल छायावादी आध्यात्मिकता से विद्रोह नहीं

है, जिसके परिणामस्वरूप उसमें लौकिक प्रेम और शृंगार की तीव्र प्रवृत्ति मिलती है, बल्कि कई अर्थों में वह एक सामाजिक और राष्ट्रीय काव्य भी है। उसमें नए समाज और राष्ट्र की पूर्ण कल्पना मधु और तत्संबंधी दूसरे उपादानों के प्रतीकात्मक उपयोग के माध्यम से अभिव्यक्त हुई है। उदाहरण के लिए उसकी ऐसी पंक्तियाँ देखी जा सकती हैं–"बैर बढ़ाते मंदिर-मस्जिद/मेल कराती मधुशाला" और "सौ सुधारकों का करती है/काम अकेली मधुशाला।" निश्चय ही इस मस्ती की व्याख्या ऊपर-ऊपर से केवल शब्दों को देखकर नहीं की जा सकती। यहाँ द्विवेदीजी का यह कथन ज्यादा सही लगता है कि मस्ती का यह काव्य भारतीय इतिहास के उस दौर की देन है, जिसमें भारतीय स्वाधीनता-आंदोलन में युवकों की शिरकत से एक नया उभार आ गया था। ये युवक अपने साथ नया सामाजिक आदर्श लेकर आए थे, यह एक खास बात थी। इसी तरफ संकेत करते हुए उन्होंने कहा है, "देश के युवकों में कभी भी आत्मविश्वास की मात्रा उतनी नहीं थी जितनी इस काल में रही। धीरे-धीरे व्यक्ति-मानव के स्थान पर समाज-मानव का महत्त्व प्रतिष्ठित होता गया। यह काल एक ओर सामूहिक आंदोलन में विश्वास करता है और दूसरी ओर सामाजिक अभ्युत्थान के प्रति आकृष्ट होने का भी समय है।" द्विवेदीजी ने दिनकर को इस काल का सर्वश्रेष्ठ प्रतिनिधि माना है, क्योंकि उनकी 'उमंग और मस्ती में सामाजिक मंगलकांक्षा का प्राधान्य' है।

हिंदी में ऐसे आलोचक भी हैं, जो इस काल की कविता में जो मस्ती है उसका कारण कवियों का अगंभीर होना बतलाते हैं। उनकी दृष्टि में छायावादी कवि गंभीर थे, क्योंकि उनके पास शैव अद्वैतवाद से लेकर शांकर अद्वैतवाद तक का गंभीर दर्शन था, लेकिन उत्तर-छायावादी कवि अगंभीर थे, क्योंकि इनके पास कोई भाववादी दार्शनिक विश्वास नहीं था ! इन आलोचकों ने इस अगंभीरता का संबंध तत्कालीन राजनीति में व्याप्त अनिश्चय की स्थिति से जोड़ा है। वस्तुस्थिति बिलकुल इसके विपरीत है। उत्तर-छायावादी कवि बीसवीं शताब्दी के चौथे दशक में उभरकर सामने आए थे। यह दशक बहुत ही उथल-पुथल से भरा हुआ था। प्रथम स्वतंत्रता-दिवस, द्वितीय सविनय अवज्ञा आंदोलन, गाँधी-इरविन समझौता, आंदोलन की वापसी, कांग्रेसी मंत्रिमंडलों का निर्माण और पतन, सांप्रदायिकता की वृद्धि तथा समाजवादी विचारों का प्रसार–ये घटनाएँ देश में घट रही थीं। इसी तरह अंतर्राष्ट्रीय परिस्थिति यह थी कि एशिया, अफ्रीका और लातीनी अमरीका के देशों में साम्राज्यवाद-विरोध जोर पकड़ रहा था और यूरोप में न केवल फ़ासिज़्म का उदय हो चुका था, बल्कि द्वितीय विश्वयुद्ध की शुरुआत भी हो चुकी थी। उत्तर-छायावादी कवियों ने पूर्ण गंभीरता से आशा-निराशा से भरी इन्हीं परिस्थितियों को वाणी दी और हिंदी कविता को देश और विश्व के व्यापक यथार्थ से जोड़कर उसे जनता तक पहुँचा दिया, क्योंकि इसी में उसकी सार्थकता थी।

6. प्रगतिवाद

प्रगतिवाद का आंदोलन प्रगतिशील लेखक संघ की स्थापना के बाद शुरू हुआ। दिलचस्प यह है कि यह संगठन 1935 में 'इंडियन प्रोग्रेसिव राइटर्स एसोसिएशन' के नाम से पहले लंदन में बना था, जिसके अध्यक्ष मुल्कराज आनंद थे। उसी वर्ष उससे पहले पेरिस में 'वर्ल्ड कांग्रेस ऑफ राइटर्स फॉर द डिफेंस ऑफ कल्चर' नाम से एक अंतर्राष्ट्रीय संस्था की नींव पड़ चुकी थी, जिसके कर्ता-धर्ता गोर्की, रोम्याँ रोलाँ, आंद्रे जीद, टॉमस मान आदि विश्वविख्यात लेखक थे। इस संस्था का निर्माण फ़ासिज़्म और साम्राज्यवाद के हमलों से लेखकीय स्वतंत्रता और अधिकारों की रक्षा करने के उद्देश्य से किया गया था। लंदन के प्रोग्रेसिव राइटर्स एसोसिएशन ने यह फैसला किया कि वह नियमित रूप से इस संस्था से जुड़कर अपनी गति-विधि चलाए। अपने स्थापना-सम्मेलन में उसने एक घोषणा-पत्र भी स्वीकृत किया था, जो कमोबेश भारतीय साहित्य के प्रति पश्चिमी दृष्टिकोण से प्रभावित था। इसका उद्देश्य भारत में नए साहित्य के निर्माण की प्रेरणा देना था, जो अपने भीतर रोटी के, दरिद्रता के, सामाजिक अवनति के और राजनीतिक पराधीनता के प्रश्नों को समाहित कर सके।

लेकिन लंदन में रहकर यह काम संभव न था, इसलिए इसके कार्यकर्ताओं ने भारत में प्रगतिशील लेखक संघ की स्थापना करना जरूरी समझा। उन्होंने अपने संगठन का घोषणा-पत्र भारत में भी कुछ लेखकों के पास भेजा था। उनमें से प्रेमचंद ने उनके संगठन का स्वागत करते हुए लिखा था कि घोषणा-पत्र को देखकर यह आशा होती है कि 'अगर यह सभा अपने मार्ग पर जमी रही, तो साहित्य में नवयुग का उदय होगा।' यही कारण था कि सज्जाद जहीर ने जब भारत पहुँचकर यहाँ के लेखकों की मदद से 1936 के अप्रैल में लखनऊ में प्रगतिशील लेखक संघ का स्थापना-सम्मेलन किया, तो उसका अध्यक्ष प्रेमचंद को बनाया गया। प्रेमचंद उर्दू और हिंदी के महान् लेखक के रूप में मान्य हो चुके थे, उनकी पहुँच साधारण पाठकों तक भी थी और वे विचारों से प्रगतिशील थे, इसलिए उनकी अध्यक्षता तथा अध्यक्ष-पद

से पढ़े गए उनके व्याख्यान का संपूर्ण भारतीय साहित्य पर प्रभाव पड़ा।

प्रगतिशील लेखक संघ को लेकर देशी-विदेशी का प्रश्न उठाया जाता है और कहा जाता है कि इस संस्था की जड़ इस देश में नहीं, इसलिए इसकी प्रेरणा से जो साहित्य रचा गया है, वह भी अपनी प्रकृति से विदेशी है। यह ठीक है कि इस संस्था की कल्पना सबसे पहले लंदन में रह रहे कुछ युवकों ने की थी, जो तत्कालीन यूरोप की राजनीतिक और साहित्यिक विचारधाराओं से प्रभावित थे और उसके फलस्वरूप समाजवाद में अपनी आस्था रखने लगे थे। लेकिन भारत की परिस्थिति उससे सर्वथा भिन्न न थी। यूरोप में फ़ासिज़्म का जो उदय हुआ था, उससे यहाँ के बुद्धिजीवी भी आशंकित थे, उनकी अगली कतारों में यहाँ भी वामपंथी चेतना का प्रसार हो रहा था, किसान-मजदूर-आंदोलन यहाँ भी शुरू हो चुके थे और स्वाधीनता-आंदोलन में समझौतावादी तथा सुधारवादी नेतृत्व से मोहभंग की प्रक्रिया जारी थी। कम्युनिस्ट पार्टी की स्थापना पहले ही हो चुकी थी, अब कांग्रेस के भीतर भी प्रगतिशील विचार के युवकों ने एक कांग्रेस सोशलिस्ट पार्टी बना ली थी। इस सबकी माँग साहित्य में कल्पना और भावुकता की जगह यथार्थवाद की थी। भारत में प्रगतिशील लेखक संघ की प्रेरणा जहाँ से आई हो, उसके लिए अनुकूल परिस्थितियाँ यहाँ तैयार थीं। प्रेमचंद भारतीय साहित्य में यथार्थवाद के जनक हैं, इसलिए उनका उक्त सम्मेलन की अध्यक्षता करना एक स्वाभाविक बात थी।

हिंदी कविता के लिए प्रगतिवाद विदेशी न था, इसका ठोस प्रमाण यह है कि इसमें प्रगतिवादी कविता सबसे पहले उन्हीं कवियों ने लिखी, जो हिंदी के प्रतिष्ठित छायावादी और स्वच्छंदतावादी कवि थे। डा. रामविलास शर्मा समाजवाद को भारतीय चिंताधारा की स्वाभाविक परिणति बतलाते हैं। हिंदी की प्रगतिशील कविता की जड़ें भी द्विवेदीयुगीन कवि गयाप्रसाद शुक्ल 'सनेही' की साम्यवादसमर्थक कविताओं में ढूँढ़ी जा सकती हैं। माखनलाल और 'नवीन' ने इस प्रगतिशील परंपरा को आगे बढ़ाया था, जिसका और अधिक विकास परवर्ती काल में दिनकर, नरेंद्र शर्मा, रामेश्वर शुक्ल 'अंचल' और शिवमंगल सिंह 'सुमन' की कविताओं में दिखलाई पड़ता है। यथार्थवादी रुझान की दृष्टि से भगवतीचरण वर्मा भी उल्लेखनीय हैं। जहाँ तक छायावादियों की बात है, कविता के क्षेत्र में प्रगतिवाद का नेतृत्व सर्वप्रथम निराला और पंत ने ही किया। 1936 के बाद से इन दोनों महाकवियों के लेखन का ढंग बदलने लगता है और निराला 'कुकुरमुत्ता' तथा 'बेला' और 'नए पत्ते' की कविताओं की रचना करते हैं और पंत 'युगांत' में छायावाद के अंत की सूचना देने के बाद 'युगवाणी' और 'ग्राम्या' की कविताओं की। इन्हीं कविताओं ने हिंदी कविता में पहली बार यथार्थवाद के लिए द्वार उन्मुक्त किया और उसके अंतर्गत श्रेष्ठ काव्य की रचना कर उसमें नए युग का सूत्रपात किया। पंत ने तो 1938 में 'रूपाभ' नाम से प्रगतिशील आंदोलन को फैलाने के लिए एक पत्रिका भी निकाली थी, जिसमें प्रकाशित एक

लेख में उन्होंने कहा था कि इस युग की कविता सपनों में नहीं पल सकती, इसलिए अपने पोषण के लिए उसकी जड़ें कठोर धरती का आश्रय ले रही हैं। उनके इस लेख को प्रगतिवाद का घोषणा-पत्र माना जाता है, जैसे उनके 'पल्लव' की भूमिका को छायावाद का घोषणा-पत्र। जिस कवि ने छायावाद का घोषणा-पत्र लिखा था, उसी ने प्रगतिवाद का भी घोषणा-पत्र लिखा, यह तथ्य इस आरोप का खंडन करने के लिए काफी है कि प्रगतिवाद हिंदी कविता का स्वाभाविक विकास नहीं है।

हिंदी में जब प्रगतिवादी कविता लिखी जाने लगी, तो आचार्य शुक्ल-जैसे जातीय आलोचक ने भी उस पर हर्ष और संतोष प्रकट किया। इसका प्रमाण 'युगवाणी' पर की गई उनकी यह महत्त्वपूर्ण टिप्पणी है : "यह देखकर प्रसन्नता होती है कि 'छायावाद' के घेरे से निकलकर पंतजी ने जगत् की विस्तृत अर्थभूमि पर स्वाभाविक स्वच्छंदता के साथ विचरने का साहस दिखाया है।" लेकिन आचार्य शुक्ल बहुत ही सतर्क आलोचक थे, इसलिए वे यह संकेत करना भी न भूले कि पंतजी के लिए बेहतर होगा अपनी लोकमंगल की भावना को स्वाभाविक कर्मपथ पर ले चलना, न कि अपनी वाणी को केवल आंदोलनों के पीछे लगाना। यह बात उन्होंने 'युगांत' की कुछ कविताओं के प्रसंग में कही है, लेकिन वह 'युगवाणी' की कुछ कविताओं के प्रसंग में भी कही जा सकती है। हिंदी के दूसरे जातीय आलोचक हजारीप्रसाद द्विवेदी ने विस्तार से प्रगतिवाद का शील-निरूपण किया और उसके मानववाद की प्रशंसा करते हुए कहा कि "प्रगतिशील आंदोलन बहुत महान् उद्देश्य से चालित है। इसमें सांप्रदायिक भाव का प्रवेश नहीं हुआ तो इसकी संभावनाएँ अत्यधिक हैं।" आगे उन्होंने इसकी तुलना भक्ति-आंदोलन से की और कहा कि वैसा ही यह आंदोलन भी हो सकता है। लेकिन जैसा कि उन्होंने लक्ष्य कर लिया था, प्रगतिवाद में थोड़े दिनों के बाद ही सांप्रदायिकता के चिह्न प्रकट होने लगे, यानी प्रगतिशील लेखक संघ पर कम्युनिस्ट पार्टी का नियंत्रण बढ़ने लगा और प्रगतिशील रचनाकारों को पार्टी के निर्देशों के मुताबिक चलाने की कोशिश की जाने लगी। इसका परिणाम यह हुआ कि बहुत सारे प्रगतिशील लेखक संगठन से अलग हो गए और ढेर सारा ऐसा साहित्य रचा गया जिसे प्रचारात्मक और आंदोलनात्मक कहा जा सकता है।

प्रेमचंद ने अपने अध्यक्षीय व्याख्यान में प्रगतिशील विषयवस्तु के साथ-साथ 'सौंदर्य' पर अत्यधिक बल दिया था और प्रगतिशील साहित्य की रचना के लिए एक नए सौंदर्यशास्त्र की प्रस्तावना की थी, लेकिन अनेक प्रगतिशील रचनाकारों ने उनकी बात पर ध्यान नहीं दिया और अपने लेखन को अनुभूतिशून्य तरानों और घिसे-पिटे नारों में तब्दील हो जाने दिया। प्रगतिशील लेखक संघ के विभिन्न सम्मेलनों के घोषणा-पत्रों के अध्ययन से यह पता चलता है कि इस संगठन के भीतर संकीर्णतावादी रुझान निरंतर बना हुआ था, जिससे निश्चय ही प्रगतिशील साहित्य को क्षति पहुँची और यह अपने लक्ष्य को उस रूप में न प्राप्त कर सका, जिस रूप में प्राप्त करने

की उसमें प्रचुर संभावना थी। लंदनवाले घोषणा-पत्र में पाश्चात्य दृष्टि के प्रभाव में संपूर्ण भारतीय साहित्य को प्रतिक्रियावादी और दकियानूसी कहा गया है और वही बात लखनऊवाले घोषणा-पत्र में भी दुहराई गई है। कलकत्ता-सम्मेलन में स्वीकृत घोषणा-पत्र में इसमें हलका संशोधन करके 'क्लासिकल युग' के साहित्य को बख्श दिया गया है, लेकिन दिल्ली-सम्मेलन में स्वीकृत घोषणा-पत्र में स्पष्ट शब्दों में छायावाद को सांस्कृतिक विकास में बाधक कहा गया है। भिवंडी-सम्मेलन में स्वीकृत घोषणा-पत्र तो प्रगतिशील लेखक संघ पर हावी हो जानेवाले अनेक प्रकार के संकीर्णतावाद का आईना है। स्वभावतः उसके बाद संगठन में बिखराव की प्रक्रिया और तेज हो गई, यद्यपि प्रगतिशीलता से गहराई से प्रतिबद्ध प्रतिभाशाली रचनाकार स्वतंत्र रूप से जद्दोजहद करते हुए नूतन सृजन में संलग्न रहे।

प्रगतिवादी काव्यांदोलन के दूसरे दौर के महत्त्वपूर्ण कवि हैं—शमशेर, केदारनाथ अग्रवाल, नागार्जुन, त्रिलोचन और मुक्तिबोध। इनमें से शमशेर और मुक्तिबोध को बहुत दिनों तक प्रगतिवादी नहीं, बल्कि प्रयोगवादी कवि माना गया। कहा गया कि वे अधिक से अधिक प्रगतिवादी रुझान रखते हैं। शमशेर ने भी कुछ सपाट राजनीतिक कविताएँ लिखी हैं, लेकिन मूलतः वे गहरी मानवीय भावनाओं और सौंदर्य के कवि हैं। उनका सौंदर्य आध्यात्मिक न होकर शुद्ध ऐंद्रिय है, जिसे उन्होंने विशिष्ट कलात्मक शैली में उपस्थित किया है। आज उन्हें प्रगतिशील कवियों में बहुत ऊँचा दर्जा प्राप्त है, क्योंकि उनकी संवेदना जितनी व्यापक और जटिल है, उनका दृष्टिकोण उतना ही वस्तुवादी और गहन। उनमें एक औदात्य भी है, जो उनकी कविता के स्तर को बहुत ऊपर उठा देता है। मुक्तिबोध ने भी अपना विकास आंदोलनात्मक और प्रचारात्मक कविता की लीक छोड़कर बिलकुल भिन्न ढंग से किया। वे मूलतः राजनीतिक कवि थे, लेकिन अपनी राजनीति को उन्होंने रोजमर्रा की राजनीति से अलग एक व्यापक मानवीय आधार प्रदान किया। उनकी शैली कथित यथार्थवादी शैली न होकर फैंटेसी की शैली है, जिसके माध्यम से उन्होंने ज्वलंत सामाजिक अभिप्राय को व्यक्तिगत आवेग के साथ बहुत ही प्रभावशाली ढंग से अभिव्यक्त किया है। उन्हें इस बात का श्रेय है कि उन्होंने प्रयोगवादी वा नई कविता के भीतर अंतर्विरोध को गहरा बनाकर हिंदी कविता के यथार्थवादी विकास का मार्ग प्रशस्त किया। आज वे निराला के बाद हिंदी के सबसे बड़े कवि माने जाते हैं और उनकी कविता 'अँधेरे में' 'राम की शक्ति-पूजा' के बाद सबसे बड़ी कविता है। उनकी भाषा तरल लावा की तरह है, तो उसमें जूही और चमेली के फूलों की छटपटाहट से भरी हुई गंध भी है। त्रिलोचन की स्थिति भी इन दोनों कवियों से थोड़ी ही भिन्न रही है, क्योंकि उन्होंने भी कविता में नारेबाजी नहीं की। वे अवध जनपद के किसानी जीवन के विलक्षण चितेरे हैं। उनकी विशेषता यह है कि देशी-विदेशी काव्यरूपों को अपनाकर उनके कठोर अनुशासन को मानते हुए उन्होंने एक ऐसे मुक्त काव्य की सृष्टि की

है, जो एक तरफ अत्यधिक यथार्थवादी है और दूसरी तरफ लोकजीवन और लोकभाषा के रस से संपृक्त।

प्रगतिशील जीवन-दृष्टि को स्वीकार कर कविता लिखनेवाले कवियों में सर्वाधिक मान्य केदार और नागार्जुन रहे हैं। इनके साथ पहले के कवि नरेंद्र और 'सुमन' को तथा बाद के कवि रामविलास शर्मा को भी ले लें, तो इनकी प्रचारात्मक राजनीतिक कविताओं ने विरोधियों को प्रगतिवादी कविता को बदनाम करने का अच्छा मौका दिया। लेकिन केदार वस्तुतः लोकजीवन और प्रेम-सौंदर्य के कवि हैं, जिन्होंने करुणा, संघर्ष और उल्लास की बहुत ही जोरदार कविताएँ लिखी हैं। नागार्जुन में भी दूसरे प्रकार की कविताएँ मिलती हैं, लेकिन अपने मिजाज से वे शुरू से अंत तक राजनीतिक कवि हैं। उन्होंने अपनी कविता में दैनिक जीवन की राजनीति को विषय बनाया है, लेकिन उस वक्रता और कलात्मकता के साथ, जो आधुनिक हिंदी कविता में बेमिसाल है। उनमें जितना वैविध्य है, उतनी ही तीक्ष्णता। वे व्यंग्य-सम्राट् हैं। ठीक ही नामवरजी ने उन्हें 'आधुनिक कबीर' कहा है।

अंततः निर्दिष्ट सीमाओं के बावजूद हिंदी कविता के क्षेत्र में प्रगतिवाद की देन अत्यंत मूल्यवान् है। इसमें सामाजिक मुक्ति को विषय बनाकर जिस काव्य की रचना की गई, वह अनेक दृष्टियों से छायावाद से तो आगे की चीज है ही, प्रयोगवाद और नई कविता से भी आगे की चीज है। उसकी सबसे बड़ी विशेषता उस नए सौंदर्य-बोध का निर्माण है, जो यथार्थवादी कविता का सौंदर्य-बोध है।

7. प्रयोगवाद

आधुनिक हिंदी कविता में अज्ञेय द्वारा संपादित तीन सप्तकों का ऐतिहासिक महत्त्व है। वे हैं 'तार सप्तक', 'दूसरा सप्तक' और 'तीसरा सप्तक'। 'तार सप्तक' 1943 में प्रकाशित हुआ था और 'दूसरा सप्तक' 1951 में। प्रकाशन-वर्ष का उल्लेख इस दृष्टि से उपयोगी है कि हिंदी कविता में प्रयोगवाद की चर्चा 'तार सप्तक' के प्रकाशन के बाद शुरू हुई और नई कविता की चर्चा 'दूसरा सप्तक' के प्रकाशन के बाद। इतिहासकार और आलोचक प्रयोगवाद और नई कविता के आपसी संबंध को लेकर तर्क-वितर्क करते रहे हैं। नई कविता के सिद्धांतकारों ने उसकी प्रतिष्ठा के लिए 'तार सप्तक' से उसका संबंध जोड़ा और इस तरह उसे प्रयोगवाद का ही परवर्ती रूप ठहराया। स्वयं अज्ञेय ने इसके लिए मार्ग प्रशस्त किया था। 'तार सप्तक' की कविता के लिए 'प्रयोगवाद' नाम उन्हें अनुपयुक्त लगा था, इसलिए एक साक्षात्कार में उन्होंने ही यह सुझाव दिया था कि कहना ही हो, तो उसे नई कविता कहा जा सकता है। डा. रामविलास शर्मा, जो कि 'तार सप्तक' के एक कवि भी हैं, उसमें और दूसरे सप्तकों में स्पष्ट अंतर करते हैं। 'तार सप्तक' उनके लिए न प्रयोगवादी कविताओं का संकलन है और न नई कविता का। उनके अनुसार वह यथार्थवाद की दिशा में उठाया गया एक कदम है, निश्चय ही प्रगतिशील कविता की पृष्ठभूमि में, जो कि नई कविता के भी समानांतर चलती रही थी, जबकि दूसरे सप्तकों में जो कविताएँ सामने आईं, वे यथार्थवाद-विरोधी थीं। स्वभावतः वे नई कविता को गैरप्रगतिशील मानते हैं। मुक्तिबोध की स्थिति डा. शर्मा से भिन्न है। वे भी 'तार सप्तक' के कवि हैं, लेकिन उन्हें न 'प्रयोगवाद' नाम से परहेज है और न 'नई कविता' नाम से। वे कभी इन दोनों नामों का अलग-अलग प्रयोग करते हैं और कभी एक में ही दूसरे को भी समेट लेते हैं। वे घोषित रूप से प्रगतिशील कवि थे, लेकिन उन्होंने बेहिचक अपने को प्रयोगवादी और नई कविता का कवि भी कहा है। यह जरूर है कि वे भी 'तार सप्तक' और 'दूसरा सप्तक' में स्पष्ट अंतर करते हैं। पहले को

वे भी यथार्थवादी कविताओं का संकलन मानते हैं और दूसरे को प्रगीतात्मक कविताओं का, लेकिन नई कविता के प्रति उनका दृष्टिकोण पूर्णतः नकारात्मक नहीं है। वे उसमें अंतर्विरोध देखते हैं और उसमें निहित यथार्थवादी स्वर को सुदृढ़ करने पर जोर देते हैं। इससे प्रयोगवाद और नई कविता को लेकर जो उलझन है, वह स्पष्ट है।

'तार सप्तक' की भूमिका में अज्ञेय ने कहा था कि उसमें संगृहीत सारे कवि ऐसे हैं, जो कविता को प्रयोग का विषय मानते हैं और दावा नहीं करते कि काव्य का सत्य उन्होंने पा लिया है। वे वस्तुतः 'राहों के अन्वेषी' हैं। कवि-रूप में दिए गए अपने वक्तव्य में उन्होंने 'प्रयोग' का अर्थ यह कहकर स्पष्ट किया कि "जो व्यक्ति का अनुभूत है, उसे समष्टि तक कैसे उसकी संपूर्णता में पहुँचाया जाए—यह पहली समस्या है जो प्रयोगशीलता को ललकारती है।" उनके इन दो कथनों का परिणाम यह हुआ कि एक तो 'तार सप्तक' की कविताओं के लिए 'प्रयोगवाद' नाम प्रचलित हो गया और दूसरे, उन पर उन्हीं के कथनों को केंद्र में रखकर विचार किया जाने लगा। नंददुलारे वाजपेयी और नगेंद्र छायावादी आलोचक के रूप में प्रतिष्ठा प्राप्त कर चुके थे। उन्होंने छायावादी संवेदना से ही प्रयोगवाद के प्रति प्रतिक्रिया की और उस पर बौद्धिकता, वैचित्र्यप्रियता और अतिवैयक्तिकता का आरोप लगाते हुए किंचित् द्विधा के साथ उसे खारिज कर दिया। डा. नामवर सिंह-जैसे नए आलोचकों ने भी उसके साथ पूरा न्याय नहीं किया। वे प्रगतिशील आलोचक थे, इसलिए उन्होंने प्रयोगवाद पर मार्क्सवादी दृष्टि से विचार किया और कहा कि कुल मिलाकर प्रयोगवादी कविताएँ ह्रासोन्मुख मध्यवर्गीय जीवन का यथार्थ चित्र हैं।

आज जब 'तार सप्तक' को प्रकाशित हुए करीब आधी शताब्दी बीत चुकी है और नई कविता भी इतिहास की वस्तु बन चुकी है, हम आधुनिक हिंदी कविता के इस विकास को बेहतर ढंग से समझ सकते हैं। इस बीच कुछ नए तथ्य भी सामने आए हैं और दृश्य के मध्य से अज्ञेय के हट जाने से दूसरे कवियों पर ध्यान गया है। प्रयोगवाद और नई कविता में संबंध है भी और नहीं भी है। यदि संबंध न होता, तो 'तार सप्तक' के कवि आगे चलकर नई कविता के कवियों में न गिने जाते। इसी तरह वहाँ पर दोनों के बीच पार्थक्य दिखलाई पड़ता है, जहाँ पर हम पाते हैं कि नई कविता में 'तार सप्तक' की कविताओं की अनेक विशेषताएँ छूट गई हैं और कुछ नई विशेषताएँ पैदा हो गई हैं, जैसे प्रगीतात्मकता और बिंबात्मकता। इस प्रसंग में जो एक खास बात ज्ञातव्य है, वह यह कि आरंभिक दोनों सप्तकों से यह भ्रम नहीं होना चाहिए कि दोनों में संकलित कवि दो पीढ़ियों के कवि हैं। उदाहरण के लिए शमशेर और भवानीप्रसाद मिश्र को लिया जा सकता है, जो पिछली पीढ़ी के कवि हैं, लेकिन संकलित किए गए हैं दूसरे सप्तक में। इससे भी अधिक महत्त्वपूर्ण बात यह है कि जिस 'तार सप्तक' की कविता को प्रयोगवादी कहा गया, वह मुख्य रूप से प्रगतिशील कवियों की कविताओं का संकलन है। उसके कवियों में नेमिचंद्र

जैन, मुक्तिबोध, भारतभूषण अग्रवाल तथा रामविलास शर्मा घोषित रूप से प्रगतिशील हैं और गिरिजाकुमार माथुर तथा प्रभाकर माचवे अघोषित रूप से। और तो और, इस दौर में अज्ञेय भी प्रगतिशीलों के साथ थे। ऐसी स्थिति में 'तार सप्तक' को मध्यवर्गीय व्यक्तिवादी कवियों की कविताओं का संकलन मानना कहाँ तक उचित है ? लेकिन हिंदी में यही होता रहा है। मेरे खयाल से इसकी वजह यह रही है कि उक्त संकलन में संकलित कवि वैसे प्रगतिशील कवि थे, जो नारेबाजी और तरानेबाजी से हटकर, अपने व्यक्तित्व को साथ लिए हुए और नए यथार्थ का साक्षात्कार करते हुए, उच्चतर स्तर पर प्रगतिशील काव्य का सृजन करना चाहते थे। उनके बदले हुए रंग-ढंग को देखकर ही आलोचकों ने उन्हें प्रगतिशील मानने से इनकार किया। अब मुक्तिबोध और शमशेर दोनों प्रगतिशील कवि के रूप में स्वीकृत हैं। रामविलास शर्मा अपनी राजनीतिक कविताओं के कारण प्रगतिशील माने जाते थे, पर आज 'तार सप्तक' में संकलित उनकी नए यथार्थ-बोध और कलात्मकता से युक्त कविताएँ भी प्रगतिशील मानी जाती हैं, फिर प्रश्न उठता है कि प्रयोगवाद क्या है और प्रयोगवादी कवि कौन हैं ? 'प्रयोगवाद' इतिहास में प्रतिष्ठित हो चुका है, इसलिए इस नाम को छोड़ा नहीं जा सकता, लेकिन इतना अवश्य किया जा सकता है कि आरोपित अर्थ से मुक्त कर इसे वास्तविक अर्थ प्रदान किया जाए। प्रयोगवाद न 'बुद्धिवाद' का पर्याय है, न रूपवाद का और न व्यक्तिवाद का। बाद में तो कुछ आलोचकों ने इसे आधुनिकतावाद की प्रस्तावना के रूप में व्याख्यायित करना चाहा है। ऐसा नहीं है कि हिंदी कविता में कभी उक्त वादों का स्वर सुनाई नहीं पड़ा, लेकिन वास्तविकता यह है कि प्रयोगवाद वह यथार्थवाद है, जिसकी कोई रूढ़ वा पूर्वनिर्धारित प्रणाली नहीं थी। इसमें मार्क्सवाद से भी प्रभावित कवि हैं और आधुनिकतावाद से भी, लेकिन ये सारे कवि ऐसे हैं, जिन्होंने अपना विकास यथासंभव स्वतंत्र ढंग से किया है। स्वभावतः इनके भाव-बोध और कला दोनों में वैसा ही फर्क है, जैसा सच्चे सृजनशील कवियों में आपस में होता है।

अज्ञेय ने उत्तर-छायावादकाल के कवियों के साथ लिखना शुरू किया था, लेकिन जल्दी ही उन्होंने अपने को उनसे अलग कर लिया और हिंदी कविता में एक नए यथार्थवाद का प्रवर्तन किया। उनके सामने मुख्य सृजनात्मक समस्या थी हिंदी कविता की रुचि को गंभीर बनाना। यह काम उन्होंने अपनी विषय-वस्तु और भाषा दोनों के द्वारा किया। विषय-वस्तु उन्होंने आधुनिक जीवन से ली और भाषा अपने ओजस्वी गद्य से। आधुनिक जीवन की विसंगतियों और विडंबनाओं को उन्होंने अनेक कविताओं में चित्रित किया, साथ ही उनके माध्यम से यह बोध जाग्रत् किया कि पुरानी वास्तविकता बदल चुकी है। लेकिन अज्ञेय को सर्वाधिक सफलता प्रेम और सौंदर्य को विषय बनाकर लिखी गई कविताओं में मिली है। 'हरी घास पर क्षण भर' आधुनिक संवेदनावाली उनकी एक प्रसिद्ध प्रेम-कविता है। उसके अलावा भी उन्होंने अच्छी

संख्या में प्रेम-कविताएँ लिखीं, जो मिजाज में छायावादी प्रेम-कविताओं से बिलकुल भिन्न हैं। सौंदर्य के क्षेत्र में मनुष्य से अधिक उन्होंने प्रकृति की एक से एक मनोरम छवियाँ अंकित की हैं। अस्तित्ववाद के प्रभाव से वे रहस्यवाद की तरफ मुड़ गए, लेकिन शुरू में उन्होंने जो रहस्यवादी कविताएँ लिखीं, उनमें भी बड़ी ताजगी है। उदाहरण के लिए 'आँगन के पार द्वार' की कविताओं को देखा जा सकता है, जो निश्चित रूप से भौतिक के साथ 'आध्यात्मिक' स्तर पर हमारी संवेदना का विस्तार करती हैं। अज्ञेय बहुत बड़े शब्द-शिल्पी थे और कविता में वस्तु के साथ वे रूप को भी समुचित महत्त्व देते थे। इस कारण हिंदी में उनकी गिनती इने-गिने वाक्सिद्ध कवियों में की जाती है। उनकी परवर्ती कविताओं में एक थकान दिखलाई पड़ती है, लेकिन उनमें वैविध्य है, इसलिए ढूँढ़ने पर उनमें अनेक प्रकार की अच्छी कविताएँ भी मिल जाएँगी—देश-विदेश की प्रकृति और विश्वमानव की समस्याओं से संबंधित। गिरिजाकुमार माथुर अपने को प्रगतिशील कवि कहते हैं, लेकिन वे कभी संकीर्ण वा सांप्रदायिक नहीं हुए। उनकी मूल विशेषताएँ दो हैं—रूमानीपन और शिल्प-संबंधी प्रयोग। उनका रूमानीपन छायावादी कवियों से भिन्न नए संदर्भों की देन था और उनका शिल्प नए प्रकार की प्रगीतात्मकता से युक्त। उनकी भाषा में कभी कृत्रिम तराश देखने को नहीं मिली। उसकी जगह आरंभ में वह मध्यप्रदेश की क्षेत्रीय बोली की अनौपचारिकता लिए हुए थी। 'आज जीत की रात/पहरुए, सावधान रहना'-जैसे अपने गीतों में उन्होंने जिस यथार्थबोध का परिचय दिया था, वह आधुनिक कवि के ही .वश की बात थी। धीरे-धीरे उनकी तीक्ष्ण ऐंद्रिय संवेदना कुंद पड़ती गई है और उनके प्रेम में भावना की अपेक्षा देह का महत्त्व बढ़ता गया है, जिससे उनकी कविता की ताजगी खत्म होती गई है, लेकिन आरंभिक दौर में हिंदी कविता के विकास में उन्होंने जो योगदान किया था, उसे भुलाया नहीं जा सकता।

प्रभाकर माचवे भी प्रगतिशील आंदोलन से सहानुभूति रखनेवाले कवि थे, लेकिन उन्होंने भी अपना विकास बिलकुल स्वतंत्र ढंग से किया। उनकी कविता की सबसे बड़ी विशेषता अनौपचारिकता है। विषय उनका भी आधुनिक जीवन ही है, लेकिन उन्होंने उसे इतने अनौपचारिक ढंग से प्रस्तुत किया है कि बहुत बार उनकी कविता को कविता मानने से ही इनकार किया गया। शमशेर ने उन्हें 'अ-गंभीर कवि' (नॉन-सीरियस पोएट) कहकर उनकी कविता की मूल विशेषता को उजागर किया है। तात्पर्य यह कि उनकी कविता को न गंभीरता के स्तर पर ग्रहण किया जा सकता है, न उसे अगंभीर कहकर छोड़ा जा सकता है। वह इन दोनों के बीच के बिंदु पर टिकनेवाली कविता है और वहीं से वह अपना काम करती है। कविता की पूरी संरचना के प्रति माचवे ने जो एक नया सृजनात्मक व्यवहार प्रदर्शित किया है, वह उन्हें एक विशिष्ट प्रयोगवादी कवि बनाता है। भारतभूषण अग्रवाल ने 'तार सप्तक' में स्पष्ट शब्दों में अपने कम्युनिस्ट होने की घोषणा की थी, लेकिन उन्होंने भी अपना विकास

बाद में बिलकुल अपने ढंग से किया। वे बहुत ही सधे हुए कवि थे, यद्यपि उनकी कविता अज्ञेय और मुक्तिबोध की ऊँचाई को नहीं छू पाती है। उन्होंने अपनी असंख्य कविताओं में आधुनिक जीवन के बहुरंगी यथार्थ को चित्रित किया है। जहाँ उनमें आत्मोपहास के तत्त्व मिले हुए हैं, वहाँ वे बहुत प्रभावशाली हैं। उन्होंने मैथिलीशरण गुप्त का प्रभाव लेकर लिखना शुरू किया था। संभवतः इसी कारण उनकी कविता में अंत-अंत तक पूरा और व्यवस्थित वाक्य मिलता है।

प्रयोगवाद के अंतिम उल्लेखनीय कवि भवानीप्रसाद मिश्र हैं, जिनकी कविता हिंदी में हवा के ताजे झोंके की तरह आई थी। उसका कारण यह था कि उन्होंने अपनी कविता में बातचीत के लहजे को पकड़ने की कोशिश की थी। अज्ञेय ने उनकी तारीफ यह कहकर की है कि उनमें गंभीर बात को हलके-फुलके ढंग से कहने की कला थी। इस दृष्टि से उनकी प्रतिनिधि रचना 'गीत-फरोश' है। इसके अलावा उनमें एक मस्तीभरी प्रगीतात्मकता भी थी। लेकिन बाद में उनकी कविता भी अपनी ये विशेषताएँ छोड़कर एक 'मैनरिज्म' का शिकार होती चली गई, जिससे उसकी प्रभावोत्पादकता कम हो गई।

प्रयोगवाद के ही अंतर्गत बिहार के तीन प्रपद्यवादी कवियों—नलिनविलोचन शर्मा, केसरी कुमार और नरेश—का भी उल्लेख किया जाना चाहिए, यद्यपि ये हिंदी कविता की मुख्यधारा के कवि न थे। वे प्रयोग को साधन ही नहीं, साध्य भी मानते थे, इसलिए उन्होंने दावा किया था कि वही असली प्रयोगवादी हैं। प्रपद्यवाद हिंदी में बहुत कुछ अंग्रेजी के बिंबवाद की उद्धरणी था, लेकिन इस बात से इनकार नहीं किया जा सकता कि उक्त तीनों ही कवियों ने अपनी कविताओं में आधुनिक जीवन की मूल्यहीनता और निरर्थकता को बहुत ही तीखेपन के साथ चित्रित किया है।

8. नई कविता

नई कविता की शुरुआत आम तौर पर 'दूसरा सप्तक' से होती है और ऐसा माना जाता है कि 1959 में 'तीसरा सप्तक' के प्रकाशन के साथ वह अपने उत्कर्ष को प्राप्त कर समाप्त हो जाती है। उसके बाद स्थितियाँ बदलती हैं और उनके साथ हिंदी कविता का रंग-ढंग भी बदलने लगता है। नई कविता इन दो सप्तकों तक ही सीमित नहीं है, फिर भी यह तथ्य है कि उनके घेरे में उसका मुख्य अंश आ जाता है। दिलचस्प है कि 1954 में 'नई कविता' नाम से पुस्तक-पत्रिका का प्रकाशन कर उसका आंदोलन के रूप में प्रसार करनेवाले उसके कवि जगदीश गुप्त को अज्ञेय ने सप्तकों में संकलित करने योग्य नहीं समझा। इसी तरह 'नई कविता के प्रतिमान' नामक ग्रंथ लिखकर उसका सिद्धांत रचनेवाले कवि लक्ष्मीकांत वर्मा को भी उन्होंने नया कवि नहीं माना। इन दोनों कवियों को तिरस्कृत करने का कारण संभवतः यह था कि एक जहाँ अपनी संवेदना में रूमानी थे, वहाँ दूसरे नितांत गैररूमानी। जगदीश गुप्त पर यह आरोप भी था कि उनकी रूमानियत छायावादी है, जिससे उसमें ताजगी का अभाव है। लक्ष्मीकांत वर्मा की त्रुटि यह थी कि वे सिद्धांत सामने रखकर कविता रचते थे, जिससे उनकी कविता में नई कविता के सारे लक्षण तो होते थे, लेकिन कविता नहीं होती थी। 'तीसरा सप्तक' में श्रीकांत वर्मा संकलन के योग्य थे, लेकिन इतर कारणों से उन्हें न रखा गया। इसी तरह दोनों सप्तकों में कुछ कवि छोड़ देने योग्य थे, लेकिन तात्कालिक कारणों से उन्हें रखा गया। स्वभावतः उनमें कोई विकास देखने को नहीं मिला।

आलोचकों ने 'दूसरा सप्तक' की कविताओं की विशेषता रूमानियत ही बतलाई है, जिसका बढ़ाव उनके अनुसार 'तीसरा सप्तक' की कविताओं तक में दिखलाई पड़ता है। इसी रूमानियत के कारण उनमें एक मोहक प्रगीतात्मकता है। मुक्तिबोध ने 'तार सप्तक' और 'दूसरा सप्तक' की तुलना की है और इस बात पर बहुत क्षोभ प्रकट किया है कि पहले सप्तक से जिस यथार्थवादी कविता की शुरुआत हुई थी,

उसे दूसरे सप्तक में रूमानी प्रगीतात्मकता की तरफ मोड़ दिया गया। पहले सप्तक की कविता में जहाँ वस्तुपरकता थी, वहाँ दूसरे सप्तक की कविता आत्मपरक हो उठी। डा. नामवर सिंह ने 'दूसरा सप्तक' की रूमानियत का संबंध स्वाधीनता-प्राप्ति के उल्लास से जोड़ा है। उनकी दृष्टि में यह उल्लास वस्तुतः भ्रम पर आधारित था, जो ज्यादा दिनों तक नहीं टिक सकता था, नहीं टिका। चीनी आक्रमण के साथ नेहरू-युग से मोहभंग शुरू हुआ और देश की भीतरी तथा बाहरी स्थिति की असलियत उजागर हो गई। इसने हिंदी कविता को भी प्रभावित किया, जिससे वह नई कविता की रूमानियत को छोड़कर पुनः कटु यथार्थ की भूमि पर पाँव टेकने को विवश हुई। यह यों ही नहीं है कि इस दौर में राजनीति से लेकर साहित्य तक में 'मोहभंग' शब्द बार-बार सुनने को मिलता है। यह शब्द वस्तुतः नई कविता के बाद की कविता का बीज-शब्द है, लेकिन वह बाद की बात है।

नई कविता का वातावरण वाकई बहुत मोहक है। शमशेर और भवानीप्रसाद मिश्र पिछले दौर के कवि थे, लेकिन अपनी प्रगीतात्मकता के कारण वे संकलित किए गए 'दूसरा सप्तक' में। इसमें शमशेर की एक मुद्रा है : '—सुंदर !/उठाओ/निज वक्ष/—और—कस—उभर।/क्यारी/भरी गेंदा की/ स्वर्णारक्त/क्यारी भरी गेंदा की।/ तन पर/ खिली सारी/अति सुंदर ! उठाओ।' इसी तरह भवानीप्रसाद मिश्र की : 'बूँद टपकी एक नभ से,/किसी ने झुककर झरोखे से/कि जैसे हँस दिया हो'। इसी में हरिनारायण व्यास का यह गीत भी संकलित है—'पहली असाढ़ की संध्या में नीलांजन बादल बरस गए', और नरेश मेहता का यह गीत भी—'उदयाचल से किरन-धेनुएँ,/हाँक ला रहा वह प्रभात का ग्वाला !' धर्मवीर भारती की रूमानियत का तो कुछ कहना ही नहीं है। 'दूसरा सप्तक' में संकलित उनकी प्रगीतात्मक कविताओं में खूबसूरत होठों से लेकर पाँवों तक का जिक्र है : 'इन फीरोजी होठों पर बरबाद/मेरी जिंदगी !' तो है ही, 'ये शरद के चाँद से उजले धुले-से पाँव,/मेरी गोद में' भी है। 'तीसरा सप्तक' में आकर यह प्रगीतात्मकता और प्रगाढ़ हो गई है, यद्यपि उसने एक नया रंग ग्रहण कर लिया है, लोकगीतोंवाला। उदाहरण के लिए यहाँ सर्वेश्वर का गीत 'यह डूबी-डूबी साँझ/उदासी का आलम,/मैं बहुत अनमनी/चले नहीं जाना बालम' और केदारनाथ सिंह का गीत 'रात पिया, पिछवारे पहरू ठनका किया' देखा जा सकता है।

लेकिन प्रश्न उठता है कि नई कविता में क्या केवल रूमानियत और प्रगीतात्मकता ही है, या और भी कुछ ? आगे चलकर उसमें बिंबात्मकता का आग्रह बहुत बढ़ा और कविता धीरे-धीरे बिंब का पर्याय हो गई। सामाजिक और राजनीतिक चेतना के पक्षधर प्रगतिशील आलोचकों की तरफ से इस सबका विरोध हो ही रहा था कि ह्रासोन्मुखता, आधुनिकता-बोध और अस्तित्ववाद का शोर उठा और डा. रामविलास शर्मा-जैसे आलोचकों में संपूर्ण नई कविता को खारिज कर देने की प्रवृत्ति दिखलाई पड़ी। वे अंग्रेजी के विद्वान् हैं। उन्होंने टी. एस. इलियट-जैसे आधुनिकतावादी

कवियों का संबंध अंग्रेजी की पतनशील रोमांटिक कविता से जोड़ते हुए नई कविता के कवियों का संबंध कथित उत्तर-छायावादी कवियों की क्षयिष्णु कविता से जोड़ दिया। इसके लिए उन्होंने बहुत श्रम किया और हिंदी कविता के विकास की संभावना उन्होंने उन कवियों में देखी, जो कहीं से भी संभावनावाले कवि न थे। ऐसा नहीं है कि नई कविता की आलोचना में डा. शर्मा ने जो बातें कहीं, वे सब की सब गलत थीं। नहीं, उनमें पर्याप्त मात्रा में सच्चाई थी, लेकिन उसके प्रति उनका दृष्टिकोण गलत था। इसी कारण उन्होंने नई कविता को पूर्णतः अस्वीकृत किया और यह सिद्ध करने का प्रयास किया कि हिंदी कविता की सही दिशा का संकेत पंत, बच्चन, शिवमंगल सिंह 'सुमन' और गिरिजाकुमार माथुर की कुछ कविताओं में मिलता है। आरंभिक तीनों कवि अपने दौर के महत्त्वपूर्ण कवि हैं। पंत प्रगतिवादी दौर में भी सृजनात्मक रूप से सक्रिय रहते हैं, लेकिन उसके बाद वे हिंदी कविता के विकास में कोई उल्लेखनीय योगदान नहीं करते। बच्चन और 'सुमन' तो अपने युग की सीमा का अतिक्रमण और कम कर पाते हैं। गिरिजाकुमार माथुर ने शुरू में जरूर नई जमीन तोड़ी थी, लेकिन उनकी सृजनात्मकता बहुत जल्दी कुंठित हो गई।

नई कविता के प्रति अंततः मुक्तिबोध का दृष्टिकोण ज्यादा सही है। उन्होंने नई कविता को सहसा खारिज नहीं कर दिया, बल्कि उसे समग्रता में देखने का आग्रह किया। उसकी व्याख्या मध्यवर्ग से जोड़कर की जा रही थी। उसके समर्थक उसे मध्यवर्ग के जीवन-यथार्थ की अभिव्यक्ति मानते थे और उसके विरोधी उसे उक्त वर्ग की पतनशील प्रवृत्तियों की अभिव्यक्ति के रूप में देखते थे। मुक्तिबोध ने कहा कि मध्यवर्ग के दो स्तर हैं—उच्च और निम्न, और नई कविता में इन दोनों स्तरों का जीवन-यथार्थ और आकांक्षाएँ अभिव्यक्त हो रही हैं। उच्चमध्यवर्ग जहाँ भौतिक सुख-सुविधा के पीछे भागनेवाला, अवसरवादी और श्रेष्ठ मानवीय लक्ष्यों से च्युत है, वहाँ निम्नमध्यवर्ग न केवल परेशान है, बल्कि संघर्षरत भी है। उन्होंने निम्नमध्यवर्ग को श्रमिक जनता का संगी बतलाया और उसको क्रांतिकारी तक कहा। उनके अनुसार स्वाधीनता-प्राप्ति के बाद भारतीय समाज में एक दुर्घटना घटित हुई थी। वह यह कि जोरों से अवसरवाद की बाढ़ आई थी, जिसने अपनी लपेट में बहुत कुछ निम्नमध्यवर्ग को भी ले लिया था। साहित्य का परिदृश्य उनके सामने बिलकुल स्पष्ट था। निम्नमध्यवर्ग से आनेवाले कवि थोड़ी सुविधाएँ प्राप्त करने के लिए उच्चमध्यवर्गीय कवियों की तरफ लपकते थे और उनके सान्निध्य से उनके मुहावरों में बोलने की कोशिश करते हुए अपने भीतर की अग्नि को बिलकुल शमित कर देते थे। उच्चमध्यवर्गीय कवियों ने अपने को आधुनिकता-बोध से लैस कर सौंदर्य का एक ऐसा प्रतिमान निर्मित कर लिया था, जिस पर कटु और संघर्षशील यथार्थ की कविता लिखनेवाले कवि खोटे सिद्ध होते थे। मुक्तिबोध ने उसे 'जड़ीभूत सौंदर्याभिरुचि' की संज्ञा दी और नए कवियों को उसकी तानाशाही से आगाह किया। उन्होंने इस बात

के लिए क्षोभ प्रकट किया कि गरीब मध्यमश्रेणी में उत्पन्न कवि भी संपन्न मध्यमश्रेणी के कवियों की पाँत में सम्मिलित होकर अपनी श्रेणी के साथ विश्वासघात करते हैं। लेकिन निम्नमध्यवर्ग़ के सभी कवियों से वे निराश न थे और बार-बार इस बात पर बल दे रहे थे कि प्रगतिशील रचनाकार और आलोचक निम्नमध्यवर्गीय नए कवियों की कविता को सहानुभूति के साथ देखें और उनसे आत्मीयता स्थापित करें। तात्पर्य यह कि वे नई कविता को उसके अंतर्विरोधों के साथ समझने के पक्षपाती थे और आँख मूँदकर उच्चमध्यवर्गीय कवियों की कविता को भी नकार देने के कायल न थे।

नई कविता में वाकई अंतर्विरोध थे। एक तरफ उसमें कुँवरनारायण और सर्वेश्वर-जैसे कवि थे, जो अस्तित्ववाद से प्रभावित थे, तो दूसरी तरफ उसमें नरेश मेहता, धर्मवीर भारती, विजयदेवनारायण साही, रघुवीर सहाय, केदारनाथ सिंह और श्रीकांत वर्मा-जैसे कवि थे, जो सृजनात्मक स्तर पर अस्तित्ववाद से संघर्ष करते हुए अपनी कविता में भारतीय जीवन के नए यथार्थ को वाणी देने के लिए प्रयत्नशील थे। अस्तित्ववाद का प्रभाव सर्वप्रथम अज्ञेय में दिखलाई पड़ा था, जिसने उन्हें यथार्थवाद से विमुख कर रहस्यवाद की दिशा में प्रेरित किया। बाद में वह कुँवरनारायण के 'आत्मजयी' नामक काव्य में अत्यंत स्थूल रूप में प्रकट हुआ। लेकिन कुँवरनारायण में यथार्थ की चेतना भी थी, जिसका प्रमाण यह है कि वे अपने सामाजिक परिवेश से भी विमुख न थे। उनमें वस्तुतः आत्मचेतना और समाजचेतना के बीच एक सामंजस्य की खोज की स्थिति है, जिसमें उनकी समाजचेतना निरंतर दृढ़ और विकसित होती गई है। कविता को उन्होंने बहुत गंभीर रूप में लिया है, इसलिए स्वभावतः उनका स्वर गंभीर और उनकी गति मंथर है। सर्वेश्वर भी निरे अस्तित्ववादी नहीं। उनमें एक संघर्ष है—अस्तित्ववाद और लोकवाद के बीच। विकास-क्रम में उनका लोकवाद उनके अस्तित्ववाद पर हावी हो गया और परवर्ती काल में उसने अतिक्रांतिकारी रूप धारण कर लिया। नई कविता में वे अपनी संप्रेषणीयता के कारण जाने जाते थे। उनकी कविता नई कविता को दुरूह और निरर्थक कहनेवाले लोगों के लिए माकूल जवाब थी।

नरेश मेहता नई कविता में दो कारणों से पाठकों का ध्यान आकर्षित करते थे। एक तो उनमें एक प्रीतिकर कठोरता थी और दूसरे, उनमें भाषा को तोड़ने-मरोड़ने का साहस था। संवेदना उनकी निश्चय ही नई थी, जो अछूते बिंबों में प्रकट होती थी। भाषा को कभी वे बँगला के असर में तोड़ते थे, कभी मालवा की बोली के असर में। संस्कृत शब्दों को मनोवांछित ढंग से विकृत कर देना उनके लिए कोई खिलवाड़ की चीज नहीं, बल्कि एक रचनात्मक आवश्यकता थी। उनकी ये विशेषताएँ न केवल आज भी बनी हुई हैं, बल्कि और परवान चढ़ी हैं। अब वे वेद, उपनिषद्, पुराण और रहस्यवाद की तरफ मुड़ चुके हैं, लेकिन आज भी उनकी कविता के केंद्र

में मनुष्य है। उस मनुष्य की समस्या और संघर्ष उनकी कविता में न मूर्त रूप में दिखलाई पड़ता है, न अमूर्त रूप में, फिर भी यह सत्य है कि आर्ष शब्दों से निर्मित उदात्त बिंबोंवाली उनकी कविताएँ हमारी संवेदना को वह आयाम देती हैं, जो कोई हिंदी कवि नहीं देता। निस्संदेह उनकी कविताएँ प्रचंड सृजनात्मक ऊर्जा का विस्फोट हैं, जिसकी तरफ हिंदी पाठकों और आलोचकों का ध्यान जाना अभी बाकी है। धर्मवीर भारती नए कवियों में सर्वाधिक रूमानी हैं, लेकिन उनकी रूमानियत छायावादी कवियों से भिन्न है, क्योंकि उसका संदर्भ आधुनिक है। अपनी 'अंधायुग'-जैसी कृति में उन्होंने आधुनिक जीवन के मूल्य-संकट को भी उपस्थित किया है। 'कनुप्रिया' उनकी एक निहायत भावुकतापूर्ण रचना है, लेकिन उसके माध्यम से भी उन्होंने आधुनिक सभ्यता के लिए सार्थक प्रश्न उठाए हैं। उनकी काव्य-भाषा बहुत ही पारदर्शी है। साही समाजवादी चेतना के कवि थे, लेकिन उनका समाजवाद मुक्तिबोध के समाजवाद से भिन्न था, क्योंकि उसमें एक सकारात्मक संशय की भी जगह थी। उन्होंने भी कविता में फैंटेसी का प्रयोग किया, लेकिन उसमें मुक्तिबोधवाली जटिलता न थी। उनकी एक खूबी यह थी कि वे कभी-कभी बिलकुल अप्रत्याशित विषय पर कविता लिखते थे। अपने परवर्ती काल में उनकी अभिव्यक्ति सरल हो गई है, लेकिन उसकी वेधकता बढ़ गई है। जहाँ तक आस्था की बात है, वह उन्होंने घोर निराशा के क्षणों में भी नहीं छोड़ी।

रघुवीर सहाय मध्यवर्गीय जीवन की विसंगति और विडंबना के ही कवि नहीं थे, वे साधारण जन के पक्षधर एक संघर्षशील कवि भी थे, यद्यपि उनका यह रूप नई कविता के बाद युवा कविता के दौर में ठिकाने से सामने आता है। नई कविता में उन्होंने उसके मुहावरे को तोड़कर एक सरल और व्यावहारिक भाषा का प्रयोग किया, जिस कारण वे उसमें बाहर के भी कवि माने गए। केदारनाथ सिंह में यथार्थवादी प्रवृत्ति भी गहन रूप में मौजूद थी, लेकिन नई कविता के काल में वे लोकगीतों के मस्तीभरे लहजे और अपने ताजे-अछूते बिंबों के कारण सबसे ज्यादा सराहे गए। श्रीकांत वर्मा का स्वर आस्था से भरा हुआ था, पर उसमें भी रूमानियत थी। उनका विकास भी नई कविता का दौर गुजर जाने के बाद हुआ, जैसे केदारनाथ सिंह का भी। ये सारे कवि नई कविता के 'लघुमानव' वाले उस मिथक को अपनी कविताओं से ध्वस्त करते हुए काव्य-सृजन करते रहे, जिसे अस्तित्ववाद के प्रभाव में नई कविता के लक्ष्मीकांत वर्मा-जैसे सिद्धांतकारों ने निर्मित किया था।

समग्र रूप में नई कविता सरलीकृत, रूढ़ और सरणिबद्ध प्रगतिशील कविता की तुलना में निश्चय ही हिंदी कविता का अगला कदम है।

9. युवा कविता

सातवें दशक की हिंदी कविता पर केदारनाथ सिंह की दो टिप्पणियाँ सुलभ हैं। पहली टिप्पणी उन्होंने 'सन् साठ के बाद की हिंदी कविता' शीर्षक से 'धर्मयुग' के 4 जुलाई, 1965 के अंक में लिखी थी और दूसरी 'युवालेखन : प्रतिपक्ष का साहित्य' शीर्षक से 'आलोचना' के जनवरी-मार्च, 1968 के अंक में। पहली टिप्पणी की विशेषता यह है कि उसमें उन्होंने नई कविता के कुछ कवियों का प्रत्यक्ष और परोक्ष रूप में नाम लिया है और कहा है कि ये वे कवि हैं, जो अज्ञेय-जैसे कवियों के सौंदर्यवादी रुझान के विरुद्ध सक्रिय हो उठे हैं। सृजनात्मक विद्रोह के तत्त्व नई कविता में भी थे, लेकिन वे क्रमशः गायब होते चले गए थे। उसी धारा के कुछ कवि अपनी सीमाओं का अतिक्रमण करते हुए विद्रोह की एक नई भूमि पर पाँव टेक रहे हैं। खास बात उन्होंने यह कही कि इनके विद्रोह के पीछे काम करनेवाला मानसिक विक्षोभ साहित्यिक कम और 'ऐतिहासिक' अधिक है। उनके शब्द हैं, "संभवतः नवलेखन के क्षेत्र में यह सौंदर्यवादी रुझान कुछ दिनों तक और चलता रहता, यदि अकस्मात् सन् 1962 के राष्ट्रीय संकट ने साहित्य तथा राजनीति में एक ही साथ बहुत-से मोहक आदर्शों और खोखले काव्यात्मक शब्दों के प्रति हमारे मन में एक विराट् शंका न भर दी होती।" उन्होंने प्रत्यक्ष रूप से जिन कवियों का नाम लिया, वे हैं रघुवीर सहाय और श्रीकांत वर्मा, और परोक्ष रूप से जिस कवि की ओर संकेत किया, उसकी कविताओं का हवाला देते हुए, वह वे स्वयं थे।

अपनी दूसरी टिप्पणी में केदारजी ने पुनः विद्रोह की चर्चा की और कहा कि इस बार वह भिन्न तेवर के साथ सामने आ रहा है। उनका ध्यान एक नई पीढ़ी की तरफ गया, जो नई कविता के कवियों के बाद अस्तित्व में आ गई थी। इस पीढ़ी के प्रतिनिधि कवि थे धूमिल और राजकमल चौधरी। उन्होंने इस पीढ़ी का संबंध 1967 के आम चुनाव से जोड़ा और उसकी ट्रैजेडी यह बतलाई कि वह विकल्पहीन है। आम चुनाव के परिणामों ने उसके अनुभव में यथास्थिति के टूटने का एक तीखा

बोध जरूर जोड़ दिया था, लेकिन इससे उसकी स्थिति में कोई मूलभूत अंतर नहीं आया था। इस टिप्पणी में उन्होंने नई विद्रोही पीढ़ी की कविता की विशेषताओं को रेखांकित करते हुए उसकी उन सीमाओं की ओर भी अत्यंत स्पष्ट रूप में संकेत किया जिनसे इस बात का खतरा था कि उसका प्रतिरोध जिस सत्ताधारी वर्ग के विरुद्ध निर्दिष्ट था, उसके लिए कहीं वह मनोरंजन की वस्तु न बन जाए।

इस संदर्भ से यह स्पष्ट है कि सातवें दशक की कविता में दो तरह के कवि सक्रिय रहे हैं। कुछ कवि मूलतः नई कविता के कवि थे और कुछ बिलकुल नई पीढ़ी के कवि। इस कविता को 'मोहभंग की कविता' कहा गया है, लेकिन कुछ लोगों ने दोनों तरह के कवियों में एक बुनियादी फर्क बतलाते हुए सातवें दशक की संपूर्ण कविता को मोहभंग की कविता मानने से इनकार किया है। उनका कहना है कि भारतीय स्वतंत्रता-प्राप्ति से मोह तो नई कविता के कवियों को हुआ था, इसलिए बदली हुई परिस्थितियों में यथार्थ के साक्षात्कार से मोहभंग उन्हीं का हुआ था, नए आनेवाले कवियों का नहीं। नए आनेवाले कवियों ने न स्वतंत्रता-संग्राम में हिस्सा लिया था, न उसके आदर्शों से प्रभावित थे और न उससे कोई उम्मीद ही लगाई थी। उन्होंने तो स्वातंत्र्योत्तर भारत के भ्रष्ट और ह्रासग्रस्त वातावरण में ही आँखें खोलीं, इसलिए वे केवल विद्रोही थे, अपने सामाजिक और राष्ट्रीय जीवन के यथार्थ के प्रति आक्रोश और अस्वीकार का भाव रखनेवाले। डा. नामवर सिंह ने 'आलोचना' के उपर्युक्त अंक में ही युवालेखन पर बहस का प्ररूप प्रस्तुत करते हुए इसकी ताईद की और इस तरह मोहभंग की कविता की जगह 'युवा कविता' शब्द प्रचलन में आया। लेकिन नामवरजी के 'प्ररूप' में धूमिल के साथ रघुवीर सहाय की कविता का हवाला भी मौजूद है। साथ ही इस बात पर भी बल है कि 'नेहरू-युग का अंत' युवालेखन का अपरिहार्य संदर्भ है। तात्पर्य यह कि सातवें दशक की कविता यदि 'युवा कविता' है, तो उसके निर्माता पुरानी और नई दोनों पीढ़ियों के कवि हैं। हिंदी कविता के लिए यह कोई नई बात नहीं है। प्रायः हर दौर में ऐसा हुआ है कि पिछली पीढ़ी के कवियों ने ही आगे आनेवाली कविता को प्रत्याशित किया है, बल्कि कभी-कभी तो वही अगली पीढ़ी के सर्वाधिक सशक्त और प्रतिनिधि कवि के रूप में उभरे हैं। एक पुराने विद्वान् का मुहावरा लेकर कहा जाए, तो प्रायः हर बार नए काव्यांदोलन की कड़ी पुराने काव्यांदोलन के गर्भ से मुड़ती है।

1962 के चीनी आक्रमण के साथ जैसे नेहरू-युग से मोहभंग की प्रक्रिया पूरी हो जाती है। 1967 आते-आते भारतीय समाज के आर्थिक और राजनीतिक अंतर्विरोध इतने तीव्र हो जाते हैं कि आम चुनाव में नौ राज्यों में कांग्रेस अपना बहुमत खो देती है और मिली-जुली गैरकांग्रेसी सरकारों का एक नया दौर शुरू होता है, यद्यपि उससे स्थिति में कोई बुनियादी परिवर्तन नहीं उपस्थित होता। यह परिस्थिति रघुवीर सहाय की कविता पर निर्णायक प्रभाव डालती है और राष्ट्रीय राजनीति उनके लिए

सर्वाधिक महत्त्वपूर्ण विषय हो जाती है। 'आत्महत्या के विरुद्ध' नामक उनके कविता-संग्रह का प्रकाशन-काल यही है। इसमें सातवें दशक के आरंभ से लेकर 1967 के आम चुनाव तक के बीच लिखी गई कविताएँ संगृहीत हैं, जिनमें उन्होंने स्वातंत्र्योत्तर सामाजिक और राजनीतिक जीवन के पाखंड, स्वार्थपरता, अंतर्विरोध, हताशा और विद्रूप को बहुत ही नंगी और बेलौस भाषा में उजागर किया है। इस क्रम में उन्होंने राजनीति, राजनीतिक दल, विचारधारा और जनता से नए ढंग का संबंध स्थापित किया और राजनीतिक कविता लिखते हुए भी अपनी सृजनात्मक स्वतंत्रता को सुरक्षित रखा, बल्कि उसी के बल पर उन्होंने प्रगतिशील राजनीतिक कवियों से अलग एक नई किस्म के राजनीतिक कवि के रूप में अपनी पहचान बनाई। स्वभावतः उनकी काव्य-भाषा और शिल्प इतने नए हो गए कि कभी-कभी लोगों ने उनकी कविता को कविता मानने से इनकार किया। वास्तविकता यह है कि अपनी इस कविता के द्वारा उन्होंने नई कविता को ध्वस्त करने में भरपूर मदद पहुँचाई और हिंदी में एक नई यथार्थवादी कविता का समारंभ किया। 'हँसो हँसो जल्दी हँसो' उनका अगला कविता-संग्रह है, जिसमें राजनीति को छोड़े बगैर उन्होंने अपनी दृष्टि साधारण मनुष्य पर केंद्रित की है।

मोहभंग की प्रक्रिया रघुवीर सहाय से ज्यादा तीखे रूप में श्रीकांत वर्मा में दिखलाई पड़ी, जिसका कारण यह है कि वे उनकी तुलना में अपेक्षाकृत अधिक मोहग्रस्त थे। 1967 में उनका संग्रह 'मायादर्पण' प्रकाशित हुआ, तो वे बिलकुल बदले हुए रूप में सामने आए। निश्चय ही इसमें उनकी व्यक्तिगत परिस्थिति का भी योगदान था, लेकिन असल चीज तो चारों ओर का वह मूल्यहीन और क्रूरतापूर्ण संसार था, जिसमें जीने के लिए वे विवश थे। उन्होंने इस परिस्थिति को 'मृत्यु' नाम दिया और 'अवसाद' को अपनी कविता का स्थायी भाव बतलाया। यही समय था, जबकि राजनीति में लोहिया की लोकप्रियता बढ़ी थी और वे अपने गैर-कांग्रेसवाद के नारे को युवा लेखकों में 'व्यवस्था का विरोध' के नारे में तब्दील कराने में सफल हुए थे। यह मोहभंग की प्रक्रिया को चरम परिणति तक पहुँचा देना था, जिसमें सारा जोर इस बात पर था कि यथास्थिति टूटे और इस बात का जिक्र तक न था कि स्थिति बेहतर हो। स्वभावतः इस चीज ने चिंतन और व्यवहार दोनों में एक अराजकता को जन्म दिया और श्रीकांत वर्मा-जैसे कवि 'सिनिसिज़्म' की सीमा तक पहुँच गए। प्रायः 'जलसाघर' की पूर्वार्ध की कविताओं तक में इसी का बढ़ाव देखने को मिलता है। पश्चिमी आधुनिकतावादी साहित्य के अध्ययन ने भी इस दौर में उनके चिंतन और संवेदना को प्रभावित किया। लेकिन 'मायादर्पण' और 'जलसाघर' की कविताएँ सिर्फ एक 'सिनिक' का प्रलाप नहीं हैं। उनमें उससे अधिक और महत्त्वपूर्ण भी कुछ है। निश्चय ही इन संग्रहों की कविताओं का एक सामाजिक संदर्भ है, जिसे कवि भुलाकर नहीं चलता। उसे निजी प्रयास से और निजी स्तर पर प्राप्त होनेवाली 'मुक्ति' की तलाश

है, तो सामाजिक संगठन और कौशल से प्राप्त होनेवाली 'स्वतंत्रता' की भी। इस दौर की भावधारा के अनुरूप ही श्रीकांत वर्मा ने नई कविता की भाषा को नष्ट कर अपने लिए एक 'निर्वसन' भाषा गढ़ी और ऐसे शिल्प की खोज की, जिसमें कविता भीतर से जुड़ी होने पर भी ऊपर से खंडित दिखलाई पड़ती थी और जिसमें तुकों के साथ क्रीड़ा करने का भरपूर अवसर था।

सातवें दशक में केदारनाथ सिंह भी अपनी रूमानियत से छुटकारा पाकर यथार्थ का साक्षात्कार करते हैं और अपने को पूरी सामाजिक-राष्ट्रीय स्थिति से मोहभंग की अवस्था में पाते हैं। 1967 में उन्होंने एक कविता लिखी—'चुनाव की पूर्वसंध्या पर,' जिसमें उन्होंने कहा कि 'भेड़िए से फिर कहा गया है/अपने जबड़ों को खुला रखे।' इससे भारतीय जनतंत्र से उनकी निराशा का अनुमान लगाया जा सकता है। उनका दूसरा कविता-संग्रह 'जमीन पक रही है' बहुत देर से प्रकाशित हुआ, 1980 में, लेकिन कविताएँ उसमें साठोत्तरी दौर की हैं और वे उनके बदले हुए मानस का बहुत साफ आईना हैं। उनमें आत्मनिर्वासन से लेकर वस्तूकरण तक का वर्णन है। जो बात लक्ष्य करने योग्य है, वह यह कि केदारजी के इस नए काव्य-संसार में निश्चिंतता नहीं है, एक बेचैनी है, जो कविताओं के बीच में बिजली की तरह कौंध-कौंध उठती है। गाँव उनकी कविता में एक अंतराल के बाद फिर लौट आया है, जिसका मतलब यह है कि वहाँ जो सुंदर और मूल्यवान् है, वे उसे बचा लेना चाहते हैं। वे बिंबधर्मी कवि के रूप में प्रसिद्ध रहे हैं। इस दौर में भी वे बिंबों को नहीं छोड़ते, लेकिन उन्हें खंडित और पेचीदे ढंग से इस्तेमाल करते हैं। 'धर्मयुग' वाली टिप्पणी में उन्होंने कहा था कि साठोत्तरी कविता में दो प्रवृत्तियाँ दिखलाई पड़ती हैं—कविता से अकविता की ओर और शुद्ध कविता से एक खास किस्म की प्रतिबद्ध कविता की ओर जाने की। यह अकविता जगदीश चतुर्वेदीवाली अकविता नहीं है, न प्रतिबद्धता वामपंथी कवियोंवाली प्रतिबद्धता है। यहाँ अकविता का मतलब रूमानियत से विद्रोह और प्रतिबद्धता का मतलब मतवाद से मुक्त राजनीतिक सजगता है। ये प्रवृत्तियाँ रघुवीर सहाय, श्रीकांत वर्मा और स्वयं केदारनाथ सिंह के परवर्ती कृतित्व में ठोस सृजनात्मक परिणति प्राप्त कर हिंदी कविता को अज्ञेय और मुक्तिबोध दोनों से आगे ले जाती हैं।

नई कविता के इन कवियों के साथ कवियों की जो नई पीढ़ी सामने आई थी, उसमें दो जमातों के कवि थे। कुछ कवि ऐसे थे, जिन्होंने 'अकविता' नाम से एक नया काव्यांदोलन चलाने की कोशिश की थी, और कुछ कवि घोषित वा अघोषित रूप में प्रतिबद्ध कवि थे, जो सामाजिक अभिप्राय को प्रमुखता देकर काव्य-रचना करने में विश्वास करते थे। विद्रोह दोनों ही जगह था, लेकिन भिन्न रूपों में। 1963 में जगदीश चतुर्वेदी के संपादकत्व में 'प्रारंभ' नामक संकलन का प्रकाशन हुआ, जिसकी भूमिका में उन्होंने एक नई कविता की प्रस्तावना की। यह कविता नगर-केंद्रित थी,

मूल्यों के विघटन से पैदा हुई थी, राजनीति-विरोधी थी, आधुनिकता को सबसे बड़ा मूल्य मानकर चलती थी और इसके लिए वैयक्तिक स्वतंत्रता का आग्रह सर्वोपरि था। कहा तो यह गया था कि ये नए कवि समाज का ध्वंस करना नहीं चाहते, सिर्फ एक परिवर्तन चाहते हैं, लेकिन स्थिति अराजकता तक ही नहीं, निषेध तक पहुँच गई। ताज्जुब नहीं कि 1972 में जगदीश चतुर्वेदी के संपादकत्व में ही 'अकविता' के कवियों का जो दूसरा काव्य-संकलन निकला, तो उसका नाम 'निषेध' रखा गया। इन कवियों ने दावा किया था कि उनका विद्रोह इंग्लैंड के 'एंग्री यंग मेन'-आंदोलन के रचनाकारों की तरह स्वस्थ सामाजिक विद्रोह है, लेकिन वास्तविकता यह है कि उनकी निकटता अमरीकी बीट पीढ़ी के रचनाकारों और उनकी प्रेरणा से अस्तित्व में आए बँगला की भूखी पीढ़ी के रचनाकारों के साथ थी। जगदीश चतुर्वेदी, सौमित्र मोहन और राजकमल चौधरी अकविता-आंदोलन के उल्लेखनीय कवि हैं। जगदीश चतुर्वेदी में एक दृढ़ता थी, लेकिन उनका निषेधवाद उन्हें ज्यादा दूर न ले जा सका। सौमित्र मोहन का लेखन स्वचालित लेखन का अच्छा उदाहरण है। उन्होंने 'लुकमान अली' शीर्षक से एक लंबी कविता लिखी, जिसमें आधुनिक जीवन की विसंगतियों को उभारकर रखने की कोशिश की। इस कोशिश में अपने 'सिनिसिज़्म' के कारण वे स्पृहणीय सफलता न प्राप्त कर सके। राजकमल की मूल प्रेरणा स्वतंत्रता थी। स्वभावतः वे बीट और भूखी दोनों पीढ़ियों के कवियों से सबसे ज्यादा प्रभावित थे। लेकिन इस प्रभाव के भीतर से उन्होंने अपने लिए एक रास्ता निकाल लिया और 'मुक्तिप्रसंग'-जैसी लंबी कविता की सृष्टि की, जिसकी आत्मपरकता में गजब की वस्तुपरकता है। यह कविता स्वतंत्रता के लिए आधुनिक मनुष्य के गले से निकली चीख की तरह है, जो कानों में सायरन की आवाज की तरह सुनाई पड़ती है। सभी अकवियों की कविताएँ कुरुचिपूर्ण यौन बिंबों से आक्रांत हैं, औरत राजकमल का भी 'आब्सेशन' थी, लेकिन इसके बाद भी उन्होंने सार्थक काव्य रचा, तो इसलिए कि उनकी मूल्य-चेतना बहुत ही गहरी थी। इससे उन्होंने अपनी कविता में एक नए मुहावरे का भी इस्तेमाल किया।

प्रतिबद्ध कवियों में अग्रगण्य धूमिल हैं, जिन्होंने न केवल अपनी कविता में एक नए मुहावरे का इस्तेमाल किया, बल्कि पूरी पीढ़ी को अपना आक्रोश और बौखलाहट व्यक्त करने के लिए एक मुहावरा दिया। वे महानगर से नहीं, बल्कि बनारस-जैसे एक पुराने और छोटे शहर से आनेवाले कवि थे, इसलिए उनकी संवेदना कस्बाई और बहुत कुछ ग्रामीण थी। कभी-कभी उनकी अभिव्यक्ति पर अकविता का भी प्रभाव दिखलाई पड़ सकता है, लेकिन अपने अभिप्राय में वे अकवियों से बिलकुल भिन्न एक सामाजिक और राजनीतिक चेतनासंपन्न कवि हैं। ताज्जुब नहीं कि उनके पहले कविता-संग्रह का नाम है 'संसद से सड़क तक,' जिसकी 'पटकथा'-जैसी लंबी कविता मुक्तिबोध के 'अँधेरे में' की तरह मूलतः एक राजनीतिक कविता है।

धूमिल का मुहावरा ठेठ है, नई कविता में बिंब-निर्माण की जो प्रवृत्ति थी, वह उसमें उस रूप में नहीं है, कभी-कभी उसमें सीधा वार भी किया जाता है, लेकिन उसमें बहुत ज्यादा कलात्मक पेच है, जिसकी तरफ आलोचकों का अभी ठीक से ध्यान नहीं गया। इस जमात के दूसरे उल्लेखनीय कवि कमलेश हैं, जिनकी काव्य-संवेदना इस जमात के कवियों में सर्वाधिक जटिल है। वह पुरा-चेतना और ग्राम-चेतना दोनों के मेल से बनी है और उसमें फैंटेसी का महत्त्वपूर्ण योगदान है। उनकी कविताओं में सामाजिक चेतना कभी प्रकट रूप में दिखलाई नहीं पड़ती, लेकिन वह उनमें गहन रूप में मौजूद है। तीसरे कवि कुमारेंद्र पारसनाथ सिंह वामपंथी चेतना के कवि थे। उनकी कविता में एक ओर गद्यात्मकता है और दूसरी ओर एक शुष्कता, लेकिन जरूरी नहीं कि वह काव्य-गुण की कमी की ही सूचक हो। कमलेश कमोबेश साही की परंपरा के कवि हैं, लेकिन धूमिल और कुमारेंद्र प्रगतिशील परंपरा से संबद्ध होते हुए भी उसकी रूढ़ियों से पूर्णतः मुक्त रहकर स्वतंत्र ढंग से अपना विकास करनेवाले। ये दोनों कवि नक्सलबाड़ी की घटना के बाद उग्र वामपंथ से भी प्रभावित हुए, लेकिन उसने इनके स्वर को पहले से अधिक आक्रामक भले बनाया हो, इनकी सामाजिक-राजनीतिक चेतना को गहरा नहीं बनाया।

10. नवप्रगतिवाद

आठवें-नौवें दशकों में आधुनिक हिंदी कविता का परिदृश्य एक बार फिर बदलता है, यद्यपि उसका संकेत सातवें दशक के अंत से ही धूमिल और कुमारेंद्र-जैसे प्रतिबद्ध कवि देने लगे थे। इस परिदृश्य-परिवर्तन के पीछे अनेक राष्ट्रीय और अंतर्राष्ट्रीय घटनाएँ थीं, जो राजनीतिक भी थीं और साहित्यिक भी। उनमें से कुछ हैं : स्वतंत्रता-संघर्ष में वियतनाम की विजय, अफगानिस्तान की सौर क्रांति, माओवाद का व्यापक प्रचार, नक्सलपंथ का उदय और भूमि-सुधार की समस्या का प्रमुख हो उठना, जनता पार्टी का विघटन और उससे मोहभंग, भारतीय राजनीति में कम्युनिस्ट पार्टियों की बढ़ती हुई भूमिका, बाँदा में प्रगतिशील लेखकों के सम्मेलन के बाद प्रगतिशील लेखक संघ का पुनर्गठन और जनवादी लेखक संघ तथा जनसंस्कृति मंच का निर्माण, मुक्तिबोध की रचनावली का प्रकाशन और उनकी अभूतपूर्व लोकप्रियता, पुराने प्रगतिशील कवियों के कविता-संग्रहों का भी प्रकाश में आना, जिससे प्रगतिशील कविता के अदृष्ट पक्षों का उजागर हो उठना, प्रेमचंद जन्मशताब्दी वर्ष का आंदोलन के रूप में मनाया जाना और उसमें साहित्य के प्रगतिशील मूल्यों पर बलाघात आदि। इन घटनाओं ने हिंदी कविता के क्षेत्र में एक नई जागृति ला दी, जिससे प्रगतिवाद का पुनर्जागरण संभव हुआ। उचित ही एक आलोचक ने इस पुनर्जागरण को 'नवप्रगतिवाद' की संज्ञा दी है, क्योंकि यह प्रगतिवाद होते हुए भी पुराने प्रगतिवाद की पुनरावृत्ति नहीं था।

पहले तो हम यही देखें कि इस नवप्रगतिवाद को आलोचकों और लेखकों ने किस रूप में लक्षित किया। बाँदा सम्मेलन के बाद मार्च-अप्रैल, 1974 में 'आलोचना' त्रैमासिक की तरफ से 'आज की स्थिति में प्रगतिशीलता' विषय पर दो गोष्ठियाँ आयोजित की गईं, जिनकी पूरी सामग्री उसके अप्रैल-जून, 1974 के अंक में प्रकाशित हुई। इसके संपादकीय में डा. नामवर सिंह ने कहा : "इधर तीन-चार वर्षों के अंदर हिंदी लेखकों में एक स्पष्ट वामपंथी रुझान उभरा है—विशेषतः युवा लेखकों में। पिछले दिनों जो लेखक हर्बर्ट मार्कूस प्रभृति पश्चिमी विचारकों के प्रभाव में आकर 'नव

वाम' के फैशन के अधीन हवाई ढंग के 'व्यवस्था-विरोध' का प्रदर्शन कर रहे थे वे अपनी ठोस वास्तविकता की राजनीतिक अंतर्वस्तु पहचानने लगे हैं।'' इतना ही नहीं, उन्होंने एक युवा लेखक के हवाले से यह भी कहा कि लेखकों ने आत्मपरक सीमित संसार को ही देखनेवाली संकुचित दृष्टि त्याग कर व्यापक सामाजिक दृष्टि से अपने यथार्थ को देखना और समझना शुरू कर दिया है। मैं यहाँ 'सामाजिक दृष्टि' को रेखांकित करना चाहूँगा, क्योंकि पुराना प्रगतिवाद जहाँ राजनीतिक दृष्टि पर विशेष बल देता था, वहाँ नवप्रगतिवाद की विशेषता थी 'सामाजिक दृष्टि', जिसका निश्चय ही राजनीति से कोई विरोध न था। बस पुराना प्रगतिवाद जहाँ समाज को राजनीति का अंग मानता था, वहाँ नवप्रगतिवाद राजनीति को समाज का अंग। आकस्मिक नहीं कि नामवरजी ने ग्राम्शी को उद्धृत करते हुए यह कहना आवश्यक समझा कि ''कलाकार के सम्मुख एक परिदृश्य अवश्य होना चाहिए, किंतु राजनीतिज्ञ की अपेक्षा उसका परिदृश्य अनिवार्यतः कम नपा-तुला और कम निर्दिष्ट होता है और इस तरह वह कम 'कट्टर' होता है। कलाकार अनिवार्यतः एक विशेष क्षण में 'जो है उसका' प्रतिफलन यथार्थता के साथ करता है, इसलिए उसकी कृति वैयक्तिक और असहमतिपरक होती है।'' यहाँ भी मैं 'विशेष क्षण' को रेखांकित करना चाहूँगा, क्योंकि इसका जितना संबंध रचनाकार की सृजनात्मक मनोदशा से है, उतना वैज्ञानिक या द्वंद्वात्मक विचारधारा से नहीं !

नवप्रगतिवादी आंदोलन का नेतृत्व जिन लेखकों ने किया, उनमें राष्ट्रीय प्रगतिशील लेखक महासंघ के महासचिव भीष्म साहनी प्रमुख हैं। उनकी विशेषता यह है कि उन्होंने अपने सृजनात्मक व्यक्तित्व की पूर्णतः रक्षा करते हुए यह आंदोलन चलाया और इसके लिए भरपूर प्रयास किया कि प्रगतिशील लेखकों के सृजन-कार्य में पार्टी का राजनीतिक हस्तक्षेप कम से कम हो। उक्त गोष्ठियों में हिस्सा लेते हुए उन्होंने अपना जो वक्तव्य लिखित रूप में प्रस्तुत किया था, वह आज के प्रगतिशील आंदोलन के उन छुटभैयों के लिए एक सबक है, जो आज भी अपने संगठन को स्तालिन और ज्दानोव की संकीर्णतावादी राजनीतिक 'लाइन' पर चलाना चाहते हैं, यह मानते हुए कि पार्टी लाइन न कभी जन-विरोधी हो सकती है, न सत्साहित्य-विरोधी। अपने वक्तव्य में भीष्मजी ने कहा था : ''अगर आप राजनैतिक संघर्ष को ही एकमात्र मोर्चा समझते हैं, और यहाँ पर अलग-अलग राजनीतिक पार्टियों की दृष्टि बहुत ही अलग-अलग है, तो फिर मिल बैठने पर सदा गाली-गलौज ही चलेगा, क्योंकि यह राजनीतिक मतभेद कार्यनीति से संबंध रखते हैं, रोज की कार्यवाहियों से।'' अंत में उन्होंने यह स्पष्ट कर दिया था कि विभिन्न वामपंथी पार्टियों की कार्यनीतियों में जहाँ अंतर है, वहाँ इस पूरे दौर के मूल चरित्र में अंतर नहीं है। उनके ये शब्द तो मनन करने योग्य हैं : ''राजनीति की रणनीति और कार्यनीति कालविशेष से संबंधित होती है जबकि सांस्कृतिक दृष्टि पूरे सामाजिक दौर से और मानवीयता उसकी

आधारशिला होती है।" उन्होंने विभिन्न छाप के प्रगतिशील लेखकों से, जो वैज्ञानिक विचारधारा की माला जपते रहते हैं, यह भी कहा था कि "यह हरगिज जरूरी नहीं कि लेखक का नजरिया आपके साथ सौ फीसदी मिलता हो तभी वह सच्चे मानों में सार्थक लेखक हो सकता है।...यह बहुत बड़ा मोर्चा है और इसमें हम सबका स्थान है। ...शायद अगर हमारा कोई फर्ज इस समय है तो अपनी कट्टरतावादी मनोवृत्ति को दूर करने का।" कहने की आवश्यकता न होनी चाहिए कि इतालवी मार्क्सवादी विचारक ग्राम्शी और भारतीय मार्क्सवादी रचनाकार भीष्म साहनी दोनों दो रास्तों से चलकर प्रगतिशील लेखक के संबंध में एक ही निष्कर्ष पर पहुँचे हैं, जो स्तालिन से तो दूर है ही, लेनिन से भी थोड़ा दूर है।

यहाँ भारतीय कम्युनिस्ट पार्टी के अध्यक्ष के नाम लिखे गए मुक्तिबोध के उस पत्र का जिक्र भी आवश्यक है, जो थोड़ी देर से प्रकाशित हुआ, लेकिन जिसने प्रगतिशील आंदोलन के पुनरुत्थान को उनके लेखों से कुछ अधिक ही प्रभावित किया। उक्त पत्र में मुक्तिबोध ने बहुत दृढ़ता के साथ कहा था : "कलात्मक कृतियों को महत्त्व देना ही होगा, और गैरकलात्मक प्रगतिशील लेखन की आलोचना भी करनी होगी—फिर उसका लेखक चाहे जितना ख्यात और प्रसिद्ध क्यों न हो। छिछली जार्गनग्रस्त, रूढ़ अवसरवादी आलोचना ही सबसे ज्यादा प्रगतिशील आंदोलन की पिछले दशकों में हुई क्षति के लिए उत्तरदायी है।" उन्होंने घोषित किया कि "गहरे अर्थ और कलात्मक क्षमता की जगह केवल विचारधारात्मक रुझानों से प्रगतिशील लेखक अधिक प्रभावी न हो सकेंगे।" मुक्तिबोध प्रगतिशील लेखक संघ के पुनर्गठन को लेकर भी चिंतित थे। इस संबंध में उन्होंने अपना विचार इस रूप में प्रकट किया : "प्रगतिशील लेखक संघ, जैसा पहले अस्तित्व में था, उसी ढंग से गठित नहीं किया जा सकता। पुराना ढाँचा, यदि फिर अपनाया जाता है, और वह भी उसी रूप में, तो वह प्रगतिशील लेखकों को दूसरों से, लेखकों की मुख्यधारा से अलग ही करेगा।" उनका निश्चित मत था कि प्रगतिशील लेखकों के सम्मेलन इस रूप में आयोजित किए जाएँ कि 'तमाम चीजों को एक प्रगतिशील 'टोन' मिल सके।' यह 'टोन' शब्द रेखांकित करने योग्य ही नहीं, हृदयांकित करने योग्य है।

इसी बदले हुए वातावरण का प्रत्यक्ष-परोक्ष प्रभाव लेकर हिंदी कविता में नवप्रगतिवाद की शुरुआत हुई, जिसे गैरप्रगतिशील लेखकों ने भी लक्ष्य किया। आठवें दशक के अंतिम वर्षों में अशोक वाजपेयी ने 'कविता की वापसी' का नारा दिया, क्योंकि यह वह काल था, जिसमें मध्यप्रदेश सरकार के प्रोत्साहन से नए-पुराने कवियों के कविता-संग्रह धड़ाधड़ निकलने लगे थे और भोपाल में काव्योत्सवों का सिलसिला चल निकला था।

'आलोचना' और 'पूर्वग्रह'-जैसी पत्रिकाएँ ही प्रमुखता देकर कविताओं को नहीं छाप रही थीं, कविता-संबंधी अनेक लघुपत्रिकाएँ भी हिंदी क्षेत्र के बड़े नगरों क्या,

कस्बों से भी प्रकाशित होने लगी थीं। अशोक वाजपेयी ने इस काव्य-जागृति को किस रूप में देखा, यह उनकी 'कविता की वापसी' टिप्पणी की इन पंक्तियों से स्पष्ट है : ''हिंदी में कविता की केंद्र की ओर वापसी का एक महत्त्वपूर्ण पक्ष यह भी है कि अपनी सामाजिक जिम्मेदारी के अहसास को कमजोर और अपनी संघर्षधर्मिता को धूमिल किए बिना वह जिंदगी की रंगारंग विविधता की ओर भी लौट रही है जो सारी भयानकता के बावजूद एक सीधी सचाई बनी रही है। लगता है कवि हाहाकारी बड़बोले मुहावरे की गिरफ्त से छूट रहा है। अकवि ज्यादातर स्त्री के यौनविजेता दिखने और युवाकवि सामाजिक क्रांति के अगुआ दिखने की मुद्राओं के बंदी और शिकार थे; अक्सर कविता उन मुद्राओं का चतुर दिखावा भर होकर रह जाती थी जिनसे कवि वैसे नहीं प्रकट होते थे जैसे कि वे दरअसल थे बल्कि वैसे जैसे कि वे समाज में अपने को दिखाना-जताना चाहते थे। लेकिन अब लगता है इन मुद्राओं से कवि की, और इसलिए कविता की, मुक्ति हो रही है।'' आकस्मिक नहीं कि वाजपेयीजी ने इस परिवर्तन के साक्ष्य के रूप में जिस कवि की कविता का एक अंश उद्धृत किया, वह इस दौर का एक वामपंथी कवि था—आलोकधन्वा, और उसकी वह कविता जिस पत्रिका में प्रकाशित हुई थी, वह उस दौर की एक वामपंथी पत्रिका थी—'पुरुष'। तात्पर्य यह कि 'कविता की वापसी' का असली मतलब था, बदले हुए संदर्भ में गुणात्मक रूप से बदली हुई प्रगतिशील कविता की वापसी, जिसका एक प्रमाण मुक्तिबोध की रचनावली के प्रकाशन के साथ उनकी साहित्यिक प्रतिष्ठा में वृद्धि और उनके प्रभाव का ही विस्तार नहीं है, शमशेर, नागार्जुन और त्रिलोचन के उन कविता-संग्रहों का तेजी से प्रकाशन भी है, जिन्हें छापने के लिए पहले प्रकाशक तैयार न होते थे। मध्यप्रदेश में मुक्तिबोध पुरस्कार के साथ मुक्तिबोध सृजनपीठ की स्थापना तो की ही गई, शमशेर और त्रिलोचन-जैसे कवि वैसे पीठों पर ससम्मान प्रतिष्ठित भी किए गए। इतना ही नहीं, शमशेर, केदारनाथ अग्रवाल और त्रिलोचन बारी-बारी से साहित्य अकादेमी के पुरस्कार से ही सम्मानित नहीं किए गए, ये मध्यप्रदेश सरकार के हिंदी कवियों के लिए निर्मित सर्वोच्च पुरस्कार मैथिलीशरण गुप्त सम्मान के लिए भी चुने गए। नागार्जुन अपने मैथिली काव्य पर पहले ही साहित्य अकादेमी द्वारा पुरस्कृत किए जा चुके थे, मध्यप्रदेश सरकार के साथ उत्तरप्रदेश सरकार ने भी उन्हें हिंदी के अपने सर्वोच्च पुरस्कार से अलंकृत किया। इतना ही नहीं, यह दौर ऐसा था और नवप्रगतिशीलता की ऐसी लहर उठी थी कि उसमें एकदम नए प्रगतिवादी कवि अरुण कमल, राजेश जोशी और उदय प्रकाश भी एकाधिक छोटे-बड़े पुरस्कारों से प्रोत्साहित किए गए।

ऊपर पुराने प्रगतिशील कवियों का जिक्र किया गया है। उनमें केदार, नागार्जुन और मुक्तिबोध राजनीति से गहरा सरोकार रखनेवाले कवि हैं। केदार ने अगियाबैताल के नाम से लिखनेवाले रामविलास शर्मा और गोराबादल के नाम से लिखनेवाले वीरेश्वर

सिंह की तरह आंदोलनात्मक राजनीतिक कविताएँ भी लिखी हैं, लोकजीवन, प्रेम और प्रकृति की विलक्षण कविताएँ लिखने के साथ। नागार्जुन मूलतः आंदोलनात्मक राजनीतिक कविताएँ लिखनेवाले कवि हैं, लेकिन उनमें समाज भी है, प्रकृति भी और विरल रूप में उनका अपना जीवन भी। मुक्तिबोध आपाततः राजनीतिक कवि हैं, लेकिन एक तो उनकी राजनीति आंदोलनात्मक नहीं, बहुत गहरे स्तर पर मानव-नियति से संबद्ध है, और दूसरे, उनमें एक ऐसी प्रगीतात्मकता है, जो उन्हें संसार के क्रांतिकारी कवियों में अत्यंत विशिष्ट बनाती है। राजनीतिक कविताएँ शमशेर ने भी लिखी हैं, पर मूलतः वे प्रगतिशील दृष्टिवाले सौंदर्यपिपासु कवि हैं, जिन्होंने मुक्तिबोध की तरह कविता को एक नया ही रूप और शिल्प प्रदान किया है। त्रिलोचन राजनीति से प्रायः दूर रहनेवाले कवि हैं, लेकिन अवध के लोकजीवन में उनके रचाव ने उनकी कविता को धरती की वह सोंधी सुवास दी है, जो जायसी के बाद हिंदी में कहीं नहीं मिलती। इन कवियों की ये तमाम विशेषताएँ उनके अप्रकाशित काव्य के प्रायः संपूर्ण प्रकाशन के साथ एकबारगी सामने आईं, तो हिंदी कविता का परिदृश्य ही बदल गया और जैसे उसमें एक नया युग आरंभ हो गया। यही समय रघुवीर सहाय और केदारनाथ सिंह की लोकप्रियता का भी है। ये दोनों ही मूलतः प्रगतिशील मूल्यों में विश्वास करनेवाले कवि हैं, लेकिन पुरानी प्रगतिशीलता के प्रभाव के कारण आम पाठकों में मान्य और लोकप्रिय होते हुए भी ये प्रगतिशील शिविरों में उपेक्षित रहे। जब माहौल बदला और प्रगतिशीलता को सही एवं उदार दृष्टि से, प्रतिबद्धता की दलीय धारणा से मुक्त होकर, परिभाषित किया गया, तो देखते-देखते इन कवियों का सितारा मुक्तिबोध के बाद के हिंदी काव्याकाश में चमक उठा।

धूमिल और कुमारेंद्र का नाम भी लिया जा चुका है। इन्होंने सातवें दशक के अंत में ही एक प्रतिबद्ध कविता का पुनरारंभ कर दिया था, लेकिन रघुवीर सहाय और केदारनाथ सिंह के मुहावरे की तरह ही इनका मुहावरा भी काफी पेचीद्ग था, जिससे इनकी कविता में वह घरेलूपन नहीं दिखलाई पड़ा, जिससे कि पाठक उसके साथ आत्मीयता स्थापित कर पाते। धूमिल में एक भदेसपन और ठेठपन था, वे अपनी उक्तियों को सूक्तियाँ बना देनेवाले कवि भी थे, लेकिन उनमें गाँव-घर की सुपरिचित दुनिया न थी। नवप्रगतिवाद के पहले दौर के कवि थे—ऋतुराज, विजेंद्र, कुमार विकल, वेणुगोपाल और आलोकधन्वा। इनमें ऋतुराज में तेजस्विता की कमी थी और विजेंद्र में नैसर्गिक कवि-प्रतिभा की। कुमार विकल और वेणुगोपाल में बहुत ज्यादा ऊर्जा थी, साथ ही एक 'सीधापन' भी, लेकिन ये दोनों कवि नक्सलपंथी राजनीति से प्रभावित थे, जिसके परिणामस्वरूप इनकी कविता सरलीकरण का शिकार होकर रह गई। आलोकधन्वा में एक तरफ वक्तृत्व-कला के गुण थे और दूसरी तरफ कविता की वैचारिक अथवा भावात्मक संरचना में एक अपारंपरिकता। इस सबके बावजूद इन कवियों ने हिंदी में अकवितावादी माहौल को समाप्त किया और कविता को समाजोन्मुख

करने की कोशिश की। नवप्रगतिवाद के दूसरे दौर के कवि, जिनमें राजेश जोशी, उदय प्रकाश, मनमोहन, अरुण कमल और स्वप्निल श्रीवास्तव प्रमुख हैं, इस आंदोलन को सही दिशा में आगे ले जाने में सफल हुए। इन्होंने नई सृजनशीलता के साथ कविता को दलीय और सतही राजनीति से मुक्त किया और उसे अनेक अछूते आयाम दिए। स्वभावतः इनकी कविता हिंदी में हवा के ताजे झोंके की तरह आई, जिसमें गजब की प्रेषणीयता थी। अब इनमें से कई कवि पिछड़ रहे हैं, जिसे देखकर लगता है कि केदार-नागार्जुन-त्रिलोचनवाले सरलता के सौंदर्यशास्त्र की भी सीमा है और वह समकालीन जटिल सामाजिक और राजनीतिक यथार्थ को अभिव्यक्त करने में असमर्थ है। इसके बाद भी यह सत्य है कि नवप्रगतिवादी युवा कवियों ने प्रगतिवाद की कथित 'त्रासदी' को 'प्रहसन' के रूप में दुहराकर इतिहास की पुनरावृत्ति-भर नहीं की है, जैसा कि एक आलोचक का कहना है। कारण यह कि इनका उद्देश्य केवल व्यवस्था-विरोध न होकर एक ऐसी कविता की रचना करना था, जो श्रेष्ठ मानववादी कविता की अगली कड़ी हो।

11. अवाँ गार्द कवि

हिंदी कविता शुरू से ही प्रणालीबद्ध होने से इनकार करती रही है। आधुनिक काल में ही नहीं, पूर्ववर्ती कालों में भी वह अनेक रूपों और अनेक शैलियों में रची गई है। आदिकाल की कविता बहुमुखी थी, वैसे ही भक्तिकाल की भी। यह सही है कि भक्तिकाल में तमाम चीजों को मिलानेवाला एक सूत्र था—भक्ति का, लेकिन यह भक्ति इतनी व्यापक थी कि यह अपने भीतर जीवन और समाज के संपूर्ण विस्तार को समेट लेती थी। इस काल में भक्तिकाव्य के साथ-साथ श्रृंगार-काव्य की भी रचना की गई, जिसका स्मारक है सूरदास का काव्य। जायसी ने अपने महाकाव्य में प्रेम का विलक्षण रूप उपस्थित किया और कई श्रेष्ठ कवियों ने वीरकाव्य के साथ नीतिकाव्य का भी प्रणयन किया। रामचरितमानस मूलतः वीरकाव्य ही है। प्रबंध के साथ अनेक प्रकार के मुक्तक-काव्य तो रचे गए ही, इस काल की एक विशिष्टता यह है कि इसमें पंडितवर्ग के कवियों के साथ निरक्षर संतकवियों ने भी अपूर्व हार्दिकता से युक्त काव्य रचा, जिसका संसार में जोड़ नहीं है। भाषा के क्षेत्र में भी विविधता थी। ब्रजभाषा के साथ अवधी भी काव्यभाषा बनी और उसके भी एकाधिक रूप, जैसे जायसी की ठेठ अवधी, तो तुलसी की मार्जित अथवा संस्कारित। जिस रीतिकाल के बारे में यह मान्यता प्रचलित है कि वह अत्यधिक प्रणालीबद्ध काव्य-रचना का काल था, उसमें भी एक मुक्त काव्य रचा गया, जिसका चरमोत्कर्ष घनानंद-जैसे कवियों में देखने को मिलता है। मुक्तक के साथ प्रबंध, जैसे श्रृंगार के साथ वीरता, इस काल में भी चलता रहा। आधुनिक काल में तो कविता की कई धाराएँ समानांतर बहती हुई दिखलाई पड़ती हैं, कभी एक-दूसरे से टकराती और कभी विचित्र प्रकार से एक-दूसरे से मिलती हुई। कुछ धाराएँ पुरानी हैं, तो कुछ नई। कुछ विदेशी प्रभाव भी ग्रहण करती चलती हैं, तो कुछ अपनी परंपरा को ही उन्नत करने के लिए बेचैन रहती हैं। इससे आधुनिक कविता में गजब का वैविध्य संभव हुआ है, जो यथार्थ के वैविध्य का परिचायक है। निश्चय ही इसका कारण यह है कि आज का हमारा भारतीय

या हिंदी समाज पहले की तुलना में ज्यादा खुला हुआ है, जिससे कविता पर किसी खास प्रकार की पद्धति या शैली की तानाशाही कायम न की जा सकी है। कभी ऐसा करने की कोशिश की गई, प्रगतिवाद या नई कविता के दौर में, तो अपने भीतर से ही उसका विरोध किया गया और प्रगतिवाद में मुक्तिबोध तथा नई कविता में रघुवीर सहाय-जैसे कवि सामने आए। इससे साहित्येतिहासकारों और आलोचकों की कठिनाई बढ़ती है, लेकिन साहित्य तो किसी की सुविधा को ध्यान में रखकर नहीं चलता, उसकी अपनी गति होती है !

'अवाँ गार्द' या 'अवाँगार्दिज्म' मार्क्सवादी आलोचना में एक बदनाम शब्द रहा है। संकीर्णतावादी मार्क्सवादी आलोचकों ने, वे विदेशी हों या देशी, अवाँगार्दिज्म को एक आधुनिकतावादी प्रवृत्ति माना है और उसे यथार्थवाद-विरोधी बतलाकर उसका विरोध किया है। उनके अनुसार उसका मतलब है वह साहित्य, जो 'संस्कृति-विरोधी' जनता की समझ से बहुत आगे की चीज हो ! मुझे अवाँगार्दिज्म की वह परिभाषा ज्यादा उपयुक्त लगती है, जो अमरीकन सोसायटी फॉर एस्थेटिक्स के अध्यक्ष टॉमस मुनरो ने दी है। उनके अनुसार वह हर प्रकार के सख्त विचारों और रूपों का तिरस्कार है। उनका कहना है, "अवाँ गार्द कविता निर्धारित छंदों और तुकों तथा स्पष्ट भाषा की उपेक्षा करती है और अनेकार्थता, अस्थिर मनःप्रभावों के अंकन तथा अस्पष्ट व्यंजकता का आग्रह रखती है।" वे इसी में इस बात की संभावना देखते थे कि कविता नए क्षितिजों का उद्घाटन करे। समाजवादी देशों की कविता समाजवादी यथार्थवाद की जिस बंद गली में कैद होकर रह गई थी, उसे देखते हुए मुनरो की मान्यता की सचाई आज अच्छी तरह से प्रकट है। हम पीछे मुड़कर भी देखते हैं, तो यह पाते हैं कि मायकोव्स्की और नेरुदा का काव्य अपने उत्कर्ष को न प्राप्त कर सकता था, यदि वह क्रमशः भविष्यवादी और अतियथार्थवादी 'आधुनिक' कविता को आत्मसात् कर आगे न चलता। ठीक उन्हीं की तरह मुक्तिबोध ने भी फैंटेसी का प्रयोग कर अपनी कविता को परवान चढ़ाया, जैसे आधुनिकतावादी लेखक काफ्का ने उसके प्रयोग से अपने कथा-साहित्य को।

युवा कविता के दौर में भी कई प्रकार की कविताएँ लिखी जा रही थीं, लेकिन उसके बाद प्रगतिवाद का जो पुनरुत्थान हुआ, उसके समानांतर हिंदी में एक बहुत अच्छी कविता लिखी गई, जिसे किसी उपयुक्त नाम के अभाव में 'अवाँ गार्द' कहकर संबोधित करना ही उचित होगा। इस कविता की सबसे बड़ी विशेषता है मुक्तता। यह मुक्तता उसकी अंतर्वस्तु में भी है और रूप में भी। ऊपर से ऐसा लग सकता है कि वह परस्पर विरोधी वस्तुओं का मिश्रण है। उसमें मार्क्सवाद है, तो मार्क्सवाद-विरोध भी; समाज है, तो व्यक्ति भी; यथार्थवाद है, तो आधुनिकतावाद भी; सम्मूर्तन है, तो अमूर्तन भी और बोधगम्यता है, तो दुरूहता भी। लेकिन गहराई में उतरने पर यह स्पष्ट हो जाता है कि उसमें मूल्यों के स्तर पर कहीं कोई भ्रांति

नहीं है और वह एक अत्यंत 'मानवीय' कविता है। इस कविता की रचना करनेवाले कवियों ने 'मनुष्य' की समाजवादी व्याख्या को भले पूरा-पूरा न माना हो, लेकिन मनुष्य के साथ क्रूरता से पेश आनेवाली प्रत्येक चीज के वे खिलाफ रहे हैं, वह पूँजीवादी-समाजवादी व्यवस्था हो, या कोई व्यक्ति, वस्तु या घटना। अपनी अभिव्यक्ति के लिए उन्होंने कोई साँचा नहीं बनाया, न ही अपनी सृजनात्मक कल्पना के पर कुतरे। उन्होंने 'ठोस' के साथ बहुत कुशलता से अमूर्त स्थितियों को भी पकड़ने की कोशिश की और अपनी कविता के उदाहरणों से बतलाया कि काव्य-भाषा से फूटनेवाली अर्थ की झंकारें दूर-दूर तक तभी जाती हैं, जब शब्दों का प्रयोग इस तरह से किया जाता है कि वे एक अर्थ में बँधकर रूढ़ और जड़ न हो गए हों। जिस समय इन कवियों ने लिखना शुरू किया था, यथार्थवाद के आतंक के कारण उस समय उनकी तरफ आम पाठकों का ध्यान नहीं गया, मार्क्सवादी आलोचकों ने उनकी उपेक्षा ही नहीं की, उनका विरोध भी किया, लेकिन आज यह बात अच्छी तरह से उजागर है कि हिंदी कविता को यथार्थवाद की कैद से मुक्त कर आगे ले जाने की क्षमता उन्हीं में थी, बिना कोई खतरा उठाए पुरानी लीक पर बढ़नेवाले कवियों में नहीं। क्या ताज्जुब कि ये कवि हाथोंहाथ लिए गए और वे उपेक्षित रह गए ! अभी-अभी 'अंतर्दृष्टि-5' में प्रकाशित समकालीन हिंदी कविता से संबंधित अपने एक लेख में असद जैदी ने प्रकारांतर से इस बात को स्वीकार किया है। पिछले दिनों प्रस्तुत विषय पर विष्णु खरे से मेरी बातचीत हो रही थी। उन्होंने नवप्रगतिवादी कवियों के समानांतर काव्य-रचना करनेवाले अपने-जैसे कवियों को 'अवाँ गार्द' कवि कहे जाने से सहमति प्रकट की, लेकिन विनम्रतापूर्वक यह भी कहा कि अवाँगार्दिज्म एक रूप में पुरानी पीढ़ी के कवि शमशेर में भी था। मेरा निष्कर्ष यह है कि यह उस प्रत्येक कवि में पाया जाता है, जो कविता को अपने समय की सीमा के पार ले जाना चाहता है और उसके भीतर से भविष्य की कविता का संकेत देता है। इस दृष्टि से शमशेर में ही नहीं, 'कुकुरमुत्ता' और 'नए पत्ते' की कविताओं के रचयिता निराला में भी अवाँगार्दिज्म है। जिस समय वे कविताएँ प्रकाश में आई थीं, बहुत लोगों ने उन्हें उनके मानसिक विक्षेप का परिणाम बतलाया था। जो विद्वान् उनके प्रति उदार थे, उन्होंने उन्हें उनकी हास्य-व्यंग्य की कविताएँ कहा, लेकिन उनकी भी मान्यता यही थी कि उनमें वे अपने छायावादी काव्य के उदात्त स्तर से स्खलित हुए हैं। आज यह भी स्पष्ट है कि निराला की उन कविताओं ने ही हिंदी की भावी कविता का मार्ग प्रशस्त किया था।

जैसा कि कहा जा चुका है, आधुनिक काल में हिंदी के अवाँ गार्द कवि वे हैं, जो नवप्रगतिवादी कवियों के समानांतर मुक्त भाव से काव्य-रचना कर रहे थे। उन्होंने किसी का अनुसरण नहीं किया, न किसी खास भावधारा का, न किसी खास विचारधारा का। कविता में भी वे किसी खास सिद्धांत या मान्यता से बँधे हुए न

थे, यद्यपि मनुष्य के प्रति उनकी प्रतिबद्धता बहुत ही गहरी थी। गौर करने पर पता चल जाता है कि वह मनुष्य भी साधारण मनुष्य ही है, किसान-मजदूर से लेकर महानगरीय सभ्यता का मारा हुआ निम्नमध्यवर्गीय प्राणी तक। मैं ऐसे कवियों में सर्वप्रथम जिन दो कवियों का नाम लेना चाहूँगा, वे हैं विनोदकुमार शुक्ल और विष्णु खरे। यह संयोग-मात्र नहीं है कि विनोदकुमार शुक्ल की तरफ सर्वप्रथम मुक्तिबोध का ध्यान गया और विष्णु खरे की तरफ रघुवीर सहाय का। 1960 में ही, जब विनोदकुमार शुक्ल ने लिखना शुरू किया था, मुक्तिबोध ने उनकी कुछ कविताएँ 'कृति' में प्रकाशनार्थ श्रीकांत वर्मा को भेजी थीं और उन्हें लिखा था कि 'उनकी कविताएँ मुझे पसंद हैं।' इसी तरह 1978 में विष्णु खरे का कविता-संग्रह 'खुद अपनी आँख से' प्रकाशित हुआ, तो रघुवीर सहाय ने 'दिनमान' में खुद उसकी समीक्षा की और समकालीन कविता में उसके वैशिष्ट्य को रेखांकित किया। उसी के आसपास पटने के एक छोटे-से होटल में देर तक नए कवियों को लेकर उनसे मेरी बातचीत हुई थी। उसमें उन्होंने यह कहकर मुझे चौंका दिया था कि नए कवियों में उल्लेखनीय सिर्फ एक कवि हैं—विष्णु खरे, क्योंकि उन्हीं में यह क्षमता दिखलाई पड़ी है कि वे कविता के प्रचलित ढाँचे को तोड़कर कविता लिखें। उन्होंने मुझसे यह भी कहा था कि वे किसी कवि में कितनी संभावना है इसका पता इसी बात से लगाते हैं कि वह भाषिक संरचना को कितना तोड़ पा रहा है। यह दूसरे शब्दों में कवि की मौलिकता की खोज थी, जो निश्चित रूप से सबसे ज्यादा भाषिक प्रयोग से ही प्रकट होती है। भाषा ही कवि का साधन और कहें तो वही उसका साध्य भी है। कविता के विविध रूप तो भाषा की विविध प्रकार की काट हैं ही, उसके विविध भाव भी मूर्त रूप में भाषा के विविध प्रकार के संयोजन ही हैं !

कायदे से विनोदकुमार शुक्ल के दो कविता-संग्रह प्रकाशित हो चुके हैं। शुरू में उनकी तरफ आम पाठकों का ध्यान नहीं गया तो इस कारण भी कि उनकी कविताएँ एक तो दुरूह मालूम पड़ती थीं, दूसरे, उन पर उनका 'मैनरिज्म' बुरी तरह से हावी था। मुक्तिबोध ने श्रीकांत वर्मा को उनके बारे में यह भी लिखा था कि 'हीरे को गढ़ना होगा, चोटें जरूरी हैं।' चोटें उन पर कुछ ज्यादा ही हुईं। पता नहीं, उन चोटों के असर से या स्वयं अपना विकास करके विनोदकुमार शुक्ल आज जहाँ पहुँचे हैं, वे बहुत कुछ संप्रेषणीय हो गए हैं और हिंदी कविता के पाठकों को उनकी कविताओं में एक भिन्न ढंग का और नया आस्वाद मिलने लगा है। 'समास' के प्रवेशांक में प्रकाशित उनकी नई कविताओं को देखकर लगता है कि अपने 'मैनरिज्म' से वे प्रायः मुक्त हो चुके हैं और साधारण मनुष्य के वे बहुत करीब आ गए हैं। संवेदना मनुष्य की हो, या प्रकृति की, उनमें बहुत गहरी है, और तरीका उनका बिलकुल खास है। अमूर्त से अमूर्त स्थितियों को वे बहुत कुशलता से पकड़ते हैं और अपने शब्दों में मूर्त कर देते हैं। 'नौकर की कमीज' नाम से उनका एक उपन्यास भी प्रकाशित है।

उसे पढ़ने पर उनका रचनात्मक मानस अच्छी तरह से उद्‌घाटित हो जाता है। उन्होंने उस उपन्यास में निम्नमध्यवर्गीय जीवन के अपने गहरे ज्ञान का परिचय तो दिया ही है, कवित्वहीन गद्य में ऐसा कवित्व संभव किया है, जैसा हिंदी में पहले देखने में नहीं आया था। कहा जा सकता है कि उनकी कविता की सबसे बड़ी विशेषता उसमें कवित्वहीन भाषा का प्रयोग है, जो कभी-कभी ऐसा विस्फोट करती है कि उसके आगे बड़ी से बड़ी कवित्वयुक्त भाषा मात खा जाती है। अपवादस्वरूप एकाध कवि को छोड़ दें, तो विनोदकुमार शुक्ल की जटिल और गहरी संवेदनावाली कविताओं के आगे नवप्रगतिवादी कवियों की सरल कविताएँ बचकानी लगती हैं।

विष्णु खरे भी अपनी कविता में गद्य का ही इस्तेमाल करते हैं, पर खास ढंग से। वाक्य उनके प्रायः लंबे होते हैं, पर उनका विन्यास इतना दृढ़ कि उसे देखकर हैरानी होती है। कविता में ध्वंस का मतलब प्रकारांतर से निर्माण होता है। विष्णु खरे ने पूर्ववर्ती काव्य-भाषा को अपने लिए एक नई भाषा तैयार कर ध्वस्त किया है, जो एक तरफ निपट गद्य है, तो दूसरी तरफ उसमें इतना तनाव है कि 'अर्थ-भार से तनकर भाषा की झिल्ली फट जाए'। जटिल से जटिल स्थितियों को पारदर्शी बनाकर प्रस्तुत कर देना उनकी विशेषता है। इधर जो उनकी कविताएँ देखने में आई हैं, 'पत्नी', 'पिता', 'लालटेन', 'दिल्ली में अपना फ्लैट' आदि, उनसे यह मालूम होता है कि उनके पाँव निम्नमध्यवर्गीय जीवन-यथार्थ की भूमि पर बहुत मजबूती से टिके हुए हैं और भारतीय जीवन में जो कुछ मूल्यवान् था उसे नष्ट होते या संकटग्रस्त देखकर वे बहुत बेचैन हैं। महानगरीय जीवन का दंश तो उनकी कविता में है ही, वे साधारण मनुष्य के आत्मीय बंधु के रूप में हमारे सामने आते हैं, यह बड़ी बात है।

मंगलेश डबराल और विष्णु नागर दोनों ही वामपंथी कवि हैं, लेकिन इनमें से किसी ने अपने लिए कविता का कोई पूर्ववर्ती ढाँचा स्वीकार नहीं किया है और देशी-विदेशी कविता के घात-प्रतिघात से अपनी शैली का निर्माण किया है। दोनों ही कवियों का अपनी जमीन से गहरा लगाव है, यद्यपि दोनों की जमीन अलग-अलग है। एक की पर्वतीय, तो दूसरे की नगरीय। मंगलेश की कविता कभी-कभी बहुत सरल भी हो जाती है। उसमें भी उनकी मार गहरी होती है। विष्णु नागर मूलतः छोटी कविताओं के कवि हैं, लेकिन उनकी जो अपेक्षाकृत बड़ी कविताएँ हैं, वे ज्यादा असरदार हैं। मंगलेश की तुलना में उनकी भाषा हलकी-फुलकी है, लेकिन यह उनकी कोई कमी नहीं, क्योंकि अपनी कविता में उसका वे बहुत ही सर्जनात्मक उपयोग करते हैं। हास्य-व्यंग्य अलग से उनकी विशेषता है। गिरधर राठी भी छोटी कविताओं के ही कवि हैं, लेकिन उनकी भाषा से लेकर शिल्प तक में एक कठोरता है, जिसे उचित ही मंगलेश ने 'क्लासिकी' कहा है। निम्नमध्यवर्गीय जीवन से उनका भी लगाव गहरा है और वे भी आधुनिक नगरीय सभ्यता से त्रस्त हैं। इन कवियों के साथ

एक ही और कवि उल्लेखनीय हैं—असद जैदी, जो छोटी और अपेक्षाकृत बड़ी दोनों प्रकार की कविताएँ लिख सकते हैं। शिल्प जैदी का भी सधा हुआ है और मानवीय सरोकार उनका भी बहुत गहरा है। प्रगीतात्मक चेतना के कवि ज्ञानेंद्रपति सरल ढंग की, लेकिन अमोघ प्रभाववाली कविताएँ लिखते हैं। उन्हें भी अवाँ गार्द कवियों के साथ ही रखना चाहिए, क्योंकि उन्होंने भी रचना के लिए अपने को खुला रखा है और न रूप के क्षेत्र में कभी किसी साँचे को स्वीकार किया, न अंतर्वस्तु के क्षेत्र में। वे शब्दों के जादूगर हैं, क्योंकि उनमें उन्हें अपनी संवेदना से जीवित करने की जैसी क्षमता है, उनकी पीढ़ी के किसी अन्य कवि में नहीं।

12. नवीनतम पीढ़ी

अभी-अभी हिंदी अकादेमी, दिल्ली से नौवें दशक में लिखी गई विभिन्न प्रकार की कविताओं का एक संकलन प्रकाशित हुआ है—'कविता-दशक'। इसकी भूमिका में इसके संपादक केदारनाथ सिंह ने कई महत्त्वपूर्ण बातें कही हैं। एक बात तो उन्होंने यह कही है कि इस दशक की कविता ने अपने पूर्ववर्ती दशक की कविता से अपने को उस तरह अलग करने की कोशिश नहीं की, जिस तरह इस सदी के चौथे दशक की कविता ने तीसरे दशक की कविता से या फिर पाँचवें दशक की कविता ने चौथे दशक की कविता से अलग होने की कोशिश की थी। उनकी दूसरी महत्त्वपूर्ण बात यह है कि पिछले दो दशकों की हिंदी कविता में नई प्रवृत्तियाँ निर्माण की प्रक्रिया में रही हैं और कोई आंदोलन नहीं दिखलाई पड़ा। यदि वह रहा हो, तो कहीं सतह के नीचे दबा पड़ा हुआ। तीसरी बात उन्हीं के शब्दों में देखने लायक है : "कहा जा सकता है कि सामान्यतः नवाँ दशक कविता के लिए एक नई मुक्ति की तलाश का दशक था और तलाश की प्रक्रिया हालाँकि काफी पहले शुरू हो गई थी, पर इस बीच उसको एक नई कलात्मक विश्वसनीयता मिली और भावबोध का एक नया धरातल, जिसमें बहुत-से सम-विषम अनुभव तथा विचार घुले-मिले थे।" केदारजी ने भूमिका के अंत में नौवें दशक के अंतिम वर्षों में हिंदी कविता में प्रवेश करनेवाले बिलकुल नए कवियों की पदचाप सुनाई पड़ने का भी जिक्र किया है और यह टिप्पणी की है कि इनमें से कुछ के कृतित्व में कविता के पूर्ववर्ती ढाँचे को छोड़कर एक नए अतार्किक ढाँचे की ओर बढ़ने की कोशिश देखी गई ! इस संबंध में मुझे जो निवेदन करना है, वह यह कि नौवें दशक की समग्र कविता को ध्यान में रखकर कही गई केदारजी की उपर्युक्त तीनों बातें इस दशक के अंतिम वर्षों में कविता में दाखिल होनेवाले कवियों पर अधिक मात्रा में लागू होती हैं। इन कवियों ने वाकई पूर्ववर्ती कविता से अपनी कविता को अलग करने का कोई सचेत प्रयास नहीं किया है, कोई आंदोलन नहीं चलाया और फिर भी कविता के लिए एक नई मुक्ति की

तलाश की।

एक विदेशी साहित्येतिहासकार ने लिखा है कि साहित्य की अन्य विधाएँ जहाँ आगे की ओर देखती हैं, वहाँ कविता का स्वभाव यह है कि वह पीछे की ओर देखनेवाली होती है। इतना ही नहीं, एक दौर की कविता नूतन सृजन के साथ अपने लिए कुछ ऐसी रूढ़ियाँ भी तैयार करती चलती है कि अंततः वह उन्हीं में फँसकर रह जाती है, जिससे बार-बार कविता के लिए मुक्ति की तलाश आवश्यक होती है। कभी-कभी यह तलाश बहुत शोर-शराबे और बाजे-गाजे के साथ की जाती है और कभी-कभी बिलकुल चुपचाप। एक आलोचक के शब्द लेकर कहें, तो क्रांति हो जाती है, लेकिन एक बूँद खून नहीं गिरता ! समकालीन हिंदी कवियों की नवीनतम पीढ़ी ने भी पहले से चली आती कविता को उसकी रूढ़ियों से मुक्त किया है और बिना कोई दावा ठोंके, बिना कोई नारा उठाए। वह चीज सबसे ज्यादा जिस क्षेत्र में प्रत्यक्ष है, वह है प्रतिबद्धता का क्षेत्र। आठवें-नौवें दशक के सुपरिचित तरुण कवियों की प्रतिबद्धता पूर्णतः दलगत न रही हो, लेकिन एक तरफ वह दृढ़ रूप में वैचारिक थी, तो दूसरी तरफ राजनीतिक। बिलकुल नए कवि अप्रतिबद्ध नहीं हैं, न विचारधारा अथवा राजनीति के विरोधी, लेकिन देखते-देखते उन्होंने प्रतिबद्धता को मानवीय रूप दे दिया है। वे दल हों, या विचार, या राजनीति, या आंदोलन, इन तमाम चीजों को अपनी संवेदना के स्तर पर लेते हैं और जिस चीज को सर्वाधिक महत्त्व देते हैं, वह है गहरा मानवीय सरोकार। निश्चय ही इस परिवर्तन या विकास के पीछे हाल के वर्षों में कथित समाजवादी दुनिया में होनेवाला परिवर्तन है, जिसने कवियों से उनका सपना तो नहीं छीना, लेकिन उनके सामने बहुत सारे झूठ का पर्दाफाश कर दिया, जिसे पहले के कवि सत्य मानते आ रहे थे। स्वभावतः उनकी प्रतिबद्धता में एक मौलिक परिवर्तन उपस्थित हो गया। वे दल, विचारधारा, राजनीति और आंदोलन से तो भग्नमोह हो गए, लेकिन प्रतिक्रिया में मनुष्य को और गहराई से प्यार करने लगे। उन्होंने देखा कि मनुष्य की मुक्ति का मामला उतना सरल नहीं है और उसका संबंध एक अधिक सही दल, अधिक व्यापक विचारधारा, अधिक पूर्ण राजनीति और राजनीतिक ही नहीं, सामाजिक एवं सांस्कृतिक आंदोलनों से भी है। कहा जा सकता है कि समाजवाद ही नहीं, संपूर्ण विश्व-राजनीति में होनेवाले परिवर्तन ने उनकी मूल्य-चेतना को और मानवीय, और जनतांत्रिक बना दिया है।

हजारीप्रसाद द्विवेदी का यह कथन प्रसिद्ध है कि नया छंद नए मनोभाव की सूचना देता है। इस बात को पूरे काव्य-रूप पर लागू समझना चाहिए। मान्यताओं या संवेदना में परिवर्तन के साथ स्वाभाविक रूप से नवीनतम पीढ़ी के काव्य-रूपों में एक परिवर्तन दिखलाई पड़ा है, जो चमत्कारी तो नहीं है, लेकिन सृजनात्मक भरपूर है। पिछली पीढ़ी के प्रतिबद्ध कवि जहाँ सरलता के सौंदर्यशास्त्र के कायल थे, जिससे उनमें से अधिकांश भारतीय जीवन के निरंतर जटिल होते जाते यथार्थ को पकड़ने

में अक्षम हो गए, वहाँ इस पीढ़ी के कवियों ने संप्रेषणीयता को तो नहीं छोड़ा, लेकिन सरलीकरण, सामान्यीकरण और सपाटबयानी से अपना नाता निश्चित रूप से तोड़ लिया। इनकी शैली कथित रूप में यथार्थवादी ही है, लेकिन वह यथार्थवाद की रूढ़ियों और सरणिबद्धता से मुक्त एक ऐसी शैली है, जिसमें कलात्मक वक्रता बहुत ज्यादा है। स्वभावतः उसमें अभिव्यक्ति के असीमित उपादानों का उपयोग देखने को मिलता है—राजनीति, समाज, इतिहास, पुराण, लोककथा और विज्ञान से लिए गए। इन कवियों को अवाँ गार्द परंपरा के कवि तो नहीं कहा जा सकता, लेकिन ये जैसे पहले के सभी कवियों से सीखकर आगे बढ़ रहे हैं। इन्होंने उनकी भूलों से भी सीखा है और उनकी सफलताओं से भी। यह आकस्मिक नहीं है कि पिछले खेवे के प्रगतिशील, जनवादी और नवजनवादी कवियों ने जहाँ विनोदकुमार शुक्ल और विष्णु खरे-जैसे अवाँ गार्द कवियों की पूर्ण उपेक्षा की, वहाँ ये कवि न केवल विनोदकुमार शुक्ल की कविता के महत्त्व को समझ रहे हैं, बल्कि विष्णु खरे की बिलकुल लीक से हटकर चलनेवाली कविताओं में भी रुचि ले रहे हैं।

हाल में आलोचकों और रचनाकारों दोनों ने 'जड़ों की तरफ लौटने' की बात बहुत की है, लेकिन एक जगह जहाँ यह सिर्फ नया मुहावरा बनकर रह गया है, वहाँ दूसरी जगह भारतीय संस्कृति के क्षयिष्णु तत्त्वों के प्रति आकर्षण। जड़ों की ओर लौटने का प्रत्यक्षीकरण यदि हम काव्य-भाषा के माध्यम से करें, तो नवीनतम पीढ़ी के तीन कवियों में यह बात बहुत प्रामाणिक रूप में दिखलाई पड़ती है। वे कवि हैं हरेकृष्ण झा, बद्रीनारायण और निलय उपाध्याय। नागार्जुन और राजकमल चौधरी भी मिथिला जनपद से ही आनेवाले कवि हैं, लेकिन उनकी भाषा में मैथिली का वह रंग और गंध नहीं है, जो हरेकृष्ण झा में है। नागार्जुन तो अपनी हिंदी कविताओं में भाषा के स्तर पर खाँटी हिंदी कवि लगते हैं। राजकमल के वाक्य-विन्यास पर अवश्य मैथिली का प्रभाव है, लेकिन हरेकृष्ण झा में तो मैथिली के शब्द और मुहावरे ही नहीं, उसका पूरा सरस और मोहक वातावरण है। इसी तरह बद्रीनारायण और निलय उपाध्याय में भोजपुर की पूरी संस्कृति भोजपुरी के शब्दों और मुहावरों के माध्यम से अभिव्यक्त होती है। निलय के पास तो ग्रामजीवन का आधारभूत अनुभव ही नहीं है, उस जीवन का पूरा सौंदर्य और रस भी है। जब कविता में सौंदर्य और रस की बात की जाती है, तो निश्चय ही उसे व्यापक अर्थों में ग्रहण किया जाना चाहिए, जिससे कि उसमें संघर्ष और पीड़ा का भी समावेश हो सके। नामवरजी ने इस पीढ़ी के एक अन्य कवि बोधिसत्व की कविताओं की तारीफ करते हुए कहा है कि उनमें अवधी की ठनक भी है। ठनक हो या नहीं, लेकिन उसकी खनक उनकी कविताओं में अवश्य सुनाई पड़ती है, जो उसके रूप-निर्माण में बहुत सृजनात्मक ढंग से योग देती है। विजेंद्र से लेकर अरुण कमल तक में क्रमशः ब्रजभाषा और भोजपुरी के शब्द और मुहावरे मिलते हैं, लेकिन विजेंद्र में जहाँ वह बहुत ही गैरसृजनात्मक रूप

में है। वहाँ अरुण कमल में उनके प्रति एक कलात्मक आकर्षण है, जिससे उनके माध्यम से भोजपुर की संस्कृति उनकी कविताओं में अभिव्यक्त नहीं होती। ज्ञानेंद्रपति भी लोकभाषा के शब्दों को अपनी कविता में जड़ते रहे हैं। उससे उनकी अभिव्यक्ति चमक उठती है, लेकिन लोकसंस्कृति मूर्त नहीं होती। इस तरह नवीनतम पीढ़ी के कवियों ने पहली बार अपनी कविताओं से यह उदाहृत किया है कि कविता में जड़ों की ओर लौटना किसे कहते हैं। कहने की आवश्यकता नहीं कि हिंदी की शक्ति और सौंदर्य के जो कई स्रोत हैं, उनमें से एक बहुत ही महत्त्वपूर्ण स्रोत है—लोकभाषा।

हरेकृष्ण झा ने आठवें दशक के अंतिम वर्षों में लिखना शुरू किया। इस दृष्टि से उनकी जगह नवप्रगतिवादी कवियों के बीच होनी चाहिए, लेकिन वे उभरकर आ रहे हैं बिलकुल नए कवियों के साथ। इसका एक कारण यह तो है ही कि उनकी काव्य-पुस्तिका 'धूप की एक विराट नाव' 1991 के मध्य में मध्यप्रदेश की 'साम्य' पत्रिका द्वारा छापकर वितरित की गई है, असली कारण यह है कि मिजाज से वे नवीनतम पीढ़ी के कवियों के साथ हैं। आलोकधन्वा कविता में अपने को 'नक्सलबाड़ी की संतान' कहते हैं, जबकि सच्चाई यह है कि उसकी असली संतान वे नहीं, हरेकृष्ण झा हैं। नक्सलबाड़ी-आंदोलन को हिंदी कविता को जो भी सृजनात्मक अवदान देना था, वह जैसे हरेकृष्ण झा की कविताओं में एक बार जोरों से भभकता है और अपनी परिणति प्राप्त कर समाप्त हो जाता है। हरेकृष्ण झा की नवीनता यह है कि नक्सलवादी होते हुए भी उन्होंने अपनी कविता की जमीन को सामाजिक रखा और उसे अन्य कवियों की तरह राजनीतिक नहीं बनने दिया। उनका सामाजिक आशय इतना ज्वलंत है कि वह पाठकों को झुलसा देता है। शैली उनकी कथित यथार्थवादी अथवा इतिवृत्तात्मक ही है, जिससे कि उसमें रूपगत वैविध्य बहुत कम है, लेकिन ताकत उनमें इतनी है कि वह केवल मुक्तिबोध की याद दिलाती है। आकस्मिक नहीं कि लंबी कविताएँ लिखनेवाले वे अपनी पीढ़ी के प्रायः एकमात्र कवि हैं। लंबी कविता लिखना और उसमें शुरू से अंत तक सृजनात्मक तनाव बनाकर रखना कवि की असाधारण क्षमता का प्रमाण होता है, जो हरेकृष्ण झा में भरपूर मात्रा में है। उनकी कविताओं को पढ़कर ऐसा लगता है कि उन्होंने कविता में महत्त्व संरचना को नहीं, संग्रथन को दिया है और इस दृष्टि से वे बेजोड़ हैं। उन्होंने समाज में चलनेवाले ऐतिहासिक शक्तियों के नाटकीय संघर्ष को निकट से देखा है, उसमें हिस्सा लिया है और उससे अपने मन में जीवन के प्रति ऐसा प्यार पैदा किया है, जैसा हिंदी कवियों में सिर्फ त्रिलोचन में मिलता है, जिन्होंने कहा है—"जीवन मिला है यह/रतन मिला है यह/धूल में/कि/फूल में/मिला है/तो मिला है यह"। प्रकृति हरेकृष्ण झा की काव्य-संवेदना का भी उसी प्रकार अंग है, जिस प्रकार मुक्तिबोध की काव्य-संवेदना का। प्यार या फुर्सत के क्षण उनके जीवन में कम आते हैं, पर आते

हैं, तो पूरे हुलास के साथ, जिससे उनकी कवि-दृष्टि की विकसनशीलता का पता चलता है।

बद्रीनारायण की काव्य-भूमि जितनी मजबूत है, उतनी ही चौरस भी। रूपगत वैविध्य उनमें बहुत ज्यादा है, जो इस बात का सूचक कतई नहीं है कि उनका जोर कविता की अंतर्वस्तु पर उतना नहीं। केदारजी ने जिसे कविता के पूर्ववर्ती ढाँचे को छोड़कर एक नए अतार्किक ढाँचे की ओर बढ़ने की कोशिश कहा है, वह संभवतः उन-जैसे कवियों की कविता को ही देखकर। कविता का नया ढाँचा बद्रीनारायण में रूप-वैचित्र्य के आकर्षण का परिणाम नहीं है, बल्कि यह वह चीज है जो उनकी कविता के कुर्ते के कालर में चाँद और बटनों में तारे टाँककर उसकी अंतर्वस्तु की प्रभावोत्पादकता को बहुत बढ़ा देती है। एक 'प्रेम-पत्र' कविता ही उनकी संवेदना के विस्तार और गहराई का परिचय देने के लिए काफी है, फिर भी मानव-मूल्यों के प्रति उनकी अखंड आस्था में कहीं संदेह हो, तो उनका यह घोषणा-पत्र देखना चाहिए, जो कि इस पूरी पीढ़ी का घोषणा-पत्र है : "न फंदा होगा, न जाल/न सभा-बीच अंगुलिमाल/मेरे जमाने के सिक्कों पर/ खुदा होगा/सरसों के फूलों का हार।" बद्रीनारायण की अभिव्यक्ति में बहुत ताज़गी है और उनके शब्दों से मन की परतों को भेदनेवाली एक तेज खुशबू उठती है। निश्चय ही वे अपनी पीढ़ी के सर्वाधिक सृजनात्मक क्षमतासंपन्न कवि हैं। निलय उपाध्याय बहुत कम पढ़े-लिखे एक ठेठ तरुण कवि हैं, पर सृजनशीलता से लबालब। शब्दों में मकई के कच्चे दानों का दूध और मिट्टीमिली घास की जड़ों की सुवास। ग्रामीण जीवन से दुर्लभ रचाव रखनेवाला यह कवि क्रांतिकारी दृष्टिकोण से गाँव से लेकर विश्व-राजनीति तक को अपनी कविता का विषय बनाता है और प्रत्येक वस्तु को विलक्षण रूपवत्ता देकर उपस्थित करता है।

बोधिसत्व की भूमि भी राजनीतिक की जगह सामाजिक है और उनकी सफल कविताओं से भी सृजनात्मकता छलकी पड़ती है, लेकिन उनसे अधिक ताकतवर कवि देवीप्रसाद मिश्र हैं, जो बिना लोकभाषा का प्रभाव लिए दृढ़ता से खड़ीबोली में कविता लिखने का प्रयास कर रहे हैं। जैसे बद्रीनारायण ने अपनी पीढ़ी का घोषणा-पत्र लिखा है, वैसे ही उन्होंने कविता को पुनः परिभाषित करते हुए कहा है कि "कविता/आदिवासी लड़की की तरह/हिंसक पशु को मारकर कंधे पर रखकर/खून में सींझते हुए/अपने सही ठिकाने पर लौटती है खिलखिलाते हुए।" साथ ही यह कि "कविता सुनती है आदमी के भीतर बचे हुए बजते हुए/खनकते पानी का गूँजता सप्तक।" इन कवियों के साथ इस पीढ़ी के दो और कवि उल्लेखनीय हैं—अनिल विभाकर और संजय कुंदन। अनिल विभाकर की संवेदना गाँव से लेकर विश्वमानवता तक विस्तृत है, जिसे वे बहुत ही कल्पनाशील ढंग से सृजनात्मक बनाकर अभिव्यक्त करते हैं। संजय कुंदन में आधुनिक नगरीय सभ्यता और अपसंस्कृति के साथ वर्तमान मानव-विरोधी व्यवस्था

को बहुत ही कलात्मक ढंग से 'एक्सपोज़' करने की प्रवृत्ति है। निश्चय ही इन कवियों के साथ और भी नए कवि हैं, उदाहरणार्थ प्रेमरंजन अनिमेष, प्रतापराव कदम और हरीशचंद्र पांडे, जिनकी कविताओं से कभी-कभी पत्र-पत्रिकाओं के पृष्ठ चमक उठते हैं। अंत में नामवरजी के शब्दों में यही कहा जा सकता है कि 'परिमल' और 'प्रगतिवाद' सब बीत चुके हैं और यह नई पीढ़ी उनमें अँट नहीं रही है ![1]

●●●

1. यह वार्ता 1992 में लिखी गई थी। उसके बाद से परिदृश्य थोड़ा-बहुत बदल गया है। नवीनतम पीढ़ी के कई कवि जहाँ पीछे छूट गए हैं, वहाँ कुछ नए कवि उभरकर सामने आ गए हैं, यथा कुमार अंबुज, कात्यायनी और एकांत श्रीवास्तव।